本书为国家社科基金项目"政府扶贫开发绩效评估"（批准号：04BZZ025）的研究成果，受国家社科基金资助。

新视界
新观察

政府扶贫开发绩效评估研究

郑志龙 丁辉侠 韩恒 孙远太 著

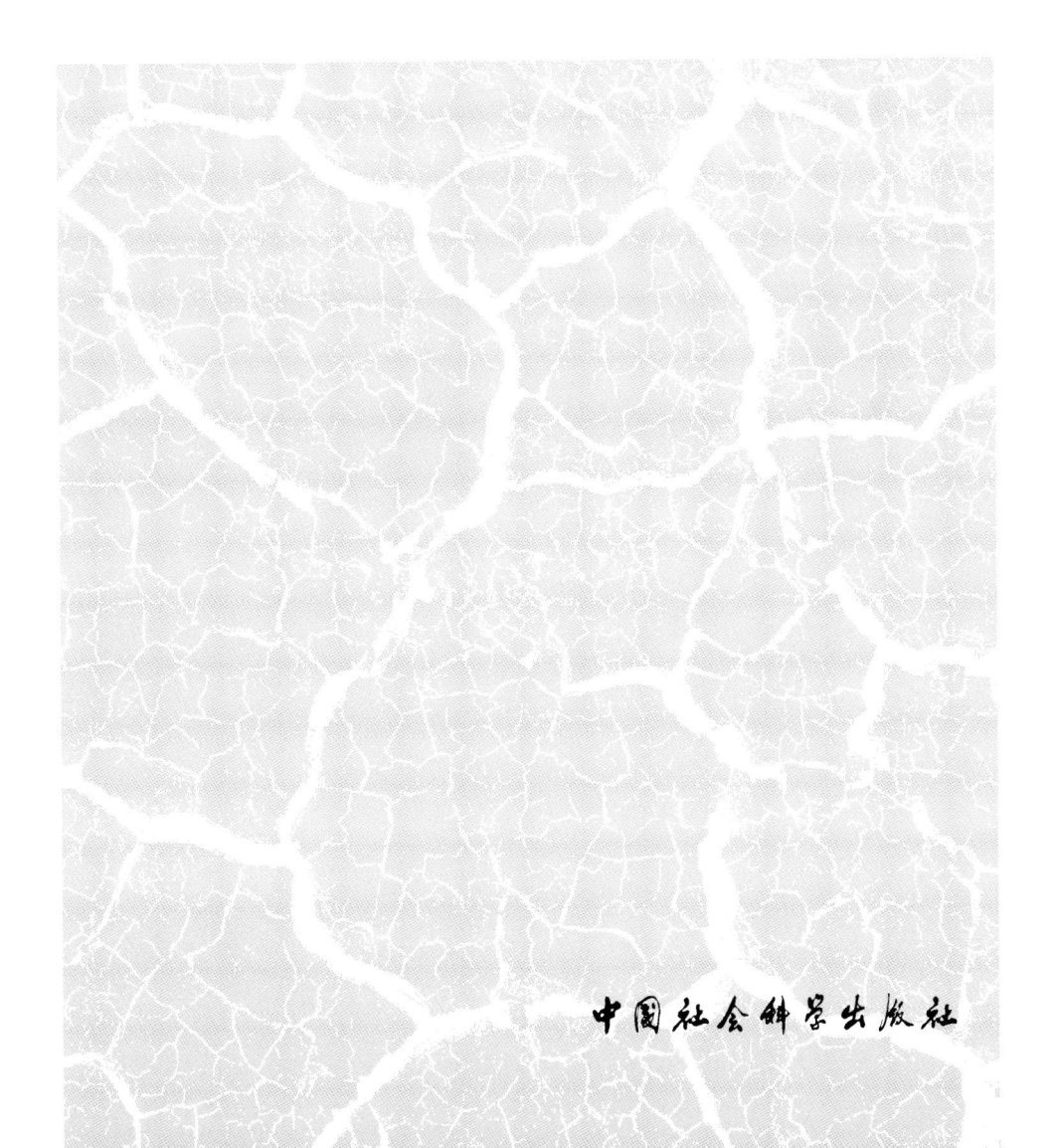

中国社会科学出版社

图书在版编目（CIP）数据

政府扶贫开发绩效评估研究 / 郑志龙著. —北京：中国社会科学出版社，2012.5
 ISBN 978-7-5161-0534-4

Ⅰ．①政… Ⅱ．①郑… Ⅲ．①国家行政机关—扶贫模式—经济绩效—研究—中国 Ⅳ．①F124.7

中国版本图书馆CIP数据核字(2012)第021346号

责任编辑	王　斌
责任校对	高　婷
封面设计	苍海光天设计工作室
技术编辑	王　超

出版发行	中国社会科学出版社	出 版 人	赵剑英	
社　　址	北京鼓楼西大街甲158号	邮　　编	100720	
电　　话	010-64036155（编辑）　64058741（宣传）　64070619（网站）			
	010-64030272（批发）　64046282（团购）　84029450（零售）			
网　　址	http://www.csspw.cn（中文域名：中国社科网）			
经　　销	新华书店			
印　　刷	北京君升印刷有限公司	装　　订	廊坊市广阳区广增装订厂	
版　　次	2012年5月第1版	印　　次	2012年5月第1次印刷	
开　　本	710×1000　1/16			
印　　张	18	插　　页	2	
字　　数	297千字			
定　　价	56.00元			

凡购买中国社会科学出版社图书，如有质量问题请拨打本社发行部电话010-84017153联系调换
版权所有　侵权必究　举报电话：010-64031534（总编室）

目 录

前 言 1

第一章 总论 3
    一 研究背景 3
    二 相关研究 7
        （一）贫困与扶贫的研究 7
        （二）扶贫绩效的研究 11
        （三）文献评论 15
    三 研究框架 17
        （一）研究思路 17
        （二）研究方法 19
        （三）评估方法 20
        （四）内容安排 21

第二章 政府扶贫开发的组织评估 23
    一 扶贫开发的组织体系 23
        （一）我国的扶贫开发体系 23
        （二）扶贫开发的组织结构 24
    二 政府专职扶贫部门 25
        （一）"三西"地区农业建设领导小组 26
        （二）国务院扶贫开发领导小组 27
        （三）其他政府专职扶贫部门 32

三　社会扶贫中的政府组织 39
　　　（一）定点帮扶中的党政机关 40
　　　（二）东西协作扶贫中的政府组织 45
　　四　分析评估 49
　　　（一）基本经验 50
　　　（二）存在的问题 51

第三章　政府扶贫开发的监测与瞄准评估 52
　　一　政府扶贫开发的监测系统 52
　　　（一）扶贫开发监测系统的形成与发展 52
　　　（二）贫困线的制定与演变 54
　　　（三）监测对象及监测方法 57
　　　（四）监测内容 62
　　　（五）县级扶贫监测体系 64
　　二　政府扶贫开发的瞄准对象 65
　　　（一）区域瞄准 65
　　　（二）县级瞄准 68
　　　（三）村级瞄准 71
　　三　分析评估 75
　　　（一）基本经验 75
　　　（二）存在的问题 76

第四章　政府扶贫开发资金管理评估 78
　　一　资金类型 78
　　　（一）扶贫资金投入体系 78
　　　（二）中央财政专项扶贫资金 79
　　二　资金来源 83
　　　（一）开发式扶贫模式下的资金来源 83
　　　（二）大扶贫模式下的资金来源 86
　　三　资金管理 91
　　　（一）财政发展资金的管理 93

（二）以工代赈资金的管理 95
　　（三）信贷扶贫资金的管理 97
　四　资金使用 98
　　（一）开发式扶贫模式下的资金使用 98
　　（二）大扶贫模式下的资金使用 100
　五　分析评估 102

第五章　政府扶贫开发方式评估 104
　一　体制改革推动的扶贫 104
　　（一）体制改革下的扶贫 104
　　（二）救济式扶贫 106
　　（三）专项扶贫措施 108
　二　大规模的扶贫开发 109
　　（一）开发式扶贫的实施 110
　　（二）缓解农村贫困的体制改革 113
　　（三）救济式扶贫 115
　三　新世纪以来的大扶贫 117
　　（一）大扶贫格局的形成 117
　　（二）大扶贫下的扶贫开发 119
　　（三）大扶贫下的农村救助 121
　　（四）大扶贫下的惠农政策 126
　四　分析评估 132
　　（一）基本经验 132
　　（二）存在的问题 133

第六章　政府扶贫开发目标实现状况评估 135
　一　"七五"扶贫工作目标评估（1986—1990） 136
　　（一）扶贫目标 136
　　（二）扶贫措施 137
　　（三）扶贫目标评估 138
　二　"八五"扶贫工作目标评估（1991—1995） 141

（一）扶贫目标 141
　　（二）扶贫措施 141
　　（三）扶贫目标评估 144
三 "九五"扶贫工作目标评估（1996—2000） 146
　　（一）扶贫目标 146
　　（二）扶贫措施 146
　　（三）扶贫目标评估 149
四 "十五"扶贫工作目标评估（2001—2005） 154
　　（一）扶贫目标 154
　　（二）扶贫措施 155
　　（三）扶贫目标评估 157
五 "十一五"扶贫工作目标评估（2006—2010） 160
　　（一）扶贫目标 160
　　（二）扶贫措施 161
　　（三）扶贫目标评估 162
六 主要结论 165

第七章 政府扶贫开发对象受益评估 168
一 贫困程度评估 169
　　（一）贫困人口规模 169
　　（二）贫困发生率 173
　　（三）贫困深度和强度 174
二 贫困群体基本生活评估 179
　　（一）收入水平 179
　　（二）消费水平 183
　　（三）生活质量 186
三 贫困群体的生产生活保障评估 190
　　（一）基础设施 190
　　（二）教育培训 193
　　（三）医疗卫生 199
四 贫困群体的社会保障评估 202

（一）社会保障政策 203
　　（二）资金规模 205
　　（三）社会保障覆盖面 206
　　（四）保障水平 208
　五 贫困群体的市场参与程度评估 210
　　（一）外出务工 211
　　（二）工资性收入 213
　　（三）现金纯收入 215
　　（四）农产品商品化率 216
　　（五）金融市场参与度 218
　六 主要结论 219

第八章 政府扶贫开发资金绩效评估 222
　一 评估指标选择与模型建立 222
　　（一）指标选择依据 222
　　（二）指标选择 224
　　（三）模型建立与数据来源 225
　二 结果分析 226
　　（一）财政扶贫投入对贫困人口数量绩效的影响 226
　　（二）财政扶贫投入对教育绩效的影响 234
　　（三）财政扶贫投入对收入绩效的影响 240
　三 主要结论 245

第九章 政府扶贫开发的经验与对策 247
　一 政府扶贫开发的主要经验 247
　　（一）形成了政府主导、社会参与扶贫组织体系 247
　　（二）实现了扶贫方式的多重转变 249
　　（三）建立了科学的监测系统与瞄准机制 251
　　（四）坚持了扶贫政策的连续性 252
　　（五）贫困群体的生存和发展能力并重 253
　二 政府扶贫开发存在的问题 255

（一）扶贫开发机制不完善 255
　（二）扶贫开发瞄准率有待提高 255
　（三）扶贫开发资金使用效率不高 257
　（四）扶贫开发社会参与不足 258
　（五）社会保障滞后，脱贫效果不稳定 260
三　对策建议 259
　（一）动员和支持各类社会主体参与扶贫，构建多元互动的政府
　　　　扶贫开发组织体系 261
　（二）增强瞄准的针对性，提高政府扶贫开发的效率 262
　（三）加强扶贫资金管理和监督，提高政府扶贫开发的综合效益 263
　（四）推进参与式扶贫，增强贫困群体自主扶贫的积极性和主动性
　　　　.. 263
　（五）提高贫困线标准，贫困群体共享改革开放成果 264
　（六）加强社会保障体系建设，建立政府扶贫开发的长效机制 265

参考文献 267

前言

向往美好、追求富有是人的天性，但是贫困作为与社会发展相伴生的一种社会现象，总是以各种方式和形态困扰着人类的生存和发展。进入20世纪90年代后，贫困与反贫困成为国际社会关注的重大问题。2000年9月，联合国召开全体成员国会议，189个国家共同签署了旨在消除贫困的《联合国千年宣言》，承诺"将不遗余力地帮助我们十亿多男女老少同胞摆脱目前凄苦可怜和毫无尊严的极端贫穷状况"，"决心使每一个人实现发展权，并使全人类免于匮乏"。对我国来说，有效遏止和消除贫困，最终实现共同富裕，是社会主义的本质要求，是保持政治稳定与促进社会和谐的重要条件，是政府义不容辞的历史责任。在2011年11月召开的中国扶贫工作会议上，胡锦涛指出，"稳定实现扶贫对象不愁吃、不愁穿，保障其义务教育、基本医疗和住房"是新时期我国扶贫开发的一项重要目标，并强调"扶贫开发是一项长期而重大的任务，是一项崇高而伟大的事业"。改革开放30多年来，我国政府始终致力于反贫困事业，成效斐然，为全球减贫事业作出了重大贡献。

扶贫开发，作为一项有组织的政府活动，应当重视绩效评估，追求扶贫效益。"建立科学合理的政府绩效评估指标体系和评估机制"（十七届二中全会决议），"完善政府绩效考核体系，形成充满活力、富有效率、更加开放、有利于科学发展的体制机制"（胡锦涛在2008年中共中央政治局第五次集体学习时的讲话），是进一步提高扶贫开发绩效的必要路径。在中国政府开始实施2011—2020年"中国农村扶贫开发纲要"之际，运用政府绩效评估的相关理论和技术方法，对以往我国政府扶贫开发绩效的保障机制及其实施效果进行综合性和系统性评估，总结我国政府扶贫开发的成功经验，探析当前我国政府扶贫开发中存在的突出问题，提出改进和提升我国政府扶贫开发的有效对策，对于推进新时期的扶贫开发工作具有其必要性。

本书从"两大模块、七个维度"对政府扶贫开发绩效进行了评估。一是政府扶贫开发的保障机制评估模块，包括组织架构、监测瞄准、资金管理和扶贫方式四个维度；二是政府扶贫开发的效果评估模块，包括政府目标实现状况评估、贫困人群受益情况评估和资金绩效评估三个维度。本书的特色体现在以下两点：在研究内容上，突破了国内政府扶贫开发绩效评估集中于资金的单项性评估，把扶贫开发保障机制评估和效果评估有机结合，实现了政府扶贫开发绩效的综合评估。在研究方法上，率先将政府绩效评估方法和工具应用到政府扶贫开发领域，定性分析和定量分析相结合，探索了综合评估政府扶贫开发绩效的有效方法。

作为国家社科基金项目"政府扶贫开发绩效评估"的研究成果，本书由郑志龙教授提出研究思路，经过课题组讨论确定写作提纲，课题组成员分头写出初稿，最后由郑志龙教授定稿。本书的具体写作分工如下：

郑志龙：第一章、第九章。

丁辉侠：第六章、第七章、第八章、第九章。

韩恒：第二章、第三章、第四章、第五章。

孙远太：第四章、第八章、第九章。

本书的研究与写作受到国家社科基金的资助。在研究和写作过程中，国务院扶贫开发办公室、河南省扶贫开发办公室的张成智主任提供了系统翔实的数据资料。郑州大学公共管理学院的硕士研究生窦松博、张翅、刘盈君和张惠涛等参与了资料的收集整理，郑州大学公共管理学院的部分老师提供了中肯的修改意见和热情的帮助。本书的出版得到了中国社会科学出版社武云博士的大力帮助。在此，我们一并向他们表示衷心的感谢！由于水平有限，本书难免有不妥之处，我们真诚欢迎各位学者批评指正！

郑志龙

2011年12月10日

第一章　总论

一　研究背景

贫困作为与人类社会发展相伴生的一种社会现象，总是以各种方式和形态困扰着人类的生存和发展。进入20世纪90年代，贫困与反贫困成为国际社会关注的重大问题。各国政府以不同的方式表达了消除贫困现象的决心。2000年9月，联合国召开全体成员国会议，189个国家共同签署了《联合国千年宣言》，一致通过了旨在消除贫困的行动计划。《宣言》明确提出："我们将不遗余力地帮助我们十亿多男女老少同胞摆脱目前凄苦可怜和毫无尊严的极端贫穷状况"，"我们决心使每一个人实现发展权，并使全人类免于匮乏"，"我们决心在国家一级及全球一级创造一种有助于发展和消除贫穷的环境"。①

对我国来说，有效遏止和消除贫困，最终实现共同富裕，是社会主义的本质要求，是保持社会稳定与促进社会和谐的重要条件，是政府义不容辞的历史责任。我国政府致力于反贫困事业，成效斐然，世界瞩目。

首先，改革开放以来，我国农村的贫困人口大幅度减少。按照政府制定的贫困线标准，农村绝对贫困人口由1978年的2.5亿人减少到2008年的4007万

---

① 参见《联合国千年宣言》，资料来源于联合国官方网站，网址为：http://www.un.org/chinese/hr/issue/docs/7.PDF。

人；贫困发生率由1978年的30.7%下降到2008年的4.2%（参见图1-1）。

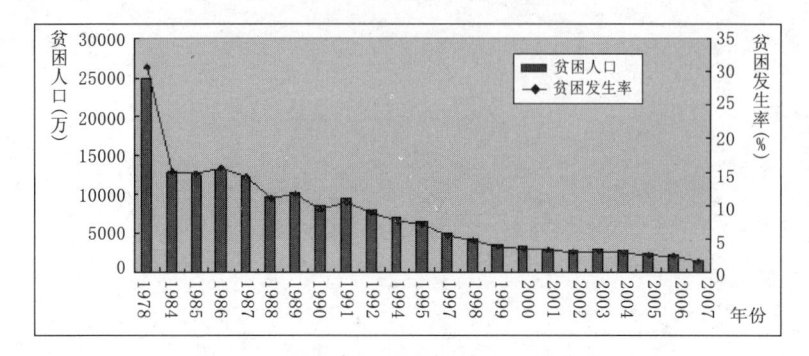

图1-1　1978—2007年中国农村贫困状况变化

数据来源：《中国农村贫困监测报告》（2000—2008）

更令人关注的是，我国农村贫困人口的下降是在不断提高贫困线的基础上出现的。改革开放30多年来，我国农村的绝对贫困线已经由1978年的人均收入100元提高到2007年的785元（参见图1-2）。2008年，我国政府再次大幅度提高贫困线的水平，由2007年的785元上升到1196元。即使按照世界银行的贫困标准（每天消费少于1美元），我国农村反贫困的成绩也非常显著。世界银行的报告表明，1981—2004年，我国每天消费少于1美元的贫困人口的比例从65%下降到10%。[①]

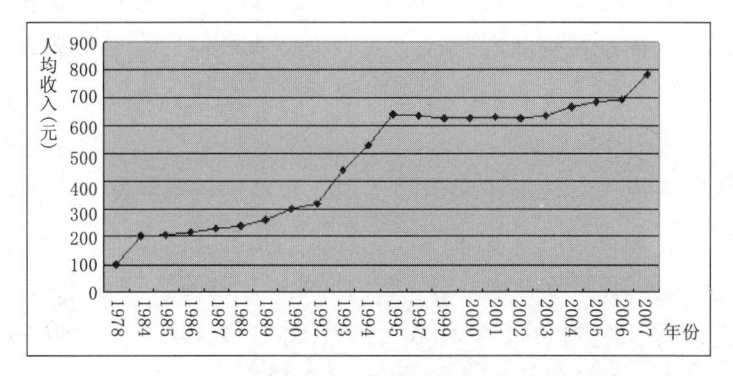

图1-2　1978—2007年度中国农村绝对贫困线的变化趋势

数据来源：《中国农村贫困监测报告》（2000—2008）

---

① 世界银行：《从贫困地区到贫困人群：中国扶贫议程的演进》，世界银行东亚及太平洋地区扶贫与经济管理局研究报告，2009年。

其次，中国的扶贫成就为世界反贫困事业作出了巨大贡献。据世界银行估计，按照国际贫困线，我国在1980—1990年期间贫困人口从5.42亿人减少至3.75亿人，减少了1.67亿人，对世界的减贫贡献率是166.9%。在1990—1999年期间，我国的贫困人口减少了1.15亿，对世界的减贫贡献率是122.8%。世界银行还预测，到2015年我国的贫困人口将减少到7400万人，比1999年净减少1.5亿人，这将占世界减贫总数的41.7%；我国的贫困人口占世界贫困人口的总数，已经由1990年的29%下降至1999年的19.2%，下降了近10个百分点。预计到2015年，这一比重将下降到9.1%，比1999年再减少10个百分点。[1]根据世界银行1990—2002年的全球贫困数据，按照每天消费少于1美元的标准，我国的贫困人口减少了1.95亿人，而全球贫困人口减少总数为2.07亿人，中国所占比例超过90%。中国几十年来的成功减贫，加速了世界减贫进程，为世界减贫事业作出了积极贡献。[2]

世界银行数据还表明，从1981年到2004年的20多年间，我国农村的贫困率从18.5%下降到2.8%；农村贫困人口的数量从1.52亿人下降到2600万。按照世界银行的贫困标准（按2003年农村价格计，平均每人888元）计算，我国在这个贫困线以下的人口所占的比例从65%下降到10%，贫困人口的绝对数量由6.52亿人降到1.35亿人，5亿多人摆脱了贫困。对此，世界银行中国局局长杜大伟指出："在如此短的时间里使得如此多的人摆脱了贫困，对于全人类来说是史无前例的……如果没有中国的扶贫努力，在20世纪的最后20年，发展中国家人口数量不会有所减少。"[3]

再次，我国农村扶贫取得的成效为国际社会高度认可。2004年5月在中国上海召开的国际扶贫大会对此做了充分的肯定。世界银行行长沃尔福威茨2005年到我国西部的贫穷地区考察后指出，中国贫困地区人民在资源缺少的情况下，所做出的努力令人鼓舞，中国在很短时间内取得了显著的减

---

[1] 胡鞍钢、胡琳琳、常志霄：《中国经济增长与减少贫困（1978—2004）》，《清华大学学报》（哲学社会科学版）2006年第5期。

[2] 燕纯纯：《中国扶贫开发成为世界典范》，《人民日报》（海外版）2007年11月21日第1版。

[3] 参见新华网《中国扶贫工作进入关键时期　正研究制定新战略、体系》，http://news.xinhuanet.com/politics/2009-04/15/content_11188898.htm。

贫成效，中国的减贫具有世界意义，这种经验值得别的国家学习。①英国国际开发事务大臣希拉里·本2004年在复旦大学演讲时指出，中国在全球的扶贫工作中起着领导作用，中国所取得的成功在其他任何地方都是史无前例的，中国在减少贫困方面的进步对各国实现千年发展目标有着巨大影响。②2010年9月，联合国驻华协调员兼联合国开发计划署驻华代表罗黛琳表示，中国在落实千年发展目标方面取得了积极进展，已提前实现"将贫困与饥饿人口减半"的目标。她指出："中国成功使几千万人口脱离贫困，这是前所未有的成就。"根据《中国实施千年发展目标进展情况报告》（2010年版），中国是最早提前实现联合国千年发展目标中减贫目标的发展中国家。③

最后，我国还同许多国家和国际组织积极分享减贫经验。中国国际扶贫中心自2005年成立以来，已先后为亚洲、非洲、拉丁美洲和大洋洲的63个发展中国家培训了239名高、中级扶贫官员，并举办了一系列国际减贫会议，中国的扶贫开发经验已经在世界上得到了推广。④

我国的农村扶贫在取得积极成效的同时，也面临着一些难题。我国仍处于并将长期处于社会主义初级阶段，经济社会发展总体水平不高，制约贫困地区发展的深层次矛盾依然存在，特别是集中连片特殊困难地区扶贫攻坚任务仍十分艰巨。这主要表现在以下几点。

第一，我国农村的贫困人口规模依然庞大。按照最新的贫困标准，2009年我国仍然有3597万贫困人口，贫困人口占农村居民总人口的比重为3.6%。⑤按照国际标准计算，我国的贫困人口在国际上仍排名第二，仅次于印度。⑥

---

① 李学江：《中国减贫具有世界意义（高层访谈）——访世界银行新行长沃尔福威茨》，《人民日报》2005年10月14日第3版。

② 参见新华网《英官员在复旦大学演讲 高度评价中国扶贫成就》，http://news.xinhuanet.com/newscenter/2004-05/25/content_1490280.htm。

③ 参见新华网的消息《联合国官员：相信中国将如期实现联合国千年发展目标》，http://news.xinhuanet.com/2010-09/21/c_12595894.htm。

④ 陆培法：《中国扶贫模式引起世界瞩目》，《人民日报》（海外版）2009年12月31日第1版。

⑤ 参见中国新闻网的报道《中国30年农村贫困人口减少逾2亿》，http://www.chinanews.com.cn/gn/2010/07-17/2408437.shtml。

⑥ 参见新华网的消息《中国贫困线与国际差距悬殊 贫困人口排世界第二》，http://forum.home.news.cn/thread/72581850/1.html。

第二，我国的贫困标准偏低，相对贫困加重。我国的贫困标准是一个能够维持基本生存的最低生活费用标准，仅可以确保农村贫困人口最基本的生存需要。尽管我国农村的贫困标准也在不断提高，但与整体经济发展速度相比，增幅是缓慢的。并且贫困人口人均收入与城镇居民人均收入的差距在近20多年里一直表现为扩大趋势，特别是进入21世纪以来，这种差距更呈现扩大趋势。

第三，在贫困瞄准方面，农村扶贫的瞄准偏离较为突出。尽管农村扶贫开发中实施了整村推进的战略，但仍然存在着开发扶贫资源没有真正用到贫困农户的情况，开发扶贫资源目标瞄准与扶贫目标之间偏离较大。

第四，贫困人口的分布更加分散，社会保障较为薄弱。伴随着贫困人口的下降，贫困人口的分布越来越分散。贫困人口的分散意味着扶贫的难度越来越大，难以通过普遍的扶贫开发使分散的贫困人口直接受益。同时，我国的农村社会保障水平较为低下，农村贫困家庭抗御贫困的能力比较脆弱，受自然灾害、疾病、农业产出的波动和价格变动等因素的影响较大。

进入21世纪，我国处在经济与社会发展的关键转型期，党中央、国务院始终对贫困问题给予高度关注。从党的十六大提出全面建设小康社会，到当前的落实科学发展观和构建和谐社会，反贫困一直是我国党和政府的重要工作。在此背景下，运用政府绩效评估的科学理论与方法，评估我国政府扶贫开发的绩效，系统地总结我国政府扶贫开发的经验，分析我国农村贫困面临的困境，提高我国政府扶贫开发的绩效，无疑具有重要的理论意义和现实意义。

二 相关研究

围绕贫困这一世界性的难题，国内外学者都进行了研究。本书首先对我国扶贫的相关研究进行综述，然后围绕扶贫绩效的相关问题进行综述。

（一）贫困与扶贫的研究

（1）贫困成因研究

有学者从经济发展水平方面探讨了贫困的原因。胡敏华认为，我国农村制度性贫困或结构性贫困的主要成因,源于国内处于工业化与城市化进程的背景以及存在"二元结构"的社会经济事实。[1]廖赤眉等指出:"制度性贫困是由于社会制度,如政治权利分配制度、就业制度、财政转移支付制度、社会服务分配制度、社会保障制度等决定生活资源在不同社区、不同区域、不同群体和个人之间的不平等分配而造成某些社区、区域、群体或个人处于贫困状态。"[2]

在制度建设与贫困关系上,汤森德1971年首先注意到了制度与贫困的联系,他认为贫困的原因不仅在于资源短缺,还在于分配不公和相对剥夺。[3]陈小伍等从结构制度、农地产权制度、文化与教育制度以及民主与法律制度等方面深入分析了农民贫困的成因,认为有效的制度供给不足是造成目前我国农村贫困的主要原因,解决农村贫困问题的出路在于合理的制度设计。[4]

从社会保障方面来看,孟昭环等认为,在我国广大农村,社会保障机制除了社会救济普遍实施之外,社会养老保险、医疗保险等则严重缺失。在这种情况下,一旦发生风险,经济基础十分薄弱的农民个人及其家庭很难抵御,致贫和返贫现象极易发生。[5]

在对贫困成因分析的基础上,国内外一些学者对扶贫模式的选择以及扶贫资金管理进行了分析,针对性地提出了我国反贫困事业发展的建议。

(2)扶贫开发问题研究

从20世纪80年代中期开始,我国在全国范围内开展了有组织、有计划、大规模的农村扶贫开发工作。在20多年的农村扶贫开发实践中,我国探索出了一种结合中国贫困特点、致力于从根本上解决贫困的开发式扶贫

---

[1] 胡敏华:《我国农村扶贫的制度性陷阱:一个基于组织的分析框架》,《财贸研究》2005年第12期。

[2] 廖赤眉等:《贫困与反贫困若干问题的探讨》,《广西师院学院学报》2002年第2期。

[3] Townsend, P.(1971), "Measures and Explanations of Poverty in High Income and Low Income Countries: The problems of Operatinalizing the Concepts of Development, Class and Poverty", in Townsend, P.(ed.): *The Concept of Poverty*, London: Heinemann, pp. 1–45. Unger, J.(2002): The Transformation of Rural China, London: M. E. Sharpe.

[4] 陈小伍、王绪朗:《农村贫困问题的制度性分析》,《乡镇经济》2007年第6期。

[5] 孟昭环、任素雅:《我国农村贫困现状及反贫困对策分析》,《现代商业》2009年第1期。

模式，即"造血"式扶贫方式。由于这种扶贫模式在减少贫困人口、降低贫困率方面取得了较大的成功，得到国内外的一致认可和充分肯定。但随着扶贫开发模式的推进，一些学者也指出了其中存在的问题。

刘纯彬根据对我国10余个贫困县的考察，指出开发式扶贫在执行过程中存在较大的疏漏，真正的贫困人口得到的扶贫资金有限，他认为不足1/10，甚至不够1%。他同时指出，"跑"项目现象造成很大的寻租空间，一些地方甚至出现专门以此为业的"跑"扶贫项目的工作人员。对于挪用、挤占甚至变相瓜分扶贫资金的现象，刘纯彬认为，解决办法应放在开发式扶贫项目的详细信息公开化和透明化，打破现在只有极少数贫困县的领导干部、财政部门的相关干部以及扶贫工作部门的相关干部等人知情的非常态现状。①

李兴江等认为，很多地方开发式扶贫的参与机制仅仅流于形式，农民尤其贫困人口所应该享有的知情权、参与权和选择权并没有真正实现；而且由于参与式扶贫开发以农民为主体，政府参与角色由传统的"主导者"向现在的"协助者"转换，并不存在明显的利益分割机制。这种角色和职能的转换，使得地方政府和中央政府之间、地方政府与贫困人口之间产生了利益上的不一致性，导致有些地方政府在推行参与式扶贫模式时不能深入执行中央政府的扶贫政策，影响了参与式扶贫模式的实际效果。鉴于上述不足，有必要进一步完善参与式扶贫模式，使其真正做到"扶真贫"和"真扶贫"。②

陕立勤指出，目前我国的贫困人口比例已经在3%以下，按国际经验，当贫困人口比例下降到10%以后，扶贫方式就必须向微观层面转变。与过去大规模的扶贫开发工作相比，现在的扶贫更注重专业化和精细化，以及对贫困人口更高的瞄准率。通过上述分析，政府主导的扶贫模式由于效率方面的缺陷难以适应这种变化和要求，因此需要扶贫模式的制度转型。对于采用何种模式的问题，他提出与NGO相结合的扶贫模式。③

---

① 刘纯彬：《我国贫困人口标准再探讨》，《人口研究》2006年第11期。
② 李兴江等：《贫困地区培育新型农民的有效机制——基于甘肃省徽县麻安村的调查》，《兰州大学学报》2008年第6期。
③ 陕立勤：《对我国政府主导型扶贫模式效率的思考》，《开发研究》2009年第2期。

（3）扶贫资金管理

在扶贫资金管理方面，学者们主要对存在的问题及改进措施进行了研究。石树鹏和殷兵指出，在财政扶贫资金管理中存在项目配套资金落实难、项目变更和损失浪费等问题，并从取消市县级的配套资金、减少资金审批环节、提高资金使用效率、实行"阳光操作"、强化项目资金监督、强化和推行绩效管理等几个方面提出了改进意见。①

在扶贫资金使用方面，李含琳等认为，同20世纪80年代初、中期相比，20世纪90年代初反贫困的资本供给是比较充足的，但由于管理和体制方面的原因，扶贫资金的使用效果不太理想。②对于扶贫资金的拨付形式，朱乾宇认为中央反贫困资金不应简单地直接拨给省或自治区，而应按项目投，属于由省、自治区独立负责的项目则应做到"权力到省"。③吴国宝等指出，由于扶贫是由地方政府具体管理实施的，而地方政府的目标可能与中央政府设定的目标相冲突，加之政治体制的各种弊端、官僚主义、寻租腐败等，从而可能出现扶贫资金不用于扶贫的现象。④王金艳认为，由于政府财政扶贫资金是通过政府部门逐级下拨并由下级政府部门支配使用，在使用中被不当挪用的现象相当严重。同时，由于扶贫资源的稀缺，在扶贫款的分配中，也出现了不当竞争现象，贪污受贿现象时有发生。⑤

在扶贫资金投放分配方面，汪三贵认为财政扶贫资金的分配不够公平，分配资金的因素不够合理。多数省到县的资金分配仍采用基数法，各县主要通过项目申报来获得资金。而基数法最大的问题是不能很好地体现资金分配与贫困程度的对应关系，也与使用效果缺乏联系。即使中央到省和部分省到县的资金分配已采用因素法，但因素的确定还不是很完善。⑥李丽辉指出，根据审计署2003年对592个国家扶贫开发工作重点县扶贫专项资

---

① 石树鹏、殷兵：《财政扶贫资金投向及使用效益问题探讨》，《农村财政与财务》2006年第11期。

② 李含琳：《中国扶贫资金来源结构及使用方式研究》，《农业经济问题》1998年第4期。

③ 朱乾宇：《政府扶贫资金投入方式与扶贫绩效的多元回归分析》，《中央财经大学学报》2004年第7期。

④ 吴国宝：《扶贫贴息贷款政策讨论》，《中国农村观察》1997年第7期。

⑤ 王金艳：《当代中国农村扶贫开发模式论析》，《内蒙古民族大学学报》2008年第7期。

⑥ 汪三贵：《中国扶贫资金的管理体制和政策评价》，《理论视点》2008年第3期。

金进行审计的情况，银行信贷扶贫资金中有相当一部分被投向了工业、电力、通信、交通等基础性和竞争性行业，而用于扶持贫困农户的小额贷款却逐年萎缩。①

在扶贫资金监管方面，赵曦等认为，我国扶贫资金管理体制从中央到地方纵向层级过多，横向机构庞大，审批环节多，审批手段繁杂，本意是要加强扶贫资金的监督和管理，却由于多头管理致使没有一个部门对资金的使用情况进行统一监管。相关的扶贫资金使用监管法规却因为涉贫机构数量过多、构成过于复杂、权责过于分散而难以实施有效的监督和管理。②

（二）扶贫绩效的研究

（1）扶贫开发绩效评价

不少学者从扶贫开发的效率、效益和效果等方面对扶贫开发的绩效进行了分析。庞守林和陈宝峰采用了C-D生产函数，选取我国"三西"地区(甘肃省河西地区、定西地区和宁夏的西海右地区)农业扶贫资金等生产要素的投入数据资料，把要素质量水平对农业产出贡献的效率因子和效率乘数分离出来，进行分阶段实证分析。他们的研究更侧重于扶贫资金使用对经济增长中效率变化趋势的影响，首先肯定了资金投入在经济增长中的作用，同时指出由于农业劳动力素质低下，整体劳动力的效率因子和效率乘数的提高幅度不大。③龚晓宽和陈云则通过建立计量经济学模型，对我国1986—2004年间的扶贫投入绩效进行了计量分析，结论显示：从减少贫困人口、增加农民收入、对第一产业总产出的贡献、对第一产业增值弹性的贡献等角度看，我国扶贫投入的效益都是下降的，说明中国的经济增长与穷人经济增长不同步。Ravallion和Chen认为，中国政府对内陆和边远地区的扶贫取得了一定的成效，但要想使扶贫保持过去的步伐，就必须重视收入不平等问题。④国外有些学者认为，中国扶贫的关键不是靠增加资金投

---

① 李丽辉：《热点解读：审计发现问题 六部门逐项整改》，《人民日报》2004年11月3日第5版。

② 赵曦等：《中国农村扶贫资金管理问题研究》，《农村经济》2009年第1期。

③ 庞守林、陈宝峰：《农业扶贫资金使用效率分析》，《农业技术经济》2000年第2期。

④ Ravallion, M. and S. Chen (2004), "China's (Uneven) Progress Against Poverty", The World Bank, *Policy Research Working Paper* No. 3408.

入,而是靠如何提高可用资金的使用效率。①

一些学者通过对国定贫困县和非国定贫困县各项指标变化的对比研究来作为评估扶贫开发绩效的依据。以收入作为衡量指标,帕克(Park)等利用我国分县数据,使用增长回归和倾向匹配法两种方法,发现国定贫困县农民人均收入的增长率比非国定贫困县要高,1985—1992年每年高出2.28%,而1992—1995年期间每年高出0.91%。②以消费作为衡量指标,Jalan和Ravallion利用广东、广西、贵州、云南四省区农户面板数据,通过消费增长模型发现,国定贫困县相对于非国定贫困县而言,农民人均消费的增长速度较高,扶贫项目成功地防止了项目覆盖地区农民消费水平的下滑,但是没有把国定贫困县农民人均消费的增长速度提高到非国定贫困县的水平之上。③

也有一些学者从扶贫开发资金使用角度评价扶贫开发绩效。姜爱华对我国政府开发式扶贫资金的使用绩效进行了评价,得出当前我国政府开发式扶贫资金使用绩效不高的结论,并指出主要原因在于以下几个方面:地方政府挪用扶贫资金;政府与银行在扶贫资金信贷方面存在偏差;扶贫的目标瞄准机制有偏差;扶贫绩效考核机制不完善;缺乏贫困农户自身的积极参与;政府忽视对贫困地区教育和卫生等的投入。④张全红则分别以我国官方贫困线和国际贫困线为标准,利用向量自回归模型,就我国政府的农村扶贫资金投入和贫困减少的长、短期关系和Granger因果关系进行了经验研究,结果表明,农村扶贫资金对农村贫困减少具有短期的促进作用,但效果不显著。从长期看,扶贫资金抑制了农村贫困的减少,但这两者之间不存在Granger因果关系;经济增长与贫困之间的关系比较复杂,经济增长在减少农村贫困人口的同时,加重了贫困深度指数和贫困强度指数。⑤

还有一些学者从其他角度对扶贫开发绩效进行了研究。吴国宝用劳动

---

① Piazza, Alan, and Echo H. Liang (1997), "The State of Poverty in China: Its Casuese and Remedies", Paper presented at a conference on "Unintended Social Consequences of Economic Reform in China", Fairbanks Center, Harvard University, May.

② Park, Albert, Sangui Wang and Guobao Wu, "Regional Poverty Targeting in China", Journal of Public Economics Vol.86, 2002, pp. 123-153.

③ Jyotsna Jalan, and Martin Ravallion, "Is transient poverty different? Evidence for rural China", Journal of Development Studies,1998.

④ 姜爱华:《政府开发式扶贫资金绩效研究》,中国财政经济出版社2008年版。

⑤ 张全红:《中国农村扶贫资金投入与贫困减少的经验分析》,《经济评论》2010年第2期。

力负担系数来估计外部扶贫效果,并认为:国家贫困县向县外输出劳动力约占这些县总劳动力的15%,按照贫困县平均的劳动力系数来计算,至少有30%人口的收入主要来源于其他地区,尤其是东部沿海地区的就业收入。据此推算,1986—2000年间所减少的9100万贫困人口中,有2700万主要是依靠全国其他地区经济增长脱贫的。[①]范小建总结了新中国成立60年来我国扶贫开发取得的巨大成就,认为我国政府的扶贫开发加速了全球的减贫进程,为世界减贫事业作出了贡献;但同时也指出,我国扶贫开发的形势依然严峻,因病致贫是长期以来致贫返贫的重要因素,需要在以后的扶贫工作实践中高度重视。[②]

(2)扶贫绩效影响因素研究

关于影响我国扶贫绩效的因素,学者们分别从不同方面进行了总结分析。

首先是制度原因。杜胜利指出,从政府的主观努力程度上来看,无论是在扶贫资金方面,还是在扶贫人力方面,政府在20世纪90年代更加重视农村扶贫工作,加大了扶贫力度,但扶贫效果并不明显的主要原因在于农村现行的不合理的经济制度。这些经济制度在束缚农民致富自由的同时,也正在抵消政府减贫的努力。[③]徐孝勇等则认为政府主导型扶贫开发模式是导致我国农村扶贫的制度性缺陷的主要因素。政府主导型扶贫模式的主要缺陷体现为:一是造成了各级政府、贫困户之间的非合作博弈和扶贫投资低效率。二是强化了贫困户对现有制度的路径依赖性和对扶贫投入的过度依赖。三是侧重于改善贫困地区的供给环节,忽视对该地区需求的刺激和对现代市场体系、市场组织的培育。[④]同样针对政府主导型扶贫开发模式,帅传敏等根据在甘肃、广西和湖北三省区的实地访谈问卷数据,从项目管理的角度探索了政府主导型与非政府组织主导型扶贫项目和不同的扶贫模式在扶贫项目选择决策、贫困农户瞄准、妇女参与、项目建设工期、项目预算和后续管护形式等方面存在的差异。[⑤]

---

① 吴国宝等:《小额信贷对中国扶贫与发展的贡献》,《金融与经济》2003年第11期。
② 范小建:《60年:扶贫开发的攻坚战》,《求是》2009年第20期。
③ 杜胜利:《制度扶贫——农村扶贫新思路》,《前沿》2003年第11期。
④ 徐孝勇:《中国农村扶贫的制度性陷阱与制度创新》,《农业现代化研究》2009年第3期。
⑤ 周惠仙:《改革政府职能,提高扶贫资金使用效率》,《经济问题探索》2005年第7期。

其次是扶贫资金管理体制原因。汪三贵在研究中发现，1993年财政拨款55.4亿元，占扶贫资金的1/2。然而财政拨款的75.2%用于贫困县财政补贴、维持行政事业费开支和职工工资，即将近2/3的总扶贫资金没有落实到贫困户的生产与交换环节中。因此扶贫资金管理体制不健全导致了传递过程的严重漏出。①于敏指出，在现行财政扶贫资金绩效考评体系中普遍采用综合指标评价法，从扶贫成效、资金管理及使用等方面评价各省财政扶贫工作。但是这种评价方法缺乏针对性，考评数据采集方法不科学，数据核实困难，其中个别指标标准设置过高。②

再次是目标瞄准有偏的原因。王春华和王日旭指出农村扶贫资金对贫困地区和贫困人口来说是一种稀缺资源，其能够在多大程度上瞄准目标群体是衡量扶贫资金使用成功与否的一个重要指标。虽然现在实行的整村推进计划力求瞄准贫困地区和贫困人口，但在实践中目标瞄准仍存在诸多问题。③

此外，也有学者从对外贸易与投资、教育培训、基本设施、劳务输出等方面研究影响扶贫绩效的因素，但这些研究都过于零散，不成系统。

（3）扶贫绩效改进研究

随着我国贫困人口的逐渐减少，我国扶贫开发面临的形势发生了显著的变化，扶贫开发的难度也在逐步加大。那么，新形势下如何解决扶贫开发进程中存在的问题，从而有效地改进扶贫开发绩效，这对于我国今后的扶贫开发工作来说是非常必要的。综合国内外学者的观点，我们将其大致归纳为以下几个方面：

首先，完善扶贫制度，健全扶贫机制，优化政府行为。刘娟指出，面临新形势、新挑战，我国必须继续优化扶贫战略、重构扶贫机制，包括扶贫目标瞄准机制、扶贫项目选择机制、扶贫资源管理机制、长效扶贫机制和扶贫政策协调机制等，努力开拓扶贫开发的新局面。④许陵在总结了我国扶贫开发工作中存在的问题和成因之后，提出了完善我国扶贫开发工作机制，提高扶贫开发绩效的建议，一是构建农村扶贫开发的新框架；二是建

---

① 汪三贵：《扶贫投资效率的提高需要制度创新》，《农业经济问题》1997年第10期。
② 于敏：《财政扶贫资金绩效考评方法及其优化》，《重庆社会科学》2010年第2期。
③ 王春华、王日旭：《农村扶贫资金目标瞄准存在的问题及建议》，《农村经济》2006年第3期。
④ 刘娟：《我国农村扶贫开发的回顾、成效与创新》，《探索》2009年第4期。

立农村组织化扶贫的基本构架;三是加强农村贫困地区人力资源开发。①

其次,在扶贫资金管理体制改革方面,学者们从不同角度分析了扶贫资金投入对扶贫绩效的影响,认为必须加强对扶贫资金的管理,提高扶贫资金的使用效率。赵曦等指出,政府逐年增加扶贫投入仍然是我国农村扶贫开发的主要手段和农村脱贫的强大动力,针对扶贫资金管理模式存在的问题,提出了农村扶贫资金管理体制调整与改革的思路。②另外,也有一些学者则指出,应从资金的瞄准机制、资金的监管、资金投向等方面来提高资金的使用效率。

最后,针对民族地区扶贫开发过程中存在的问题,一些学者根据对民族地区的实地考察,提出了自己的观点。庄天慧和杨宇基于层次分析法构建了四川省少数民族国家扶贫重点县扶贫资金投入对反贫困经济、社会、生态三方面影响的指标体系,分析了扶贫资金投入对反贫困的影响综合指数,在综合评价四川省少数民族地区国家扶贫重点县反贫困所取得的进展之后指出,四川省少数民族地区国家扶贫重点县扶贫资金投入对反贫困影响的总体效果良好,但是需要优化扶贫资金投向与使用结构,并且重视社会进步与生态影响的意义。③李羚和于莫认为,民族地区农贸市场分散性强、功能性弱,民族地区贫困的因素更多地显现出民族地区市场发展的不充分与政府扶贫的有效性问题,具体表现在资源短缺、地方政府市场竞争能力不足、农村商品市场薄弱、基础设施不完善、农业技术滞后、农民市场竞争力弱。④

(三)文献评论

国内学者对扶贫的成因、扶贫开发问题以及扶贫资金管理等方面进行了研究,同时从扶贫的效率、效益和效果等方面对扶贫绩效进行了评价,分析了影响扶贫绩效的原因,并提出了改进扶贫绩效的思路建议。这些研究取得了一定的进展,具有重要的学术价值,对本研究具有重要的启发作用。

已有研究在政府扶贫开发绩效评价研究方面,也存在一些不足,主要

---

① 许陵:《关于我国农村扶贫问题的综述》,《经济研究参考》2006年第2期。
② 赵曦等:《中国农村扶贫资金管理问题研究》,《农村经济》2009年第1期。
③ 庄天慧、杨宇:《民族地区扶贫资金投入对反贫困的影响评价——以四川省民族国家扶贫重点县为例》,《西南民族大学学报》2010年第8期。
④ 李羚、于莫:《民族地区政府扶贫中的农村市场建设思考——以四川省凉山州为例》,《经济体制改革》2010年第4期。

体现为以下几个方面：一是在对扶贫绩效的研究中，缺少对扶贫组织体系，资金的筹集、使用与管理以及扶贫方式等方面的系统分析，特别是缺乏从时间维度上对这些方面的变化进行有效的评估。在政府主导性扶贫开发中，这些因素又是影响扶贫开发绩效最为重要的因素。这方面评估的不足也使在改进扶贫开发绩效方面难以提出更具有针对性的政策建议。二是在对扶贫结果的绩效评估方面，缺少对政府层面上的系统评价。我国是以政府为主导进行扶贫开发的，[①]政府在各阶段的扶贫目标是否有变化、为什么变化以及各个阶段的目标是否实现，其原因是什么，这些问题直接影响政府扶贫工作目标的调整与定位。该方面研究的不足使得在政府扶贫目标的调整方面难以提出具体的建议。三是缺乏专门的、从贫困群体层面展开的评估。政府扶贫开发的绩效如何，最终要体现在贫困人口各方面经济社会福利指标的改善，这方面评估的不足，则难以体现政府扶贫工作的整体绩效，也难以从贫困人口层次提出改进扶贫工作的具体要求。四是对政府扶贫资金投入的评估方面，虽然已有学者对其进行了评价，并对不同类别的扶贫资金绩效进行了比较分析，但对几类主要的扶贫资金投入在不同阶段的扶贫效果是否有所变化，其变化趋势是什么还没有专门的分析。该方面研究的不足，使得在扶贫资金投入方面不能根据现阶段绩效的变化进行适时的调整。

基于以上研究的不足，本研究重点从以上几个方面对我国政府扶贫开发绩效进行分析，以期在评价的基础上，总结我国政府扶贫开发中积累的主要成功经验，然后指出制约扶贫开发绩效的主要因素，最后期望从提高扶贫开发绩效、提高扶贫人口各方面的福利出发，提出具有针对性的政策建议。

三 研究框架

政府扶贫开发绩效评估是政府绩效评估体系中的一个重要组成部分，所以扶贫开发绩效评估必须遵循政府绩效评估的基本逻辑、价值取向和方式方法，即政府扶贫开发评估要以政府绩效评估的一般理论为基础，结合扶贫开发事业的自身特性，探寻扶贫开发活动中的政府绩效。

---

① 郑志龙：《制度绩效评估标准及我国政府扶贫开发制度绩效评估分析》，《郑州大学学报》（哲学社会科学版）2009年第3期。

(一)研究思路

本书的主题是对政府的扶贫开发活动进行绩效评估,政府扶贫开发绩效的取得依赖于一系列的保障机制。正是政府部门采取了一系列的扶贫开发保障机制,政府扶贫开发才会取得一定的绩效。政府扶贫开发绩效评估不仅需要描述评价具体的扶贫效果,而且还要分析扶贫开发绩效取得的原因,即要对政府开展扶贫活动的各个环节进行描述和评价。因此,本书的核心内容包括两大部分,一是政府扶贫开发的具体绩效评估,二是扶贫开发绩效的保障机制评估。没有具体的扶贫开发绩效评估,就难以理解最终的扶贫效果;没有扶贫开发绩效的保障机制评估,就难以理解我国的扶贫开发绩效是如何取得的。二者之间相辅相成,相互支撑,缺一不可(参见图1-3)。

保障机制评估	扶贫绩效评估
◆ 组织评估 ◆ 监测与瞄准评估 ◆ 资金评估 ◆ 扶贫方式评估	◆ 定性评估 ——扶贫目标实现状况评估 ——对象收益评估 ◆ 定量分析

图1-3 政府扶贫绩效评估框架

在保障措施方面,本研究依据扶贫活动开展的环节从四个方面进行评估。首先,政府开展扶贫活动需要一定的组织保障。只有通过一定的组织体系,扶贫活动才能有效开展;只有通过政府组织,才能制定一系列的扶贫政策,指导我国农村扶贫活动的开展。在一定意义上,没有政府专职扶贫部门的设立,就没有我国的政府扶贫活动。因此,对政府扶贫绩效进行评估,首先需要对政府扶贫组织的成立、发展、演变进行描述评价。

其次,开展扶贫活动还需要识别和瞄准贫困人群,只有找到了贫困人群,才能针对贫困人群开展一系列的扶贫活动,帮助他们摆脱贫困。否则,政府扶贫将会无的放矢,扶贫活动也将难以取得预期效果。贫困人群的识别与瞄准离不开贫困监测,正是有了科学有效的贫困监测系统,政府部门才能知道哪些人群是贫困人群、哪些人群已经脱贫,才能判断扶贫活动的效率与效果。因此,建立科学的贫困监测系统是开展扶贫活动的关键环节。本研究将对政府扶贫的监测体系和瞄准机制进行描述和评价。

再次，扶贫活动的开展离不开一定的资金支持，只有多渠道地筹集资金、有效地管理资金、科学地使用资金，扶贫活动才能顺利进行。可以说，扶贫资金的筹集、管理与使用是开展扶贫活动的核心环节。本项目将对政府扶贫资金的投入、管理、使用进行评价，描述它们的演变过程，评价其利弊得失。

最后，扶贫活动的开展还依赖于一定的扶贫方式。不同的扶贫方式导致不同的扶贫效果，在不同的时期，我国政府根据特定的农村贫困特征，提出了不同的扶贫方式，开展了不同的扶贫活动。本研究将对政府扶贫的方式演变进行描述与评估。

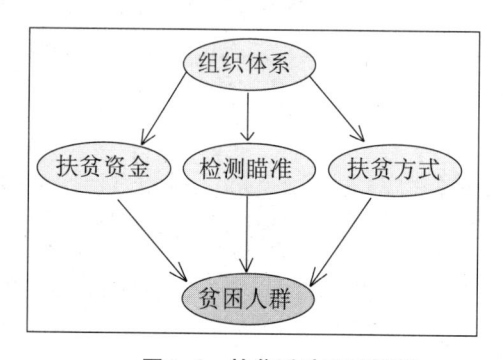

图1-4　扶贫活动开展流程

当然，政府扶贫组织的设立、贫困监测体系的建立、资金的筹集管理与使用以及扶贫方式的提出，都是为了取得显著的扶贫效果。本书将在上述描述与评价的基础上，详细评估我国农村的扶贫开发绩效。

在评估我国农村的扶贫开发绩效时，本书从三个维度对政府扶贫开发的绩效进行评估：政府扶贫开发目标的实现状况、贫困对象的受益情况、扶贫资金的使用效率。之所以选取以上三个维度进行评估，主要是基于对当前扶贫绩效评估的反思，以及政府扶贫绩效评价的客观性、有效性的目标。首先，我国扶贫开发的鲜明特色就是政府主导性，因此本研究从时间维度上对政府在各阶段的扶贫开发目标、措施以及目标实现情况进行评估，该维度也可以在一定程度上反映政府的扶贫开发能力。其次，政府扶贫开发的绩效如何，最终要体现在贫困人口各方面经济社会福利指标的改善上。这一维度是客观测量政府整体绩效的关键维度。贫困群体收益情况的评估指标参见图1-5。再次，政府扶贫投入在不同阶段的资金使用效率及其变化趋势，是从不同时间维度客观测量政府扶贫开发绩效走势和变化的一个重要指标，因此本书将对政府扶贫资金的投入进行专门的量化分析。

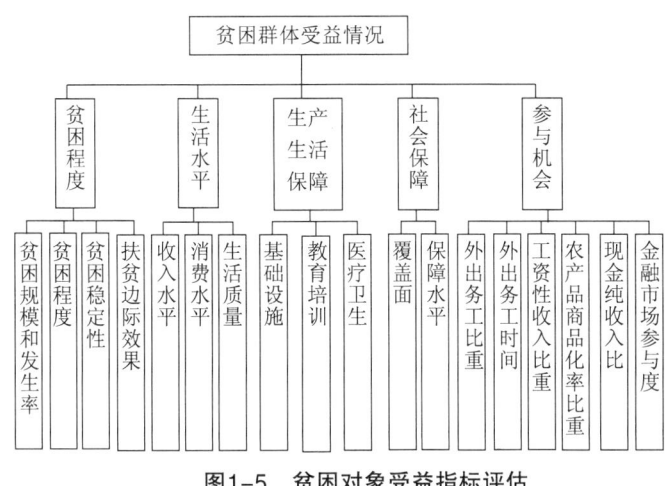

图1-5 贫困对象受益指标评估

（二）研究方法

为了为政府扶贫开发绩效进行科学评估，本研究采取了以下研究方法。

（1）比较分析法

比较分析法也称对比分析法，是把客观事物加以比较，或者把两个相互联系的指标数据进行比较，从数量上展示和说明研究对象规模的大小、水平的高低、速度的快慢，以及各种关系是否协调，以达到认识事物的本质和规律并做出正确评价的目的。本研究从扶贫开发绩效的保障措施评估，到对政府扶贫开发结果绩效进行评估，始终以时间维度进行。只有对不同时期扶贫开发绩效保障措施进行对比分析，才能了解这些保障措施为什么变化及措施变化后的绩效状况；同时，只有对不同时期的扶贫结果的各项指标进行对比分析，才能判断和评价扶贫开发绩效的变化趋势。因此，比较分析法是贯穿本研究的主要方法。

（2）定性和定量相结合的分析法

由于本研究的主要工作是评价政府扶贫开发绩效，这项工作的性质决定了研究方法要更多地采用事实和数据说话，因此在研究中大量地使用了定量分析方法，特别是对贫困人群受益情况进行评价时，分析了相关指标的数量特征及其变化趋势；在对扶贫资金绩效进行评价时，采用了定量分析方法中的回归分析法，对扶贫资金投入与产出之间的数量关系进行更为精确的分析。同时由于在研究中需要对政府的组织结构、政策演变等进行分析和评价，而这些内容无法进行定量分析，因此在这些研究中又使用了大量的定性研究法。

（3）历史分析法

历史分析法是依据马克思主义关于发展的观点，通过对有关研究对象的历史资料进行科学的分析，说明它在历史上是怎样发生的，又是怎样发展到现在的。历史分析法强调对研究对象历史变迁的梳理及所谓某些规律的把握。本研究在扶贫组织的变革、方式演变、制度政策变迁等方面都是采用了历史分析法。

（三）评估方法

扶贫开发是我国政府职能的一个组成部分，我国政府扶贫开发主要是指对农村贫困人口的扶贫。农村扶贫逐渐变成各级政府的专属职能，成立了专门组织，制定了一系列制度，并具体构建了贫困监测与瞄准的机制。可以说，政府部门设定了一系列的保障机制，以保障农村扶贫活动的有效开展。所以，政府扶贫开发的保障机制和实施效果构成了我国政府扶贫开发绩效评估的主体内容。基于此种考虑，本研究在政府绩效评估体系中具体选择了扶贫开发的保障机制和扶贫效果两个方面，作为政府扶贫开发绩效的评估内容。

在评价方法上，根据政府扶贫开发的特点主要使用目标管理评估法、关键绩效指标法、成本—效益评估法。

（1）目标管理评估法

目标管理评估法属于结果导向型的评估方法，主要是将实际达到的目标与预先设定的目标相比较。我国政府在每个五年计划里都有明确的扶贫目标，并有完成这些目标的时间限制。通过比较实际达到的目标与预先设定的目标，既能够评价目标是否实现，对于未实现的目标也能够找出未实现的原因。因此，从政府层面上对扶贫开发绩效进行评估时，本研究主要采用了目标管理法，其中以政府每个五年计划中的扶贫目标为基准，然后对五年计划结束时的贫困指标与五年计划里的扶贫目标进行比较，以评价政府预期的目标是否实现。目标管理法相对于一般的定性分析，可以更有针对性地对政府行为目标进行评价，也更能有效地发现政府目标设定的问题，以便于为改进绩效、调整目标认定方法。

（2）关键绩效指标法（KPI）

该评估方法是通过对组织内部流程的输入端、输出端的关键参数进行设置、取样、计算、分析，衡量流程绩效的一种目标式量化管理指标，是把组织的战略目标分解为可操作的工作目标的工具。本研究利用该方法对扶贫对象的收益情况进行评估。

（3）成本—效益评估法

成本—效益评估法是对投入成本所产生的效果进行评估。由于政府财政资金投入是政府扶贫开发最重要的成本，其中财政发展资金、以工代赈和贴息贷款是三种主要的财政扶贫资金。在对财政扶贫资金绩效进行分析时，本研究主要采用了成本—效益评估法，对政府财政扶贫资金总量及三类重要的财政扶贫资金的效果及他们绩效之间的差别进行评价。

（四）内容安排

根据上述研究思路，本书的具体内容分为九章（参见图1-6）。

第一章为总论。主要对本书的研究背景进行分析，提出研究的主要问题，对相关研究文献进行综述评价，在此基础上确立本项研究的分析框架。

第二章到第五章为政府扶贫开发的保障机制评估。第二章从政府扶贫组织体系的角度进行评估，分析了政府扶贫组织体系的发展演变，并对政府扶贫组织体系的发展研究进行评估。第三章从农村扶贫开发监测与瞄准的角度进行评估，介绍分析了我国贫困监测体系的发展演变，以及扶贫瞄准机制的变迁，总结了监测与瞄准的成功经验，指出了当前监测与瞄准机制中存在的问题。第四章从政府扶贫开发资金筹集、管理与使用的角度进行了评估，描述了我国政府扶贫的资金投入、资金的管理与使用，在此基础上指出了资金管理中存在的问题。第五章从政府扶贫开发方式的角度进行评估，描述了我国农村扶贫方式的发展演变，分析了其演变的原因，指出了存在的具体问题。

第六章到第八章为政府扶贫开发的效果评估。第六章是对政府扶贫开发目标的实现情况进行评估，第七章是对从贫困人群受益的情况进行评估，第八章是对政府扶贫资金的具体效果进行量化分析。

第九章为问题与对策研究，主要内容是在前文分析的基础上，系统总结我国政府扶贫开发的经验，指出当前存在的问题以及解决问题的对策。

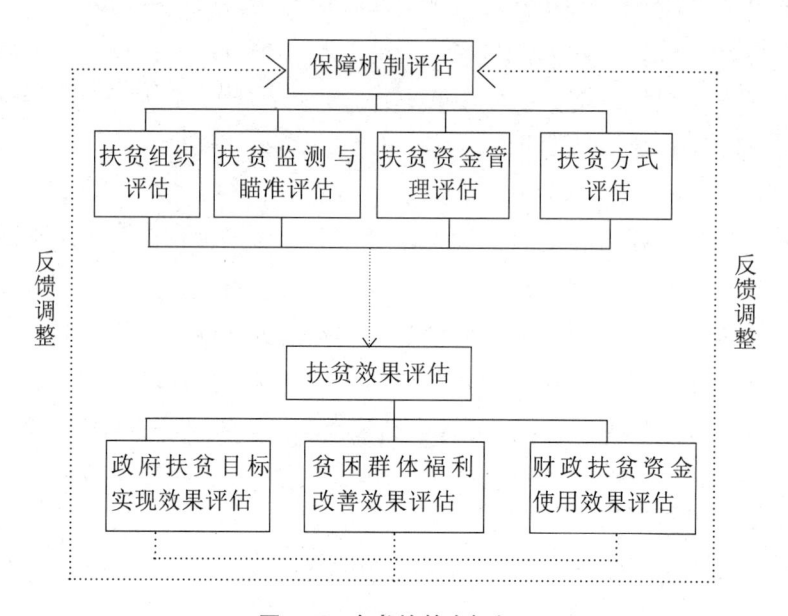

图1-6　本书的基本框架

第二章　政府扶贫开发的组织评估

扶贫绩效的取得与扶贫活动的组织体系密不可分，正是通过一定的扶贫组织、动员资源、组织人力、设计项目、开展活动，扶贫活动才得以顺利开展。因此，设立扶贫组织是开展扶贫活动的前提与基础。在整个中国的扶贫组织体系中，政府设置的扶贫组织居于核心地位。本章主要介绍我国政府扶贫组织体系的变迁及其绩效。

一　扶贫开发的组织体系

（一）我国的扶贫开发体系

组织是现代社会中的一个普遍现象，组织无处不在，没有人能够离开组织而生存。"组织是对人员的一种精心安排，以实现某些特定的目的。"[1]借助于组织，通过一定的管理过程（计划、协调、领导、控制），把分散的资源（人、财、物）集合在一起，充分发挥资源的利用效率，最终实现组织的宗旨，满足社会的需求。总之，在现代社会，组织在动员资源、解决问题、满足需求方面发挥着至关重要的作用，在反贫困领域也是

---

[1] 罗宾斯、库尔特：《管理学》（第七版），中国人民大学出版社2004年版，第16页。

如此。消除贫困是人类共同的理想，消除贫困不能仅仅依靠个人，而是需要组织，需要全社会共同的集体的行动。

我国的扶贫组织体系是与我国的整个扶贫活动密切相连的。总体来看，我国的扶贫活动大致可以分为三部分：专职扶贫、社会扶贫和国际援助。

专职扶贫主要是指政府成立专门的部门负责对贫困地区进行帮扶，以达到发展贫困地区经济和减少贫困人口的目的。我国的专职扶贫部门主要包括扶贫办系统、财政系统、信贷系统和发改委系统四部分。对这部分内容进行研究，是了解、分析我国政府农村扶贫政策、评估我国政府农村扶贫绩效的重要途径。

社会扶贫主要是指我国政府专职扶贫机构以外的扶贫工作的总称，包括中央、省、地、县各级国家机关定点扶贫，东西协作扶贫，社团组织扶贫及个人帮扶等。与政府专职部门的扶贫相比，社会扶贫的内容更加广泛，平台更加宽阔，在致力于解决制约当地经济和社会发展的问题上，社会扶贫在很大程度上弥补了政府扶贫工作的不足。

国际援助是指改革开放以来各类国际机构以多种形式在中国开展的与消除贫困相关的活动，包括与扶贫职能部门、其他政府机构、地方政府和各类非政府组织合作实施的各类项目，如综合开发项目、信贷项目、技术援助项目、合作研究项目等。这主要包括联合国系统、国际金融机构以及其他国际机构和外国政府等，它们对中国的扶贫工作起到了很好的补充作用。

（二）扶贫开发的组织结构

与三大类扶贫活动相对应，我国的扶贫组织体系也大致分为三个部分：政府专职扶贫组织体系、社会扶贫组织体系以及国际援助组织体系。这些扶贫组织相互依赖、相互补充，共同构成了我国农村扶贫的完整组织体系（参见图2-1）。

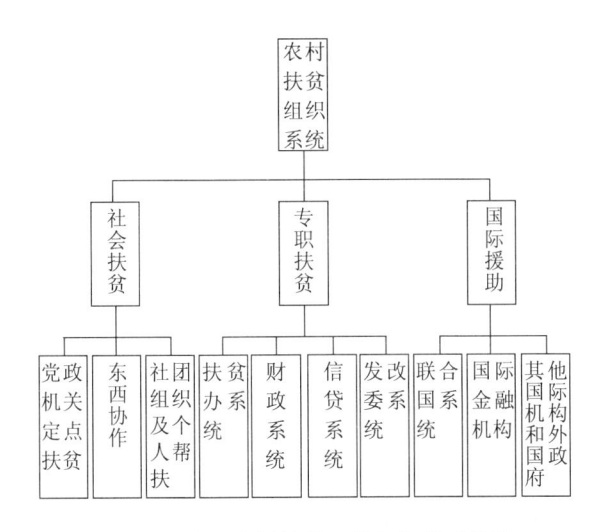

图2-1 我国农村扶贫开发组织体系结构

本研究的主题是对政府扶贫活动进行评估。在我国整个扶贫活动体系中，政府部门的扶贫活动占据主导地位。首先，扶贫体系中的专职扶贫主要是政府的专职扶贫部门开展实施的。其次，社会扶贫活动中定点扶贫和东西合作就其本质来讲，也是政府组织发起实施的。即便是社会扶贫和国际扶贫，表面上看起来与政府无关，实际上很多活动也依托于政府组织而开展。因此，政府部门在整个扶贫活动中发挥着主导地位。

具体来说，在中国农村的扶贫活动中，政府扶贫的组织体系主要包括专职扶贫中的扶贫办系统、财政扶贫系统、信贷扶贫系统、发改委扶贫系统，以及社会扶贫组织体系中的党政机关定点扶贫、东西合作扶贫。鉴于此，本章主要对我国农村扶贫组织体系中的专职扶贫部分以及社会扶贫部门中的定点扶贫和东西协作进行重点研究。尽管其他扶贫活动中也会涉及政府部门，但总体来讲，政府的专职扶贫和社会扶贫中的定点扶贫、东西合作是政府扶贫的集中体现。

二 政府专职扶贫部门

国务院扶贫开发领导小组及其下设的办公室是我国专门从事扶贫开发领导工作的政府机构。但国务院扶贫开发领导小组成立之前，我国政府已经进行了一些扶贫的探索。"三西"扶贫是其中最重要的一项政府扶贫活动。在一定意义上,"三西"扶贫活动的开展及其领导小组的成立,可以看做我国政府专职扶贫部门的雏形。

(一)"三西"地区农业建设领导小组

1982年12月,中央财经领导小组会议在北京召开,会议讨论了加快河西商品粮基地和中部干旱地区农业建设问题,同时还决定成立国务院"三西"(甘肃定西为代表的中部干旱地区、河西地区和宁夏西海固地区,简称"三西")地区农业建设领导小组,领导小组的组长由刚卸任的农牧渔业部部长林乎加出任,国家经委副主任李瑞山任副组长。领导小组的成员包括农牧渔业部、国家经委、水电部、财政部、林业部、商业部、民政部、国家科学技术委员会、中国科学院、国家计委等有关部门负责同志。

国务院"三西"地区农业建设领导小组成立之后,当年在北京召开了第一次会议,开始组织各方面力量,制定和实施"三西"建设总体规划。1983年1月,国务院"三西"地区农业建设领导小组第二次扩大会议在兰州开幕,除领导小组成员外,国务院其他部委、中科院几大研究所、甘宁两省区、"三西"各地县的负责人也悉数到会。经过反复讨论,上下斟酌,会议提出了"以川济山,山川共济"的建设思路,由此也形成了响彻全国的"有水走水路,无水走旱路,水旱不通另找出路"的开发方针。1984年2月国务院《关于"三西"地区农业建设领导小组办公室编制的批复》同意"三西"地区农业建设领导小组办公室建制归农牧渔业部,增加编制十人。领导小组先后多次召开会议和相关座谈会,讨论、交流治穷致富、发展农业的途径。随后,甘肃省"两西"农业建设指挥部和宁夏回族自治区西海固地区农业建设指挥部相继成立,我国扶贫开发驶向了新征程。①

在"三西"地区农业建设领导小组成立的同时,中央决定每年拨出两亿元的专项资金,用十年时间,扶持开发自然条件较好的甘肃河西地区和宁夏河套地区,改造自然条件最差的甘肃中部干旱地区18个县和宁夏西海固干旱高寒山区的8个县。截至1992年,"三西"扶贫开发的第一个10年期满,甘肃、宁夏请求国家继续支持10年;截至2002年,"三西"扶贫开

---

① 郑新:《国家任务》,中国青年出版社2008年版。资料来源于西北文学网,网址为:http://www.gszj.net/Item/Show.asp?m=111&d=561。

发的第二个10年期满，甘肃、宁夏两省区又请求国家再支持10年。目前，"三西"地区依然是政府扶贫开发的重要地区之一。

国务院"三西"地区农业建设领导小组的成立，拉开了由中央政府成立专门机构专事解决农村贫困工作的序幕。在某种程度上，"三西"地区农业建设领导小组可以看做我国专职扶贫部门成立的雏形。后来国务院贫困地区经济开发领导小组成立时，原来的"三西"地区农业建设领导小组的组长担任国务院贫困地区经济开发领导小组的顾问，原来的"三西"地区农业建设领导小组的副组长继续担任国务院贫困地区经济开发领导小组的副组长。另外，国务院贫困地区经济开发领导小组办公室下设了四个处，除综合处、政策研究处、规划协作处外，另一个处就是"三西"地区处。在很长一段时间里，"三西"建设一直是中国区域性扶贫开发的试验田。[1]

（二）国务院扶贫开发领导小组

（1）成立

1984年9月，中共中央、国务院发布了《关于帮助贫困地区尽快改变面貌的通知》，强调集中力量解决十几个连片贫困地区的问题。通知要求，有关各省、自治区要成立贫困山区工作领导小组，负责检查督促各项措施的落实，国家有关部门（包括计划、农业、水电、林业、商业、交通、机械、冶金、煤炭、化工、地质、物资、民政、卫生、文教、金融等）都应指定专人负责，分别作出帮助贫困地区改变面貌的具体部署，并抓紧进行，保证实现。

《关于帮助贫困地区尽快改变面貌的通知》的发布，预示着专职扶贫部门的成立。1985年9月，中共中央发布了《关于制订国民经济和社会发展第七个五年计划的建议》。"七五"计划明确指出，必须十分重视少数民族地区的经济和文化建设，同时采取有力的措施，积极扶持老革命根据地、边疆地区和其他贫困地区改变落后面貌；"七五"期间，国家和发达地区要对这些地区继续给以财力、物力和技术力量的支持；要采取必要的政策和措施，从各方面鼓励更多的人才到边远地区和后进地区工作；更重

---

[1] 郑新：《国家任务》，中国青年出版社2008年版。资料来源于西北文学网，网址为：http://www.gszj.net/Item/Show.asp?m=111&d=561。

要的是，要进一步放宽政策，培植和增强这些地区内在的活力，使他们更好地在国家的扶持下，主要依靠本地区的力量，加快经济和文化建设的发展。

为了加强对全国扶贫工作的领导，1986年5月国务院成立了贫困地区经济开发领导小组。"领导小组"负责组织、领导、协调、监督、检查全国贫困地区的经济开发工作，基本宗旨是消除农村贫困，促进区域经济协调发展，最终实现共同富裕；主要职能包括：组织贫困地区的调查研究，制定贫困地区发展的方针、政策和规划，协调解决有关贫困地区发展的重大问题，督促检查工作和总结交流经验。1986年5月，国务院办公厅下发了《关于成立国务院贫困地区经济开发领导小组的通知》，劳动人事部6月下发了《关于确定国务院贫困地区经济开发领导小组编制的通知》。自此，国务院扶贫开发领导小组正式成立，小组下设办公室，负责办理日常工作。办公室设在农牧渔业部。根据国务院要求，各有关部委以及各省（自治区、直辖市）、地（州、市）、县（旗），也相应设立贫困地区经济开发领导小组和办公室。[①]

国务院贫困地区经济开发领导小组成立之后，迅速开展了一系列的扶贫工作。1986年5月14日，国务院贫困地区经济开发领导小组召开了第一次全体会议。会议分析了我国贫困地区的现状，联系新中国成立30多年来的经验和教训，着重讨论了贫困地区经济开发的基本目标和任务，并部署了工作。[②] 1986年6月26日，国务院贫困地区经济开发领导小组召开了第二次全体会议。会议宣布，为了扶持贫困地区的经济开发，尽快解决群众的温饱问题，国务院决定在原来用于扶持贫困地区资金数量不变的基础上，新增加十亿元专项贴息贷款。会议经过充分讨论后提出：第一，认真管好用好国家为解决贫困地区群众温饱问题新增加的贴息贷款；第二，广泛动员国家机关和社会各界关心、支持贫困地区的经济开发，为解决群众温饱问题尽责出力。[③]

[①] 资料来源于中国人权网对国务院扶贫开发领导小组办公室的介绍，网址为：http://www.humanrights-china.org/china/rqzz/z3012001115122952.htm。

[②] 关于此次会议的纪要参见北大法律信息网中的资料，网址为：http://vip.chinalawinfo.com/newlaw2002/SLC/slc.asp?gid=48320&db=chl。

[③] 会议纪要的具体内容参见华律网发布的资料，网址为：http://laws.66law.cn/law-43299.aspx。

国务院贫困地区经济开发领导小组的成立，标志着中央政府在全国范围内开始了有组织、有计划、大规模的扶贫开发工作。

（2）演变

1993年，国务院贫困地区经济开发领导小组更名为"国务院扶贫开发领导小组"，国务院贫困地区经济开发领导小组下设的办公室也更名为"国务院扶贫开发领导小组办公室"，各有关部委和各级地方政府的扶贫领导机构也随之更名。组织名称由"经济开发领导小组"更改为"扶贫开发领导小组"意味着政府扶贫的重点由单纯的经济发展、提高收入转变为贫困地区经济、社会等方面的综合发展。

之后的1994年，国务院扶贫办公室制订了我国第一个扶贫开发的纲领性文件——《国家八七扶贫攻坚计划》，计划在20世纪的最后7年解决我国8000万贫困人口的温饱问题。《国家八七扶贫攻坚计划》进一步强化和明确了国务院扶贫开发领导小组及办公室的职能和工作任务，明确指出由国务院扶贫开发领导小组统一组织中央各有关部门和各省、自治区、直辖市具体实施扶贫开发工作。领导小组的主要任务是：全面部署和督促检查本计划的执行，抓好扶贫资金、物资的合理分配，集中使用，提高效益，组织调查研究、总结推广计划实施过程中的成功经验，制定促进本计划实施的政策和措施，协调解决计划实施中的问题。

1998年，国务院实施了新一轮的机构改革。在机构改革中，国务院扶贫开发领导小组被定位为国务院议事协调机构。新一届国务院扶贫开发领导小组包括国务院办公厅、国家发展计划委员会、国家经济贸易委员会、财政部、中国人民银行等25个成员单位。国务院扶贫开发领导小组办公室作为其办事机构，内设综合、政策研究、计划、社会、宣传联络和统计分析六个处室，下设外资项目管理中心、全国贫困地区干部培训中心、中国扶贫开发服务中心和中国扶贫基金会等单位。国务院扶贫开发领导小组办公室履行的职能主要包括：拟订扶贫开发工作的政策、规划并组织实施，协调社会各界的扶贫工作和有关扶贫的国际交流与合作，拟订贫困人口和国家级贫困县的扶持标准，组织贫困状况监测和统计，拟订中央扶贫资金分配方案，指导、监督和检查扶贫资金的使用，管理有关扶贫项目。[1]

---

[1] 参见中国人权网对国务院扶贫开发领导小组办公室的介绍，网址为：http://www.humanrights-china.org/china/rqzz/z3012001115122952.htm。

2002年2月，国务院办公厅发布了关于印发《国务院扶贫开发领导小组办公室职能配置内设机构和人员编制规定》的通知，通知指出，"经党中央、国务院批准，将原农业部内设机构国务院扶贫开发领导小组办公室单独设置，升格为副部级"，国务院扶贫开发领导小组办公室为国务院扶贫开发领导小组的办事机构。

升格后的扶贫办的主要职责调整如下：第一，承办国务院扶贫开发领导小组的日常工作；第二，研究拟订扶贫开发工作的政策、规划并组织实施；第三，协调社会各界的扶贫工作，协调组织中央国家机关定点扶贫工作和东部发达地区支持西部贫困地区的扶贫协作工作；第四，拟订农村贫困人口和国家扶贫开发工作重点县的扶持标准，研究提出确定和撤销贫困县的意见；第五，组织对扶贫开发情况进行统计和动态监测，指导扶贫系统的统计信息工作；第六，协调拟订中央扶贫资金分配方案，指导、检查、监督扶贫资金的使用，指导跨省区重点扶贫项目；第七，组织开展扶贫开发宣传工作；第八，负责有关扶贫的国际交流与合作；第九，承担全国贫困地区干部扶贫开发培训工作；第十，承办国务院扶贫开发领导小组交办的其他事项。

调整后的国务院扶贫开发领导小组办公室设4个组(副司级)，分别为秘书行政组、计划财务组、政策法规组、对外联络组。办公室机关行政编制为25名，其中主任1名，副主任2名；正副组长职位9个。原由农业部管理的国务院扶贫开发领导小组办公室外资项目管理中心、全国贫困地区干部培训中心、中国扶贫开发服务中心，划转国务院扶贫开发领导小组办公室管理，作为国务院扶贫开发领导小组办公室直属事业单位。

（3）现状

目前，国务院扶贫开发领导小组的组长通常由分管农业的国务院副总理或国务委员兼任，副组长由国务院办公厅、国家发改委、财政部、商务部、农业部副主任（副部长）和中国人民银行副行长担任，小组成员为其他20多个部委的副部长。领导小组成立时，组长由当时的国务院秘书长担任，领导小组成员由包括国家发展与改革委员会（原来为国家计委）、财政部、中国人民银行等20多个政府部委及相关单位的主要领导兼任。目前领导小组由国务院副总理回良玉同志兼任组长，调整后的成员包括国务院办公厅、总政治部、发改委、财政部、农业部、人民银行、教育部、科技部、民委、民政部、人力资源和社会保障部、国土资源部、环境保护部、交通运输部、水利部、商务部、文化部、卫生部、人口计生委、广电总局、统计局、林业局、农业银行、供销总社、全国总工会、团中央、全国妇联、中国残联等有关部门的负责人。

领导小组的主要职责是就扶贫工作的有关问题作出决策，即"组织有关贫困地区的调查研究，制定贫困地区发展的方针、政策和规划，协调解决有关贫困地区发展的重大问题，督促检查有关工作，总结交流经验"。从严格意义上讲，领导小组并不是一个独立的政府机构，更准确的界定应该是一个松散型的议事协调机构，只有在进行重大决策时它才召集全体成员开会研究作出决定，并以领导小组会议纪要的形式公布决策，其日常工作由领导小组办公室（扶贫办）承担，领导小组作出决定后由相关单位分别组织实施。[①]通常情况下，领导小组一年会召开3—4次会议，听取国务院扶贫办和其他扶贫部门的工作汇报，确定下一年度的扶贫目标、扶贫资金的分配方案，并对扶贫政策进行必要的调整。与此同时，各级地方政府也相应地建立了类似的领导小组，由此形成了我国农村开发式扶贫模式完整的决策系统。

国务院扶贫开发领导小组办公室（国务院扶贫办）是国务院扶贫领导小组的常设办事机构，具体负责与扶贫有关的日常工作。在整个中国农村扶贫的组织体系中，国务院扶贫开发领导小组及其扶贫办在农村扶贫政策的制定方面发挥着不可替代的作用，是我国农村扶贫事业的主要推动者和组织者。国务院扶贫办的组织结构以及我国各级扶贫办组织的结构示意图参见图2-2、图2-3、图2-4。

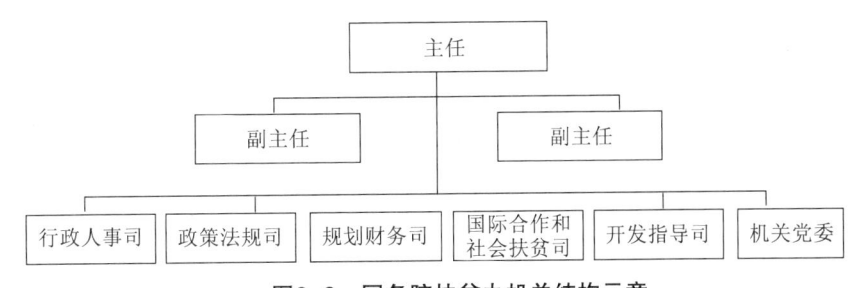

图2-2 国务院扶贫办机关结构示意

资料来源：国务院扶贫办网站：http://www.cpad.gov.cn/

[①] 王雨林：《中国农村贫困与反贫困问题研究》，浙江大学出版社2008年版，第133—135页。

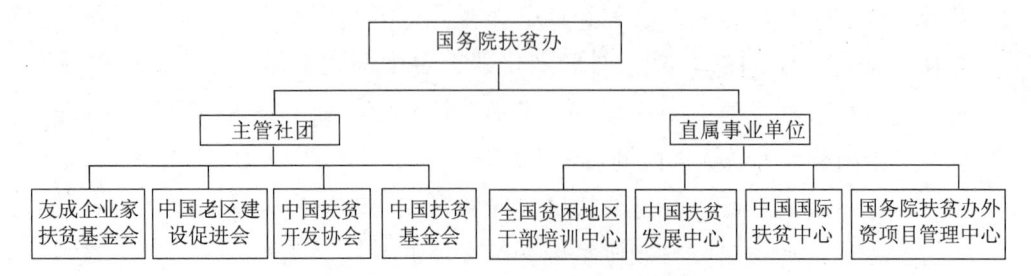

```
                    国务院扶贫办
          ┌────────────┴────────────┐
        主管社团                直属事业单位
    ┌────┬────┬────┐      ┌────┬────┬────┬────┐
  友成  中国  中国  中国   全国  中国  中国  国务院
  企业家 老区  扶贫  扶贫   贫困  扶贫  国际  扶贫办外
  扶贫  建设  开发  基金   地区  发展  扶贫  资项目
  基金会 促进会 协会  会     干部  中心  中心  管理中心
                          培训
                          中心
```

图2-3　国务院扶贫办直属机构结构示意

资料来源：国务院扶贫办网站：http://www.cpad.gov.cn/

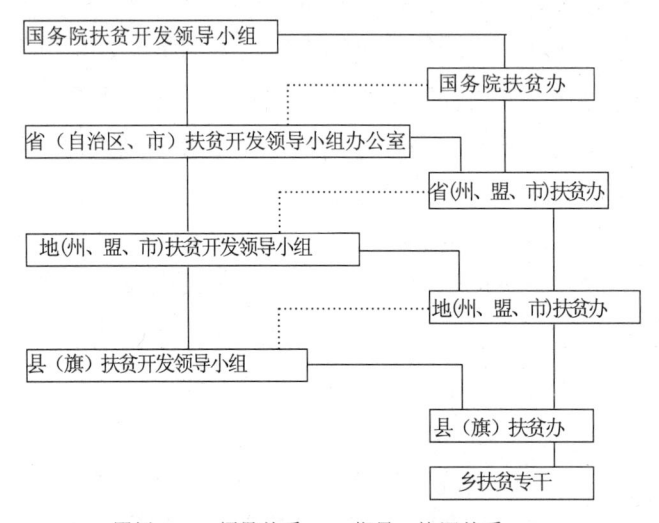

```
  国务院扶贫开发领导小组
              ┆
              ┆┄┄┄┄┄┄ 国务院扶贫办
              ┆              │
  省（自治区、市）扶贫开发领导小组办公室
              ┆              │
              ┆┄┄┄┄┄┄ 省(州、盟、市)扶贫办
              ┆              │
  地(州、盟、市)扶贫开发领导小组
              ┆              │
              ┆┄┄┄┄┄┄ 地(州、盟、市)扶贫办
              ┆              │
  县（旗）扶贫开发领导小组
              ┆              │
              ┆┄┄┄┄┄┄ 县（旗）扶贫办
                             │
                          乡扶贫专干
```

图例：——领导关系　┄┄┄指导、协调关系

图2-4　中国各级政府扶贫机构示意

资料来源：国务院扶贫办网站：http://www.cpad.gov.cn/

（三）其他政府专职扶贫部门

（1）财政扶贫的组织系统

为了配合农村的扶贫开发工作，财政系统设置了专门机构负责农村扶贫资金的管理。财政系统不直接参与农村扶贫项目的实施和管理，其主要职能是：在财政预算中安排财政扶贫资金（包括财政以工代赈资金和财政发展资金）、直接管理财政发展资金、为专项扶贫贷款提供利息补贴。财政部在农业司下设立了扶贫处，负责财政发展资金的分配方案的初步制定、资金管理规则的制定、信息系统的建设、专项扶贫贷款贴息和相关政

策研究等。每年的资金分配方案最终需要与国务院扶贫办一起上报给国务院扶贫领导小组审批，并经过全国人大批准后下达到各省财政厅。① 省一级财政发展资金的管理由财政厅的农业处负责，并没有设立专门的扶贫处或发展资金办公室，也没有设立单独的领导小组，而是由省扶贫领导小组统一领导。

财政扶贫的组织部门主要负责中央财政扶贫资金的管理，财政发展资金的项目管理在不同省采用不同的模式，有些是县里根据省里确定的额度申报项目，项目由省财政或扶贫部门审批并经扶贫领导小组批准后，再将项目资金下拨给县财政局；有的是根据省里的资金分配方案，直接将资金拨给贫困县财政局，再由县财政和扶贫部门确定项目并报县扶贫领导小组批准。项目确定后，县财政局负责资金的管理和最终支付，并组织政府专业部门（交通、水电、教育、卫生等）承担工程项目的具体施工管理。按照中央政府的要求，省级财政部门要为以工代赈和财政发展资金提供一定比例的配套资金。相应地，资金下拨给县财政局后，县财政局也需要提供配套资金，但县政府常常感到在配套资金上有困难。

一般来讲，中央财政扶贫资金的拨付程序是：在中央一级，资金的分配是从每年3月全国人民代表大会通过的国家财政预算开始。根据规定，财政扶贫资金必须在预算通过后的1个月内下拨到各省区财政厅。地方各级财政在收到上一级财政下达的财政扶贫资金后，应尽快与扶贫办公室、发展和改革委员会（以工代赈办）衔接项目计划，分批下达资金。首批下达时间不得超过1个月，比例不得低于80%。当年计划的项目和资金应该在财政年度之前完成和拨付。②

2004年，财政部会同审计署、国务院扶贫办、国家发改委、农业银行下发了《关于进一步做好扶贫资金审计、监督工作的意见》，强化了新阶段扶贫资金的审计监督。同年12月，财政部会同国务院扶贫办下发了《关于做好扶贫资金及项目计划工作的通知》（国开发办[2004]102号），要求建立起扶贫开发财政资金计划申报制度，着力解决资金到位不及时的问

---

① 王国良：《中国扶贫政策——趋势与挑战》，社会科学文献出版社2005年版，第277—278页。

② 张磊、黄承伟、李小云：《中国扶贫开发政策演变（1949—2005）》，中国财政经济出版社2007年版，第110—111页。

题，并要求各地从2005年起，每年2月初将年度资金计划上报财政部和国务院扶贫办，财政部据此提前拨付部分扶贫资金。2005年、2006年，财政部将补助地方专款预算50%以上的资金提前拨付地方，较好地解决了资金到位晚的问题，促进了地方尽早实施扶贫项目。

实行扶贫开发"四到省"原则后，财政部和国务院扶贫办不再审批扶贫项目，但省级审批项目出现了针对性不强、资金拨付晚等问题。财政部经大量调研后会同国务院扶贫办在《关于做好扶贫资金及项目计划工作的通知》中提出了资金项目可实行"县级确定项目，省级备案"的管理办法建议。实践证明，这种下放资金项目审批权限的做法调动了县级部门的积极性，也增强了其责任约束，提高了资金项目的针对性，并有利于保证资金的及时到位。[①]

财政扶贫组织体系的设立，为中央财政扶贫资金的拨付、管理提供了组织保证，在政府部门开展的扶贫活动中发挥了重要作用。

（2）信贷系统的组织体系

1984年12月，按照中共中央、国务院的通知精神，农业银行总行发布了《关于贯彻中共中央、国务院〈关于帮助贫困地区尽快改变面貌的通知〉的意见》，并与民政部门联合发布了《关于帮助贫困户发展生产的通知》，明确了扶贫信贷工作的指导思想、投向重点、资金管理、组织指导等问题。此后，在各级农村金融部门有关的会议和文件中，都对扶贫工作进行了部署和指导。1986年国务院成立贫困地区经济开发领导小组，各级农业银行的主要负责同志都作为领导小组成员，参加了各级政府成立的扶贫专门机构。

1986年6月，国务院贫困地区经济开发领导小组召开了第二次全体会议。会议宣布，为了扶持贫困地区的经济开发，尽快解决群众的温饱问题，国务院决定在原来用于扶持贫困地区资金数量不变的基础上，新增加10亿元专项贴息贷款。同时规定，贴息贷款所需信贷资金由中国人民银行每年专项安排，由农业银行发放，并进行专项管理，贷款收回要归还人民银行。在这种背景下，中央政府开始实施由中国农业银行管理的针对国定贫困县的大规模贴息贷款计划。信贷扶贫是为贫困地区和贫困人口的生产

[①] 张磊、黄承伟、李小云：《中国扶贫开发政策演变（1949—2005）》，中国财政经济出版社2007年版，第110—111页。

活动提供资金支持，目的是帮助这些贫困地区和贫困户早日脱贫，促进当地的经济发展。同年11月，中国人民银行、中国农业银行联合颁布了《扶持贫困地区专项贴息贷款管理暂行办法》，对贷款使用范围、贷款条件、贷款期限和利率、信贷资金管理均作出了明确规定。

1987年4月，国务院贫困地区经济开发领导小组、财政部、中国人民银行、中国农业银行下发《关于印发〈全国贫困地区经济开发项目管理试行办法〉的通知》（国开办发[1987]2号）。为了提高扶持贫困地区经济开发资金的使用效益，特别制定了《全国贫困地区经济开发项目管理试行办法》，要求结合当地情况试行，及时总结经验，提出补充意见，逐步加以完善；扶贫资金要在统一规划、统筹安排、按资金性质合理分工的前提下，做到渠道不乱，用途不变，相对集中，重点使用，彻底改变"撒胡椒面"的历史教训。

1994年，为了解决商业性银行经营政策性贷款业务所带来的问题，我国成立了专门负责政策性贷款的农业发展银行。农业银行向农业发展银行划转了国家粮棉油储备贷款、农副产品收购贷款、收购企业的加工贷款和农业开发等政策性贷款。信贷专项扶贫业务划转到了农业发展银行，但农行仍然通过支持贫困地区的龙头企业、产业化基地带动当地经济发展；通过支持能带动贫困人口增收的能人大户使贫困人口增收。由于农业发展银行组织系统的不完善和经营未达到预期的效果，从1998年起，扶贫贷款又重新划归农业银行管理。

1999年4月，为规范"小额信贷"扶贫到户贷款，扶持农村贫困人口尽快解决温饱问题，依据党和国家有关的农村经济政策和金融法规，中国农业银行印发了《中国农业银行"小额信贷"扶贫到户贷款管理办法（试行）》（农银发[1999]49号）。

2001年6月，中央召开了扶贫开发工作会议，制定和下发了《中国农村扶贫开发纲要（2001—2010年）》。人民银行、财政部、国务院扶贫办和农业银行依据《纲要》精神，共同研究制定了《扶贫贴息贷款管理实施办法》（银发[2001]185号）。这个办法明确扶贫贴息贷款由农业银行发放和管理。每年的扶贫贴息贷款计划由国务院扶贫办同财政部和农业银行确定，层层下达到各地。政府扶贫部门负责提供扶贫贷款项目，农业银行在扶贫部门提供的扶贫项目范围内选择贷款项目，按3%的优惠利率发放贴息贷款。优惠利率执行一年，优惠利率与贷款基准利率之间的利差由财政贴息，财政部将贴息资金拨付给农业银行总行。随着国家重点贫困县的调整，辽宁、广东、福建、浙江、山东、西藏等省区的扶贫信贷资金转入中西部的重点贫困县。

2006年7月，国务院扶贫办、财政部和中国农业银行联合下发了《关于深化扶贫贴息贷款管理体制改革的通知》（国开办发[2006]46号）。根据《通知》精神，将原由农业银行统一下达指导性计划并组织发放贷款分为到户贷款和产业化扶贫龙头企业、基础设施等项目贷款两部分进行操作。到户贷款的贷款对象为建档立卡的贫困农户，主要用于扶持其发展生产。项目贷款集中用于国家扶贫开发工作重点县和贫困村，重点支持对解决贫困户温饱、增加收入有带动和扶持作用的农业产业化龙头企业。[①]

2008年4月，国务院下发了《关于全面改革扶贫贴息贷款管理体制的通知》（国开办发[2008]29号）。从2008年开始全面改革扶贫贷款管理体制，将扶贫贷款管理权限和贴息资金全部下放到省，其中到户贷款的管理权限和贴息资金全部下放到县；扶贫贷款的发放由任何愿意参与扶贫工作的银行业金融机构承贷；中央继续保留扶贫贷款财政贴息预算资金规模（每年安排5.3亿元），于年初下达到各省（区、市），各省（区、市）安排到户的贷款贴息资金不低于贴息资金总额的50%；扶贫贷款由实行固定利率（3%）改为到户贷款按年息5%、项目贷款按年息3%给予贴息。

信贷扶贫的最大作用是为国定贫困县提供了大量的有利息补贴的信贷资金。不仅如此，它还提高了贫困地区居民的市场金融意识，同时也培养和锻炼了农业银行的信贷队伍，造就了一批能够适应贫困地区生产经营需要、与农民有深厚情感的农业金融人才。他们将现代金融理念和市场经济机制引入农村，在极大地缓解我国农村资金严重匮乏现状的基础上，更为我国贫困地区的经济可持续发展和贫困农户增收脱贫提供了思想观念上的更新。[②]

（3）以工代赈扶贫的组织体系

以工代赈计划开始于1984年，当年粮食大丰收和库存的急剧增加，促使中央政府决定利用剩余的粮食作为报酬来组织贫困农户参加公共工程项

---

① 《中国农村贫困监测报告》（2009），第98页。
② 同上书，第110页。

目，在增加贫困农户消费的同时改善贫困地区落后的基础设施。1986年5月，国家计划委员会《关于动用库存粮棉布帮助贫困地区修建道路和水利工程的情况报告》（计地[1986]870号）决定，1987—1989年的三年内，国家推行粮、棉、布以工代赈。项目重点是严重缺粮、缺衣被和交通十分闭塞的县、乡，所调拨物资主要用于修筑由县到乡（区或公社）以及乡到农副产品集散地的道路，整修可以通航的河道，以及修建一些中、小型的农田水利工程。国家调拨给各贫困地区的粮、棉、布等物资，采取以工代赈方式，作为参与上列工程的民工工资补助。所需其他物资，如水泥、砖瓦、钢钎等，由各省、自治区负责予以解决。兴办这些工程所需其他开支，由省、自治区在地方财政、国家支持经济不发达地区发展资金、地方留用的能源交通重点建设基金以及救济费等项中统筹安排解决。此后，1987年8月，经国务院批准，国家计划委员会《关于开展中低档工业品"以工代赈"帮助贫困地区修筑道路和水利工程试点工作的通知》决定在1988—1990年的三年内推行中低档工业品以工代赈；1989年4月又对此下发通知作了补充规定；1990年4月，根据《国务院关于批转国家计委一九九零年至一九九二年用工业品以工代赈安排意见的通知》（国发[1990]21号）精神，国家推行了工业品以工代赈；1991年10月，国务院批转国家计委《关于"八五"期间用粮食和工业品以工代赈安排意见报告的通知》，决定五年内国家推行粮食和工业品以工代赈，帮助皖、苏、浙、豫、鄂、湘、川、贵等遭受洪涝灾害比较严重的地区恢复生产、重建家园；1991—1995年，国家推行了粮食以工代赈，"以粮养粮"，加强农业生产的基础设施建设；1993—1997年，国家推行了粮棉布糖油和部分日用工业品以工代赈，重点支持中西部地区加强农村基础设施建设，加快脱贫致富步伐；1994—2000年，国家推行了库存商品以工代赈，切实向贫困人口最集中的区域倾斜，把贫困地区的交通建设作为投入的重点进行安排。

自1984年起，国家先后安排了7批以工代赈计划，总计投入粮食、棉花及各种中低档工业品折合人民币373亿元。"九五"初期，随着中央财力的增强以及库存商品情况的变化，为确保国家"八七扶贫攻坚计划"的完成，中央加大了以工代赈的投入力度，并将正在执行的第四、第五、第六批以工代赈结转为资金形式，开始实施资金以工代赈，用于加强中西部贫困地区的基础设施建设。①

以工代赈资金的重点用于修建县、乡公路（不含省道、国道）和为扶贫开发项目配套的道路，建设基本农田（含畜牧草场、果林地），兴修农田水利，解决人畜饮水问题等。它主要来源于两个方面：一是国家无偿调拨给有关省、区的以工代赈实物资金，作为参加工程建设贫困劳动力的工资补助；二是由地方从各种渠道筹集的配套资金，用于支付以劳工代替工程所需建设材料、设备和其他开支。以工代赈投资的主要部门类型是由中央和省政府决定的，省发改委和省以工代赈领导小组还负责对绝大多数以工代赈项目的审批。县发改委和县以工代赈领导小组负责选择参与项目的乡和村，并将项目上报到省发改委审批。作为村民自治组织，村委会在以工代赈项目实施中的主要责任是将项目分解到村民小组和农户，并动员村里的劳动力参与项目的建设，在很多情况下参与以工代赈项目建设是无偿的。②

总体来看，以工代赈计划是一种带有救济性质的扶贫方式，其投入是无偿的，但是在具体的实施过程中有附加条件，要求贫困人口通过出工投劳来获得救济。事实上，以工代赈是以开发贫困地区剩余劳动力为手段，以缓解和最终消除贫困为目的，通过实物或现金的投入，使贫困地区基础设施条件得到改善，同时为贫困地区和贫困人口的经济发展创造一个相对优越的外部环境，进而提高贫困地区经济自我增长的能力。中央政府设立以工代赈项目的初始目的，一是为贫困地区提供基础设施，为当地的经济增长提供必要条件；二是为贫困人口提供短期就业机会和非农收入，由此为当地贫困人口提供救济。

在管理上，以工代赈扶贫项目是由国家发展和改革委员会系统负责实施的，国家发改委在地区经济司下设有扶贫开发处，具体负责提出以工代赈资金的初步分配方案和确定主要投向，以及制定项目和资金管理规则等，但资金分配计划最终需要与国务院扶贫办一起上报国务院扶贫领导小组审批。1997年以前，当时的国家计委扶贫部门还直接负责以工代赈项目的审批。随着"四到省"政策的实施，项目的审批权限已经下放到省

---

① 《中国农村贫困监测报告》（2009），第100—103页。

② 王国良：《中国扶贫政策——趋势与挑战》，社会科学文献出版社2005年版，第275—277页。

发改委。

与中央政府在国家发改委设立扶贫处具体管理以工代赈资金的模式不同，地方政府普遍成立了与扶贫领导小组同级别的跨部门以工代赈领导小组，一般由分管计划的副省（县）长担任领导小组组长，发改委、财政、扶贫和其他业务部门的副厅（局）长为副组长和成员。以工代赈领导小组的主要责任是协调参与以工代赈工程的各业务部门的关系。在省和县的发改委（局）下都设立了以工代赈办公室来代表领导小组具体负责协调参与以工代赈项目的各个部门的工作。有些省为了统一管理以工代赈计划中农田基本建设的资金，还设立了专门的组织机构。[①]

在具体的项目申报和审批上，以工代赈资金项目申报与审批程序是：首先由各县业务部门（如交通、水利、农业等）和乡镇政府向县发展和改革委员会申报项目，县发展和改革委员会审查、确定项目并协商县财政局，报县扶贫领导小组审批后，经地、州、市发展和改革委员会筛选、平衡、论证后上报省发展和改革委员会和财政厅。省发展和改革委员会按照项目管理原则、重点和程序，审批各县的上报项目，同时协商省财政厅，形成当年以工代赈计划初稿，分别报省扶贫领导小组和以工代赈领导小组，经审查同意后，上报国家发展和改革委员会；经审查同意后，正式下达项目和资金计划到各省，各省再逐级下达。项目由县业务部门和乡镇政府组织实施，县财政局负责对施工单位的资金拨付或报账。凡列入以工代赈计划的项目，均须完成项目可行性研究报告审批手续。[②]

三 社会扶贫中的政府组织

社会扶贫是指我国政府专职扶贫机构以外的所有扶贫工作的总称，包括中央、省、地、县各级国家机关定点扶贫以及东西合作扶贫、非政府机构扶贫等。在社会扶贫体系中，党政机关的定点扶贫和东西合作扶贫也属于政府部门实施的扶贫工作。这里我们对定点扶贫和东西合作扶贫的组织

---

① 汪三贵、李文：《中国农村贫困问题研究》，中国财政经济出版社2005年版，第21—22页。
② 张磊、黄承伟、李小云：《中国扶贫开发政策演变（1949—2005）》，中国财政经济出版社2007年版，第112—113页。

体系进行简要介绍。

（一）定点帮扶中的党政机关

（1）党政机关定点扶贫概况

定点扶贫是指各级党政机关、企事业单位和社会团体利用自己的资源，定点扶持部分国定贫困县。目的是动员政府部门、国家的企事业单位和社会团体参与扶贫工作，以补充中央的扶贫投入，并利用各业务部门的专业力量进行扶贫。定点扶贫工作是我国特色扶贫开发工作的重要组成部分，是加大对革命老区、民族地区、边疆地区、贫困地区发展扶持力度的重要举措，也是定点扶贫单位贴近基层、了解民情、培养干部、转变作风、密切党群干群关系的重要途径。

党政机关的定点扶贫开始于20世纪80年代中期。早在1984年，中共中央、国务院发布的《关于帮助贫困地区尽快改变面貌的通知》中就指出："国家有关部门（包括计划、农业、水电、林业、商业、交通、机械、冶金、煤炭、化工、地质、物资、民政、卫生、文教、金融等）都应指定专人负责，分别作出帮助贫困地区改变面貌的具体部署，并抓紧进行，保证实现。"

1986年，由科技、农业、林业、地质矿产等10个中央政府部门率先在全国18个集中连片的贫困地区选定一个区域作为联系点开展定点扶贫。1998年国务院机构改革以前，共有122个中央党政机关、企事业单位和社会团体参与定点扶贫工作，共扶持贫困县369个。国务院机构改革以后，国家对定点扶贫单位和扶持的贫困县进行调整，1999年共有138个中央党政机关、企事业单位和社会团体参与定点扶贫工作，共扶持了350个贫困县。扶持贫困县最多的部门分别是农业部（21个）、国家林业局（16个）、国防科学技术工业委员会（16个）、交通部（11个）、农业银行（11个）、中建总公司（8个）、水利部（7个）、国家开发银行（7个）、科技部（6个）、信息产业部（6个）。[1]

一般情况下，一个部门扶持的贫困县都集中在一个或两个区域，如农业部定点扶持的贫困县都在武陵山区，水利部定点扶持的贫困县都在三峡

---

[1] 汪三贵、李文：《中国农村贫困问题研究》，中国财政经济出版社2005年版，第42—46页。

地区，卫生部的扶贫重点是四川地方病控制和基层卫生医疗机构的建设。扶贫内容和方式与部门的业务工作密切相关是定点扶贫的最大特点。注重对教育、培训和卫生等社会服务领域的扶持是定点扶贫的另一大特点。因为在参与定点扶贫的部门中，相当一部分部门的业务活动并不能直接适应于贫困县的经济和社会发展，因而不能将自己的业务活动和掌握的资源延伸到所扶持的贫困县。因此，这些部门就将扶持重点转向文化、教育、培训和医疗卫生等社会服务领域。①

进入21世纪以来，定点扶贫工作得到了进一步加强。2002年年初，扶贫参与单位增加到272个，受到帮扶的国家扶贫开发工作重点县达到481个，占重点县总数的81%。但自2002年安排部署最近一轮定点扶贫工作以来，由于机构改革和央企撤并等原因，定点扶贫单位有所减少。据最新统计，现在是241个单位帮扶440个重点县，还有152个重点县没有单位帮扶。如果按照甘肃、四川、云南、青海四省藏区和新疆南疆三地州打破重点县界限计算，共有208个县没有落实帮扶单位，定点扶贫资源和实际需要相比还有很大差距。

2010年7月8日，中共中央办公厅、国务院办公厅印发了《关于进一步做好定点扶贫工作的通知》，要求明确定点扶贫工作总体任务，调动各方面力量推进定点扶贫工作。《通知》要求："中央和国家机关各部门、各单位、人民团体、参照公务员法管理的事业单位、国有大型骨干企业、国有控股金融机构、国家重点科研院校、军队和武警部队，均应参加定点扶贫工作，承担相应的定点扶贫任务。支持各民主党派中央、全国工商联参与定点扶贫工作。积极鼓励各类大型民营企业、社会组织承担定点扶贫任务。通过扎实有效的工作，力争做到定点扶贫单位对国家扶贫开发工作重点县的全覆盖。"②

部门扶贫资金的来源主要有三个方面：第一，部委将自己管理的非扶贫项目资金重点投向所扶持的贫困县，而没有直接管理投资项目的党政机关和其他单位也会利用自己的影响和关系，从其他部门（甚至国外）引入各类项目资金给定点扶持的贫困县。因此，这种来源的资金是部门扶贫资

---

① 汪三贵、李文：《中国农村贫困问题研究》，中国财政经济出版社2005年版，第42—46页。

② 参见中央政府门户网站：http://www.gov.cn/jrzg/2010-07/08/content_1649275.htm。

金的主体，也是被扶持的贫困县获得的最大利益。第二，各部门自己筹集的行政经费或经营收入。这种来源的资金规模一般较小。第三，部门职工的个人捐赠。这部分资金一般用于教育、培训、卫生等社会服务领域。

部门扶贫项目的管理依资金来源的不同有很大的差别。国家的项目资金要遵循项目管理规则和程序，其管理主要有两种方式：一是先付一定比例的资金，待项目完成后再付清；二是全部资金先由地方政府垫付，待项目完成后再付清。项目的实施方式也因部门不同而不一样：第一种方式是让其下级业务部门负责项目的实施和管理，如国家林业局、农业部和卫生部等都通过贫困县的林业局、农业局和卫生局实施项目；第二种方式是委托当地扶贫办组织有关部门实施，如中央办公厅的扶贫项目等；第三种方式是交由其培育出来的扶贫实体实施，如国土资源部在江西赣南的"扶贫开发中心"；第四种方式是通过签订具有法律效力的协议，委托非政府组织实施，如华夏银行委托中国扶贫基金会实施贵州小额信贷项目，等等。自筹资金的管理方式相对简单一些，一般是直接拨给对口单位或项目协作单位。项目的实施由地方政府部门具体负责。[①]

部门扶贫给所扶持的贫困县带来的最大好处是引入了大量的项目资金。据国务院扶贫办初步统计，从2002年到2009年，参与定点扶贫的单位共向帮扶的重点县投入扶贫资金（含物资折价）84.87亿元，帮助引进各类资金292.5亿元，帮助安排扶贫项目9432个，引进人才3904名，引进先进技术1712项，资助贫困学生28.8万人次，为定点扶贫县培训干部群众151.6万人次。在中央和国家机关等单位的带动下，各省区市的定点扶贫工作也开展得卓有成效。从2007年到2009年的3年时间里，各省直单位对帮扶地区直接投入的资金达到98.2亿元，超过了中央单位8年投入资金的总和。[②]

从定点扶贫的发起、资金动员、项目实施等各个环节来看，政府部门在其中发挥着至关重要的作用。不仅中央的各个部委积极参加了定点的帮扶工作，地方各级政府也都积极参与实施了针对贫困地区的扶贫工作。因此，在政府实施的扶贫体系中，定点扶贫是其中的一项重要内容。

[①] 汪三贵、李文：《中国农村贫困问题研究》，中国财政经济出版社2005年版，第42—46页。

[②] 《定点扶贫覆盖440个贫困县》，资料来源：国务院扶贫办网站，网址为：http://www.cpad.gov.cn/data/2010/0709/article_342865.htm。

（2）定点扶贫的案例分析：农业部的定点扶贫[①]

20世纪80年代中期，党中央、国务院作出了中央国家机关及所属企事业单位对口帮扶贫困地区的重大决策。根据中央的统一部署，1986年农业部对口帮扶武陵山区的湘西、恩施、铜仁、黔江四地（州）。新世纪开始，中央实施新一轮扶贫战略，农业部继续对武陵山区的湘西、恩施两州进行定点扶贫。总体来看，农业部的定点扶贫活动大致可以分为两个阶段。

1986—2000年为定点扶贫的第一阶段。在这一阶段，农业部负责对口帮扶湘、鄂、渝、黔四省（市）四地（州）21个县。针对当时粮食供给不足，相当一部分贫困农民未解决温饱的突出问题，农业部的帮扶工作首先从夯实农业基础、狠抓粮食生产、解决农民的温饱问题入手，通过实施"温饱工程"，帮助四地（州）加强基本农田和农业基础设施建设，改善农业生产条件，增强抗灾能力，稳定粮食播种面积，提高粮食产量。到20世纪90年代后期，在四地（州）党委、政府和广大农民的艰苦努力下，粮食供给问题基本解决，帮扶工作开始转向在不放松粮食生产的同时，积极推进农业结构调整，大力扶持发展种养业、农产品加工业，建设了一批农产品生产基地，在四地（州）初步形成了以果、茶、菜、畜、禽为主的产业格局。

2001年至今为农业部定点扶贫的第二阶段。根据新一轮中央、国家机关定点扶贫工作部署，农业部扶贫工作转向定点负责湘西和恩施两州8个国家级贫困县的扶贫工作。在这一时期，农业部紧紧围绕新一轮扶贫工作的中心任务，着眼于在定点扶贫地区建立稳定的脱贫致富长效机制，科学规划，整合资源，采取产业扶贫、科教扶贫等帮扶措施。2002年，农业部编制了《农业部定点扶贫地区优势产业开发规划》，根据区域资源比较优势，国内外市场需求，提出了两州优势特色产业发展的思路、目标、重点和区域布局，指导当地农业经济发展和扶贫工作。2006年，农业部又制定了《"十一五"农业部扶贫开发建设规划》，明确了"十一五"期间农业部在定点扶贫地区重点扶持主导产业，推进"一村一品"，促进农民

---

① 本案例的内容根据农业部副部长张宝文在"农业部定点扶贫暨扶贫工作20周年回顾座谈会"上的讲话整理，2006年7月19日。资料来源于"中国湘西网"，网址为：http://www.xxz.gov.cn/topic/info489.html。

增收。

为了帮助定点扶贫地区做大、做强优势特色产业,"十五"期间,农业部加大了对定点扶贫地区的资金投入,将资源优势强、市场前景好、能带动农民增加收入的特色产品作为扶持重点,共安排中央资金2.6亿元,平均每年安排5291万元。据测算,"十五"期间8个定点扶贫县从农业部获得的建设投资,以县为单位计算,是全国平均水平的3.6倍,建设了一批柑橘、茶叶、魔芋、蔬菜、山羊、生猪等生产示范基地、种苗、种畜场;安排了节水农业示范、植保体系、农业机械化示范、动植物防疫、市场信息、农业标准化等一批农业基础设施和体系建设项目;实施了"生态家园富民工程",解决了农民生活用能问题,带动了养殖业的发展,巩固了退耕还林成果,改善了农村的生态环境和农民生活条件。此外,农业部还为扶贫地区争取到联合国农发基金无息贷款131万美元和世界粮食援助125万美元。根据当地产业结构调整、项目实施、新技术推广应用、农村剩余劳动力转移的需要,农业部还先后实施了"绿色证书培训"、"跨世纪青年农民培训工程"、"新型农民科技培训"、"阳光工程"等培训,先后为两州培训农民和农业管理干部5.8万人次。

"十五"期间,农业部有关司局和单位先后向定点扶贫地区赠送了价值约600多万元的《农民日报》、《农民文摘》、《农村工作通讯》等书报杂志及各类挂图、磁带、光盘2.9万余份(件);资助定点扶贫地区建设"农民科技书屋",引进科研院所开展"科技下乡"、"科技直通车"等活动,与地方联合开办"致富快车"等栏目,直接面向当地农民,传递农业科技致富信息;积极为地方牵线搭桥,促进贫困地区与发达地区的联系与交流,努力为地方招商引资,拓展发展机遇;捐款捐物,开展"一对一"和其他形式的帮扶活动,支持定点扶贫地区发展教育文化事业,先后捐助了约300多万元的钱物,援建了20所希望小学。

另外,自1986年以来,农业部一直把贫困地区作为培养干部的一个重要基地,坚持每年选派干部到贫困地区挂职扶贫,共派出干部258人次。从2002年起,为了使挂职干部得到更全面的锻炼,促进扶贫开发更加扎实有效的开展,农业部将挂职方式由原来在地州挂职改为大部分到县挂职,同时还接收贫困地区干部上挂到农业部锻炼。

（二）东西协作扶贫中的政府组织

（1）东西协作扶贫概况

东西协作扶贫是"八七扶贫攻坚计划"实施期间提出的一项措施。"国家八七扶贫攻坚计划"明确指出，"北京、天津、上海等大城市，广东、江苏、浙江、山东、辽宁、福建等沿海较为发达的省，都要对口帮助西部的一两个贫困省、区发展经济"，要求这些东部的省份要积极动员大中型企业，利用其技术、人才、市场、信息、物资等方面的优势，通过经济合作、技术服务、吸收劳务、产品扩散、交流干部等多种途径，发展与贫困地区在互惠互利基础上的合作。

东西协作扶贫是以改变贫困地区生产条件和生态环境、解决贫困地区群众温饱问题为重点，遵循市场经济规律，充分运用科学技术，广泛动员社会各界力量，在努力扩大对口帮扶的同时，开展各种形式的经济合作。其目的是动员东部发达省市的力量对口支持贫困地区的发展和贫困人口的脱贫，特点是强调扶贫与经济协作的有机统一。也就是说，除了扶贫目标外，还有调整产业结构和开拓市场等旨在共同发展、共同富裕的目标。

在1996年的全国扶贫工作会议上，国务院扶贫开发领导小组明确提出了东西协作的具体要求。会议决定让东部沿海的13个发达省市分别帮助西部的10个贫困省和自治区，并做出了具体的帮扶安排。根据国务院扶贫领导小组的安排，在继续全国支持西藏的同时，中央政府组织沿海6省、3个直辖市、4个计划单列市对口扶持西部10个省、自治区，即北京市帮内蒙古自治区，天津市帮甘肃省，上海市帮云南省，广东省帮广西壮族自治区，江苏省帮陕西省，浙江省帮四川省，山东省帮新疆维吾尔自治区，辽宁省帮青海省，福建省帮宁夏回族自治区，深圳市、青岛市、大连市、宁波市帮贵州省。2001年又确定厦门市、珠海市帮重庆市。[1]要求东部地区在不断加大对西部地区扶贫支持的同时，根据"优势互补、互惠互利、长期合作、共同发展"的原则，在企业合作、项目援助、人才交流等方面开展多层次、全方位的扶贫协作。扶贫领导小组还决定，坚持"一套马车拉到底"、"不脱贫不脱钩"的原则，对口扶持一直要持续到被帮扶省区绝对

---

[1] 张磊、黄承伟、李小云：《中国扶贫开发政策演变（1949—2005）》，中国财政经济出版社2007年版，第28页。

贫困问题基本解决。

东西协作的对口扶贫是一种地区间的帮助和协作，具体方式因各地区的情况和条件不同而有所差别。扶持省市一般根据被扶持省区的实际贫困状况和自己的能力，选择部分贫困县作为重点扶持的对象，并且将扶持任务分解到部分发达的县（市、区）。此外，东西部地区在干部交流、人才培训、援建学校、建设基本农田、修筑公路、解决人畜饮水困难等方面也开展了协作。具体的帮扶方式主要包括以下几种：

第一，捐赠无偿资金用于教育、卫生和其他基础设施建设。对于无偿捐赠的资金，一般情况下是由地方业务部门根据不同项目进行管理，援助单位对项目的实施进行监督。

第二，捐赠生产和生活物资，用于支持农户的农业生产和救济农民的日常生活。对于这些无偿捐赠的物资，一般也是根据具体项目由地方业务部门进行管理，援助单位对项目的实施进行监督。

第三，经济技术协作。对于经济技术协作项目，政府的主要作用是提供信息、组织交流、提供必要的优惠和政策保障，企业具体负责项目的谈判、实施和管理。由于这种协作是对口扶贫的内容之一，属于政府间的协作，协作企业遇到问题比较容易得到解决。

第四，人员的双向交流。发达省市派技术人员和青年志愿者到贫困省区提供服务，贫困省区派行政和技术干部到发达省市接受培训和挂职锻炼，输送劳动力到发达地区就业。人员的交流主要由双方有关的政府部门来组织和管理。如果是培训项目，援助方负责培训人员的差旅费、生活费和培训费。[①]

东西协作对口扶贫涉及面广，需要不同地区政府间的合作，因此双方的政府部门在项目的实施和管理中都发挥着重要的作用。援助项目一般也需要地方政府配套，在有些情况下如果地方政府由于各种复杂的原因而难以满足配套要求，那么项目的进展势必受到影响。因此，政府部门在东西协作扶贫活动中发挥着至关重要的作用。

---

① 汪三贵、李文：《中国农村贫困问题研究》，中国财政经济出版社2005年版，第46—50页。

（2）东西协作扶贫案例分析：上海—云南的扶贫协作[①]

在中央政府的倡导下，上海市和云南省结成了东西协作、对口帮扶的关系。自1996年建立对口帮扶合作关系以来，两省市对口帮扶合作在双方省市、州(市)、县(区)政府及10多个省市对口合作部门之间构筑了四个层次的工作机制。两省市分别成立了由分管领导为组长的对口帮扶协作领导小组，并设立了领导小组办公室，负责帮扶协作的日常工作。双方确定上海12个区对口支援红河、文山、思茅等23个贫困县，2004年增补迪庆等3个贫困县为对口帮扶重点地区，并确定上海2个区、2家大企业对口帮扶迪庆。昆明、玉溪和曲靖3个城市为与上海进行经济合作的重点城市。双方组织工业、教育、科技、民委、民政、人事、劳动、农业、文化、卫生、国资委、环保、旅游、侨办、商贸、工商联、共青团等10多个部门开展了对口合作。

在两省市党委、政府以及各有关方面的共同努力下，双方有关部门共同制订并组织实施了《上海—云南对口帮扶与经济社会协作"九五"计划纲要》和《上海—云南对口帮扶与全面合作"十五"计划纲要》(以下简称《纲要》)，顺利完成了《纲要》所确定的各项任务，对确保红河、文山、思茅和迪庆"九五"、"十五"扶贫任务的完成，促进云南社会经济的发展作出了积极的贡献。

对口帮扶合作机制建立以来，上海市采取政府主导、动员全社会力量参与的方式，积极参与云南省向绝对贫困宣战的相关活动，累计在滇投入无偿帮扶资金7.11亿元（其中"十五"期间市区两级财政安排资金4.018亿元），实施了以整村推进为主的对口帮扶项目共2577项。

在上海市各有关部门的积极组织和推动下，各项社会事业帮扶合作取得了很大进展。到"十五"期末，累计实施教育、卫生、文化等各类社会事业帮扶项目2310项。通过对口帮扶和各项合作，累计培训人才16.2万人次，累计输出安置劳务17801名，其中，"十五"期间安排输出9901名劳务人员进沪务工。

云南省与上海市的经济合作主要在昆明、玉溪和曲靖3个重点城市展

[①] 根据云南省人民政府办公厅发布的《关于印发上海—云南对口帮扶与经济社会合作"十一五"规划纲要的通知》整理，2006年6月8日，资料来源云南省人民政府网站，网址为：http://www.yn.gov.cn/yunnan/china/72628249213468672/20060608/1076405.html。

开。经过合作双方的共同努力，3个重点城市与上海的经济合作取得了明显成效。1996年以来，双方企事业单位累计实施各类经济合作项目592项，协议总投资近120亿元，上海在滇累计投入经济合作到位资金16.3亿元。项目投资主要涉及企业并购、产业转移、技术开发、科技、环保、旅游以及商贸服务业等领域。

东西合作实施以来，云南省的扶贫工作取得了巨大的成绩。在扶贫开发中，上海累计组织实施递进式整村推进试点村1240个；"白玉兰"扶贫开发重点村113个，沪滇合作农业示范基地3个、良种猪场2个，引进上海的良种、良畜、良苗，实施开发式扶贫。在人才建设方面，"十五"期间两省市人事部门在人才开发、人才培训、人才市场、职业资格认证等方面开展广泛合作，共培训各类党政人才和高层次专业技术人才2600人次。上海市人事系统与云南红河、文山、思茅、迪庆四州市建立了对口合作关系，促进了当地人才队伍素质的提高。

1996年以来，上海市有关部门在四州市先后援建了一批科技中心、培训中心、妇幼保健院、疾控中心及劳务输出培训中心等重点帮扶项目。双方科技部门共同组织实施了科技对口帮扶项目，红河、文山、思茅3州市的"上海科技中心"和科技信息网络已顺利建成并投入使用。其中红河上海科技中心已被列为云南红河国家农业科技园区培训基地、科技部星火计划—红河农村信息化基地；文山上海科技中心已被科技部认定为文山三七星火学校。红河、文山和思茅3州市疾病防治中心已投入使用。上海在文山州援建了劳动力技能培训中心，在红河、思茅、文山实施了环境检测能力建设项目。这些援建项目的实施为改善当地的医疗卫生条件和劳务输出提供了有效的保障。

在实施对口帮扶的过程中，上海投入5000万元小额信贷资金，通过滚动方式，累计发放小额信贷资金8342.6万元，覆盖23个县、71个乡镇、318个村委会、1740个村民小组、56674户农户、29万多人。"十五"期间，《上海—云南对口帮扶与全面合作"十五"计划纲要》把劳务输出作为重点帮扶工作之一，加大了滇沪对口劳务培训的力度，提高了劳务合作的层次。"十五"期间，共安置9901人到上海企业务工，赴沪劳务输出人员的稳定率在80%以上，月平均工资超过900元。小额信贷和劳务输出有效地增强了当地农民的造血功能和自我发展的能力。

在基础设施建设方面,沪滇对口帮扶以来,上海共投入资金43655.5万元用于各项基础设施建设,已建村级公路358条,光亮工程190个,帮助50个村通了电;援建白玉兰卫星接收站839个,解决了166个乡和829个自然村看电视难的问题;援建人畜饮水工程434个,使515个自然村、54175户直接受益,改善了贫困地区群众的基本生产和生活条件。

在社会事业发展的帮扶方面,上海先后选派了5批、76名干部到云南挂职,云南选派241名干部到上海挂职锻炼。上海组织人事、科技、教育、卫生、环保等部门累计实施各类社会事业帮扶项目2310项,累计帮助云南培训各类专业人员16.2万人次。共青团上海市委累计选派青年志愿者520名到云南贫困地区开展扶贫接力工作。在教育方面,"十五"期间,上海共投入10134.62万元,建立希望学校、光彩学校146所,帮助云南培训教师29924人次,上海累计选派5批、460名支教教师到云南贫困地区支任教,资助当地贫困学生22722人次。在医疗卫生方面,"十五"期间,上海各级政府共援助资金2787.75万元,在四州市分别援建疾病防治中心和264个乡、村卫生室,购置和捐赠各类医疗器械和设备,帮助培训医务人员,为改善云南贫困地区的基本医疗条件、实现农村人人享有初级卫生保健打下了坚实的基础。另外,目前已在红河、文山、思茅、迪庆4州市的26个贫困县及云南省教育、医疗、环保部门建立了白玉兰远程网点,运用白玉兰远程教育网培训农村中小学教师9万多人次,农村适用技术、环保、医疗、计划生育等培训共3万多人次,有力地促进了农村贫困地区劳动技能培训和农业科技推广。

在社会捐赠方面,自1994年到2005年年底,上海动员社会力量,累计捐赠帮扶资金3000万元、衣被3833万余件、大米650吨、新棉被5.5万床、学生课外阅读书籍34.94万册,共救济灾民、贫困群众达2441万人次。

四 分析评估

成立组织是政府开展扶贫活动的第一步,也是最为重要的一步。只有在组织的协调下,大规模的开发式扶贫才有可能。扶贫是一项系统工程,依靠单个组织、单个部门难以完成扶贫的艰巨使命。因此,扶贫活动依赖于一定的组织体系具体实施。从绩效评估的视角看,政府活动的组织评估涉及组织体系的完备性、协调性和灵活性三个方面。完备性要求组织机构设置要符合职能履行的要求，尽量覆盖相关职能的全面内容；协调性要求组织体系各子机构之间的分工合作，尽量实现职责一致、多元一致；灵活性要求组织根据环境变化和任务变更及时改进自身的体系结构以提高解决实际问题的能力。结合我国政府扶贫组织体系的变迁，我们对政府扶贫活动中的组织体系作出以下评价。

（一）基本经验

总体来看，面对艰巨的扶贫任务，我国政府成立了专门性的组织体系具体实施扶贫开发工作，已经形成多渠道、多层次的扶贫组织体系。

第一，已经形成了多渠道的扶贫组织体系。比如，扶贫办系统具体负责整个扶贫活动日常工作，财政部门具体负责财政扶贫资金的拨付与管理，发改委系统通过以工代赈的形式实施扶贫活动，农业银行通过扶贫贷款实施扶贫活动，农建部门具体负责"三西"专项扶贫活动，民委系统具体通过少数民族发展资金开展扶贫活动。除此之外，中央国家机关还结合各自的优势，分门别类地开展扶贫活动，比如教育部门的教育扶贫、科技部门的科技扶贫、卫生部门的卫生扶贫、林业部门的林业扶贫等。

第二，已经形成了自上而下的、多层次的科层组织体系。现有的政府扶贫既有中央层面的组织体系，也有省级层面的组织系统，还有市、县级的扶贫组织部门。就定点扶贫而言，不仅中央国家机关开展了定点的对口帮扶，省、市、县各级党政机关也都开展了相应的定点扶贫。同时，省级之间还有"东西"（东部省份—西部省份）之间的省级对口帮扶。

第三，已经形成了相对较为成熟的组织变迁机制。政府的扶贫组织体系并不是僵化的，在不同的时期，面临不同的农村环境，政府的扶贫组织体系也在不断地改革与调整。在贫困环境发生变化的背景下，政府扶贫的组织体系也在不断地发展演变。比如，1982年成立的"三西"地区农业建设领导小组演变为后来的贫困地区经济开发领导小组，贫困地区经济开发领导小组后来又更名为国务院扶贫开发领导小组。2002年国务院扶贫开发领导小组办公室又从农业部分离，成为独立的政府部门，并且升格为副部级单位。从"扶贫办"的组织演变可以看出，伴随着农村扶贫活动的开展以及农村贫困人口的减少，政府不是在弱化扶贫工作，而是在不断地强化农村的扶贫工作。

（二）存在的问题

当然，伴随着贫困人口分布以及贫困状况的变化，我国政府扶贫组织体系面临的外部环境发生了一定的变迁，政府扶贫开发组织体系也存在一些问题。

第一，体系内各相关组织的协调程度还有待进一步改善。我国的政府扶贫开发工作是各负其责、齐头并进。这样的组织体系在开展扶贫活动时既有好处，也存在一定的潜在风险。其主要问题是各部门分头行动，缺乏协调与合作，甚至一些扶贫部门为了凸显部门利益，而忽略整体的扶贫效益。在多头并进的组织体系下，如何强化不同部门之间的分工合作，提高扶贫活动的整体效益，是当前政府扶贫需要考虑的一个重要问题。另外，进入21世纪以后，政府除了积极开展专门性的扶贫开发活动之外，还针对农村的极端贫困人口实施了大规模的农村低保工程。如何在组织架构上衔接、协调农村的开发式扶贫与农村低保之间的关系，综合发挥农村扶贫效益的最大化，也是今后政府扶贫组织体系建设中需要解决的重要问题。

第二，组织运行的效率和环境适应性还有待进一步提升。政府扶贫开发绩效在关注贫困人口减少数量的同时，更应强调以较少的组织成本换取尽可能大的实施效果。就目前我国政府扶贫开发组织体系的运行情况来看，组织资源的利用率还有较大的改进空间，组织内部层级结构、组织控制等机制与高效政府的要求尚有距离。在不同的时期，相关政府部门应根据不同时期的农村贫困情景，不断地调整农村的扶贫策略，不断地完善扶贫监测，不断改进扶贫瞄准机制。面对我国反贫困对象分散化的趋势，扶贫组织在工作方式上要转变过去的粗放式管理体系，促进组织体系和管理方式更加微观化和定向化。

第三，非政府组织和政府组织的合作机制有待进一步完善。我国扶贫活动的重要特色是政府主导，即政府扶贫组织体系在扶贫活动中发挥着至关重要的作用。但是，公共管理发展的最新趋势表明，非政府组织也是参与公共服务、解决社会问题的一种重要机制。在我国的扶贫活动中，已经有一些非政府组织积极参与到扶贫活动之中。在今后的扶贫活动中，在政府主导的前提下，如何积极动员非政府组织参与扶贫活动，如何建立非政府组织与政府部门的稳定合作机制，也是今后扶贫活动需要关注的一个重要内容。

第三章 政府扶贫开发的监测与瞄准评估

成立政府扶贫组织是开展扶贫活动的前提与基础，但是成立组织之后还需要找到帮扶的对象，即需要知道哪些是贫困人群。只有找到了贫困人群，扶贫活动才能真正开展；而要找到贫困人群就需要进行贫困监测，通过贫困监测系统，才能确定哪些人属于贫困人群，以及他们的贫困程度。因此，在扶贫活动中贫困监测系统至关重要。通过扶贫监测，我们不仅能够知道哪些人是需要帮扶的对象，而且还可以了解扶贫活动开展的实际效果。当然，知道了贫困人群，还需要把扶贫资金用于贫困人群，只有针对贫困人群开展针对性的扶贫活动，才能取得反贫困的实际效果。因此，扶贫活动以及扶贫资金的"瞄准"是开展扶贫活动的关键环节。本章围绕政府扶贫的监测与瞄准进行讨论。

一 政府扶贫开发的监测系统

（一）扶贫开发监测系统的形成与发展

20世纪80年代中期，中国政府开始了大规模的扶贫活动，与此同时，政府也开始了贫困监测的探索工作。1986年，国家统计局利用全国农村住户抽样调查数据，推算和研究贫困标准以及与贫困相关的一些问题。1994年，中央政府开始制订实施了"八七扶贫攻坚计划"，国家统计局、国家扶贫办和世界银行开始合作，在世界银行贷款项目的西南贫困地区逐步建立贫困监测和评估体系，详细搜集与贫困有关的信息。西南贫困地区的监测系统不仅为西南项目的实施提供了信息基础，而且还为建立全国的贫困监测系统积累了经验。

1997年，在国家计委、国务院扶贫办、财政部、农业部、中国农业银行等有关部门的支持下，国家统计局建立了全国农村贫困监测系统，在原有全国农村住户抽样调查的基础上，对592个国定贫困县进行调查，为我国的反贫困事业收集基础性数据，为决策机构提供客观可信的信息。

2001年，国务院印发了《中国农村扶贫开发纲要》（2001—2010），明确提出要加强扶贫开发统计监测工作。为及时了解和全面掌握扶贫开发的发展动态，发现和研究新问题，统计部门要认真做好有关信息的采集、整理、反馈和发布；要制定科学规范、符合实际的监测方案，采用多种方法，全面、系统、动态地反映贫困人口收入水平和生活质量的变化，以及贫困地区的经济发展和社会进步情况，为科学决策提供必要的依据。为了全面反映我国政府反贫困的成绩，对全国的贫困状况进行有效监测，为制定科学的反贫困策略提供依据，国家统计局从2000年开始连续发布出版"中国农村贫困监测报告"，系统公布有关贫困及反贫困的各种信息。截止到2010年，国家统计局已经连续出版了2000—2009年度的扶贫监测报告。扶贫监测报告的系统出版，标志着我国农村贫困的监测系统开始逐渐走向成熟与完善。

随着扶贫活动的深入开展，我国农村贫困人群的分布发生了很大改变，贫困人口越来越多地以点、片、线等形式散落在老、少、边、穷等小范围内。原有的贫困监测体系是建立在一个较大区域内随机抽样的基础上的，贫困监测信息只能反映全国或分省的贫困监测信息，难以代表小区域的县及县以下的贫困状况。在这种背景下，为了缓解小区域内贫困信息供需矛盾、精确瞄准小范围内的贫困人口、制定更具有针对性的扶贫政策，国家统计局和亚洲开发银行合作，于2005年开始实施县级贫困监测体系项目。县级贫困监测体系的实施，标志着我国农村的扶贫监测工作进一步走向深入。

（二）贫困线的制定与演变

1. 贫困线的制定方法

在扶贫监测体系中，贫困线的测定是一项重要的内容，因为贫困线的高低直接关系到贫困人口的多少以及贫困人口的分布。我国的贫困线是依据基本生存需求划定的，所谓基本生存需求是指在一定的社会环境下个人或家庭维持生命正常活动所必需的消费需求。一个连基本生活消费需求都不能得到满足的人或家庭很难进行扩大再生产，因此基本生存需求中不包括任何扩大再生产的费用，它只包括最基本的食品消费需求和最低限度的非食品消费需求。因此，基本生存需求是绝对贫困的核心问题，如果把满足基本生存需求的费用定义为贫困线，用 Z 表示；把满足食品消费需求的费用定义为食物贫困线，用 ZF 表示；把满足非食品消费需求的费用定义为非食物贫困线，用 NF 表示；则贫困线可以用以下公式表示：贫困线=食物贫困线＋非食物贫困线，即 $Z=ZF+NF$。

在贫困线的确定中，必需的营养标准是确定基本食品消费需求的基础。中国营养学会认为，我国正常人口的日热量摄入量为2400大卡，生存极限不得少于2000大卡。我国政府采取2100大卡热量作为我国农村人口贫困的必需营养标准。在此基础上，国家统计局农调总队依据食品份额法确定了农村的贫困线，基本的计算过程是：第一，根据中国营养学会的建议选择最低热量摄入量；第二，根据住户抽样调查数据计算我国农村人口维持最低热量的实际食品消费结构，即平均食品消费清单；第三，结合食物价格水平计算最低食品费用支出；第四，依据"马丁法"测算最低的非食品支出费用；第五，由最低食品费用支出和最低非食品费用支出确定贫困线。[①]

2. 我国贫困线的演变

我国扶贫实践中最早采用的贫困线，是1984年由国务院农村发展研究中心最初确定的。国务院农村发展研究中心建议，贫困线的标准是户人均口粮200公斤和人均收入200元，按照此贫困线计算，1985年我国全部农村贫困人口为1.2亿人，占农村总人口的12.2%。1986年全国人大六届会议期

[①] 国家统计局农村社会经济调查总队：《中国农村贫困监测报告》（2000），中国统计出版社2000年版，第130—131页。

间,将扶持贫困地区尽快摆脱经济文化落后状况作为国家"七五"计划的一个重要目标。"七五"期间,国家重点扶持的331个贫困县的标准由一般农村地区向有突出贡献的革命老区发生倾斜,实行了分地区的全国不同的贫困线标准。1985年农村人均纯收入低于150元的县被划定为国家重点扶持的贫困县,少数民族和老革命根据地的贫困线标准定为200元,而个别有特大影响和贡献的老革命根据地的贫困线为300元;同时,中央要求各省也根据当地情况确定了368个县作为省扶持的贫困县,这样,当时总共有699个贫困县受到中央及地方不同程度的扶持。

我国现行的农村贫困标准是1986年国家统计局农村调查队根据6.7万个抽样户的家庭调查数据,采用人均纯收入与基本生存费用相比较的办法,依据营养标准(人均日摄取热量2400大卡)和其他最低的必需品消费进行计算后得出的。当时是以国际上通用的生存绝对贫困的概念作为计算农村贫困标准基础的。生存绝对贫困的核心问题是穷人不能满足在当时社会生产或生活方式下维持生命正常活动所必需的基本生存需要。基本生存需要包括两部分,一部分是满足最低营养标准(2100大卡)的基本食品需求,另一部分是最低限度的衣着、住房、交通、医疗及其他社会服务的非食品消费需求。前者是食物贫困线,后者是非食物贫困线,两者之和就是贫困标准。根据这种方法计算,1985年我国农村贫困人口标准为人均年收入206元,推算出当年全国农村贫困人口为1.02亿人,之后根据物价指数变动逐年调整。1985年以来,我国贫困线的变化参见表3-1和图3-1。

表3-1　　　　　　　1978—2008年度中国贫困线的变化

年份	贫困线(元/人)	年份	贫困线(元/人)
1978	100	1998	635
1984	200	1999	625
1985	206	2000	625
1986	213	2001	630
1987	227	2002	627
1988	236	2003	637
1989	259	2004	668
1990	300	2005	683

续表3-1

年份	贫困线（元/人）	年份	贫困线（元/人）
1992	317	2006	693
1994	440	2007	785
1995	530	2008	1196
1997	640		

资料来源：《中国农村扶贫监测报告》（2000—2009）。

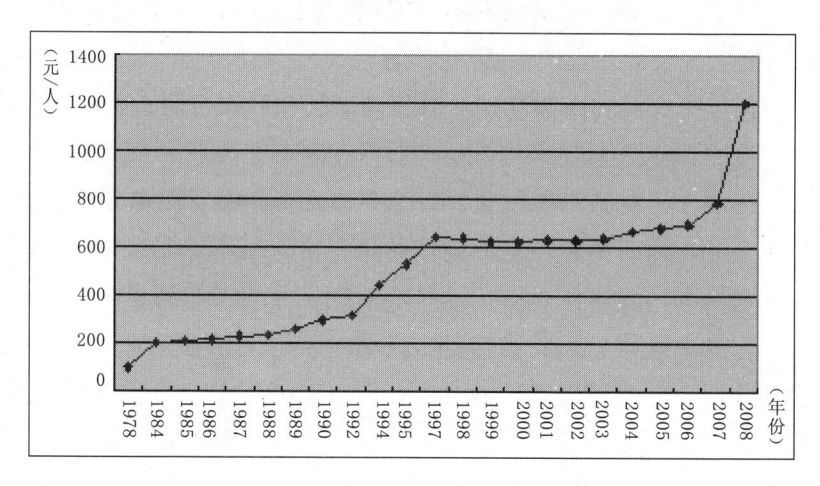

图3-1 1978—2008年度中国贫困线增长变化图

进入21世纪以来，农村扶贫的监测对象发生了一定的变化，由原来单纯监测贫困人口变为同时监测贫困人口和低收入人口。低收入人口是指收入水平已高于极端贫困的标准，但还不具备自我发展的能力，极容易返贫。2000—2008年度，我国农村最低收入线的变化情况参见表3-2和图3-2。

表3-2　　　　　　　　2000—2008年度低收入线变化情况

年份	低收入线（元/人）	年份	低收入线（元/人）
2000	865	2005	944
2001	872	2006	958
2002	869	2007	1067
2003	882	2008	1196
2004	924		

资料来源：《中国农村贫困监测报告》（2008）。

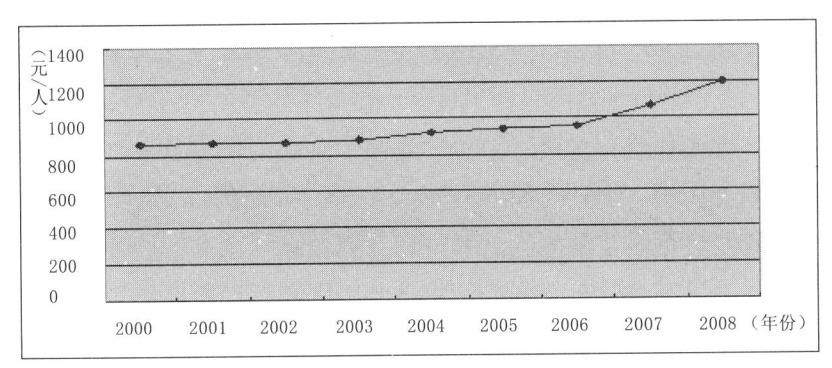

图3-2　2000—2008年度低收入线变化情况

2008年，国家统计局重新调整了贫困标准，测算贫困人口时不再区分贫困人口和低收入人口，而是把原来的低收入标准作为新的农村贫困标准，同时把2008年度的贫困标准划定为1196元。因此，2000—2008年度的低收入线变化趋势也是新的贫困线的变化趋势。在这种背景下，当前我国的贫困人口数量实际上包括原来的贫困人口和低收入人口，按照这一新的贫困标准，2008年度我国农村的贫困人口为4007万人。

（三）监测对象及监测方法

自从2000年统计局发布中国农村贫困监测报告以来，我国农村的扶贫监测对象也发生了一定的变化。总体来看，我国农村扶贫监测的对象包括我国整个农村地区的贫困状况、国定贫困县（扶贫开发工作重点县）的贫困状况、世界银行项目地区的贫困状况、特殊类型地区的贫困状况等。

1. 全国农村贫困的监测

全国农村贫困状况监测依托于全国农村住户调查。全国农村住户调查始于1984年，该调查是以农村住户收入、支出、生产、消费为主要调查内容的综合性社会经济调查。收集的信息具体包括社区基础设施和社会服务（如是否通公路、电力、电话，到车站、码头的距离，是否有学校或卫生所等教育、卫生设施）、住户特征（如文化程度、是否通电等）、收入、支出、消费、生产、财产、耐用消费品拥有、生活设施、储蓄、借贷等，以及个人的基本人口统计、就业和劳动力流动信息。住户收入按收入来源分类，包括现金收入也包括实物收入。调查以全国农业普查资料为抽样框，抽样框按人均纯收入排序，用累计人口作为补充指标，抽样方法为多阶段、分层、系统抽样。样本覆盖全国35%的县，包括6.8万个农户；调查农户分布在全国31个省(自治区、直辖市)857个县的7100个村中；调查样本每年轮换1/5。调查户在调查期内连续记录出售、购买、收入、支出、消费、生产情况。每个调查村聘请一个辅助调查员，辅助调查员每月至少两次上门督促或帮助调查户记账。调查员每月一次收集记账数据，其他指标由调查员年底访问得到。原始调查数据在县一级录入计算机，然后按季和年度通过网络上报省农调队和农调总队。

全国农村住户调查主要用于确定全国农村贫困标准和贫困规模，研究分析贫困特征和贫困分类。

2. 世行项目地区的贫困监测

世界银行贷款扶贫项目监测主要是指对西南、秦巴以及西部三个地区的贫困监测，这三个地区都利用世界银行的贷款实施了综合性的扶贫项目。

中国西南扶贫世行贷款项目(简称西南项目)是我国政府部分利用世行贷款，对广西、贵州、云南三省(自治区)的35个特困县实施的大规模综合扶贫项目。项目覆盖了210个乡中的1798个村，项目村95%以上的农户即共有约605万农户以各种形式参加了该项目，项目正式实施时间为1995—2000年，其主要目标是大幅度降低我国西南地区35个特困县的绝对贫困程度。西南项目35个项目县全部是列入国家"八七扶贫攻坚计划"的国家指定贫困县，主要分布在广西、贵州喀斯特地区和云贵高原地区。国家统计局采取了抽样调查的方式对西南项目进行监测，调查的指标体系覆盖了农户及社区社会经济发展的各个方面，调查方法以农户记账和调查员定期访谈相结合。在抽样方法上，根据人均纯收入和人均粮食生成量对县、村、住户进行排队，使用人口作为辅助指标采取随机、等距的抽样方法。西南项目的贫困监测开始于1995年，当年的调查覆盖全部35个项目县，包括350个村、3500个住户及住户中的全部村民。1996—1999年间，扶贫监测调查从35个项目县中抽取20个，每个县调查10个村，每个村调查10户，对共计20个县中的200个村以及2000个住户进行调查。调查的内容包括村级基础设施及教育、卫生状况，住户收支、生产和消费状况，以及个人文化、就业、入学、生育、健康等人口统计特征以及项目活动的规模、时间、贷款数额及来源等内容。①

从1997年开始,我国政府利用世行贷款对贫困较为严重的四川、陕西、宁夏的秦巴山区和黄土高原区的26个县实施综合扶贫项目,所有26个县均为国家级贫困县。秦巴扶贫项目的具体内容包括劳务输出、农村基础设施建设、土地与农户开发、乡镇企业开发、小额信贷等内容。国家统计局采取科学的随机抽样进行对秦巴项目扶贫监测,在抽样中首先根据人均纯收入和人均粮食产量进行排队,结合人口数量作为辅助指标,采取等距随机的抽样方法。调查的范围覆盖整个26个项目县,监测与评估持续6年,每年都对秦巴扶贫贷款项目地区实施跟踪抽样调查。1997年进行了基线调查,1998—2003年进行追踪调查。1997年的基线调查包括全部的26个项目县,调查样本包括260个村、2600个住户以及住户中的全部个人。1998年之后的调查对象包括随机抽中的13个项目县以及项目县中的130个行政村、1300个住户以及住户中的全部个人。调查的内容包括村级社区基础设施及教育、卫生状况,住户收支、生产和消费状况,个人文化、就业、入学、生育、健康等人口统计特征以及项目活动的规模、时间、贷款数额来源等内容。②

西部项目开始于1999年,也是我国政府利用世界银行贷款实施的扶贫项目,实施的地区是内蒙古、甘肃境内贫困状况较为严重的27个国家级贫困县。项目计划覆盖项目县中的36万多贫困农户,其中内蒙古计划受益农户16万余户,甘肃计划受益农户19万余户。从2001年开始,甘肃和内蒙古的13个县增列为项目县,利用增加的世行贷款开展综合扶贫项目。西部项目的具体内容包括农户开发、灌溉和土地改良、农村基础设施、乡村企业、劳务输出(甘肃)、卫生、机构建设和项目管理等。项目的主要目标是降低贫困程度,增加贫困农户农牧产品产量和收入,解决温饱问题,改善农村基础设施以及教育、卫生等社会服务状况,提高贫困农户的生活水平。从1999年起,国务院扶贫办代表内蒙古和甘肃两省区与国家统计局合作建立西部贫困监测与评估系统,对西部世行贷款扶贫项目区的贫困状况

---

① 国家统计局农村社会经济调查总队:《中国农村贫困监测报告(2000)》,中国统计出版社2000年版,第25—26页。

② 同上书,第38—39页。

及其扶贫效果进行监测与评估，具体的监测与评估由国家统计局承担。[①]监测与评估方法与世界银行的西南项目和秦巴项目类似。

3. 扶贫工作重点县的贫困监测

在整个中国农村扶贫监测体系中，扶贫工作重点县的贫困监测占据着重要地位。为了更加全面、准确、及时地反映我国贫困状况和贫困缓解趋势，掌握并了解扶贫重点区域的经济发展和社会进步情况，根据《2001—2010年中国农村扶贫开发纲要》，国家统计局、国务院扶贫领导小组办公室、国家计委、国家民委、财政部、农业银行六部委联合发布了《新阶段农村贫困监测调查方案》。[②]《调查方案》规定，调查的范围是分布于中西部地区的592个国家扶贫开发工作重点县。参与开展本项调查的省、自治区、直辖市有河北、山西、内蒙古、吉林、黑龙江、安徽、江西、河南、湖北、湖南、广西、海南、重庆、四川、贵州、云南、陕西、甘肃、青海、宁夏、新疆等，调查对象包括592个国家扶贫工作重点县及其中的样本单位，具体包括行政村（办事处）、住户和住户中的家庭成员。调查由国家统计局农调总队负责具体组织实施，各省、自治区、直辖市统计局、农调队在农调总队的直接领导下组织国家扶贫工作重点县开展调查；各县的调查工作由县统计局或农调队具体实施。

在调查内容方面，扶贫开发工作重点县的贫困监测调查内容包括县级统计报表、村级调查表、住户基本情况调查表、住户收支情况调查表、个人调查表。其中县级统计报表采用全面统计的形式，住户基本情况调查、住户收支情况调查、个人调查和社区调查采用随机抽样的方法进行。具体来说，县级统计报表的调查内容包括扶贫工作重点县基本情况、扶贫资金的来源与使用、扶贫成果等内容，资料的收集是从县级扶贫开发部门和有关部门的业务报表中取得。村级调查表的内容包括调查村基本情况、基本设施、社会服务、人口、资源、科技以及扶贫项目参与等。住户基本情况调查表的内容包括住户特征、财产设施、储蓄借贷、灾害及社会保障、扶贫项目参与等内容。个人调查表的内容包括家庭基本状况、健康

---

① 国家统计局农村社会经济调查总队：《中国农村贫困监测报告（2001）》，中国统计出版社2001年版，第39—40页。

② 国家统计局农村社会经济调查总队：《中国农村贫困监测报告（2002）》，中国统计出版社2002年版，第156页。

状况、成人情况、就业情况、劳动力外出情况、学生上学及儿童失学情况等内容。

在样本选取方面，采取多阶段分层抽样，首先以扶贫开发工作重点县为总体，从中抽取调查县，再从样本调查县中抽取调查村，最后从样本村中抽取调查户。具体的样本数量是：每个县抽取6—15个行政村，每个村抽取10户，每个县的调查户数在60—150之间。人口规模小于20万的县，调查户的数量至少要达到60户；人口规模在20万—50万的样本县，调查的户数应该在80—100户之间；人口规模在50万—100万的样本县，调查户的数量应该在100—120户之间；人口规模超过100万的样本县，调查户的数量应该在120—150户之间。

为了保证扶贫开发工作重点县的扶贫监测，"调查方案"还对抽样调查的填表说明、调查数据的上报方式、调查人员的组织与培训、调查数据的质量保证、调查数据的管理等内容作出了明确规定。

4. 特殊类型地区的贫困监测

从2005年开始，中国农村贫困监测报告中增加了"少数民族地区贫困状况"。少数民族地区的贫困监测数据主要来自国家统计局对265个少数民族扶贫开发工作重点县的监测调查，监测的内容包括贫困状况、调查村基本情况、教育状况、卫生及健康状况、劳动力状况、农民收入情况、农民生活消费情况、农民生活状况、当年受灾情况、村级经济及扶贫活动等。

根据《扶持人口较少民族发展规划(2005—2010)》，国家民委决定在人口较少民族主要分布的10个省(区)开展扶持人口较少民族发展动态监测工作。动态监测以人口较少民族聚居村为主要对象，每年对其经济社会发展、《规划》实施情况和扶持成果等指标进行调查统计。重点监测对象是640个人口较少的民族聚集村，分布在新疆、青海、甘肃、内蒙古、黑龙江、云南、贵州、广西8个省区中的77个县、202个乡镇。根据这640个民族聚集村的统计数据，中国农村扶贫监测报告从2007年开始发布"人口较少民族发展动态监测结果"，监测的内容包括人口较少民族聚居村经济社会发展基本情况、各省区扶持人口较少民族发展资金及项目安排情况、规划实施情况及扶持成果等。

2007年，中国农村贫困监测报告开始发布边境地区扶贫重点县贫困监测报告。我国的边境线分布在9个省（区），共有135个县、旗、市、市辖区，总人口约为2000万，其中少数民族占48%。在135个边境县中，国家扶贫开发工作重点县有42个，总人口779万。在国家贫困监测抽样样本中，42个扶贫开发工作重点县中399个村属于调查样本，涉及3980个调查户17750人。国家统计局利用这些调查数据，发布了边境地区扶贫重点县贫困监测报告，监测的内容包括贫困程度，人口、土地及基础设施，教育情况，卫生及健康状况，劳动力情况，农民收入情况，农民生活消费情况，农户生活情况，当年受灾情况，村级经济情况以及边境扶贫县的扶贫活动等。

（四）监测内容

1. 农村贫困监测报告的内容

自从国家统计局发布中国农村贫困监测报告以来，农村扶贫的监测内容也在不断地发生变化。2000年，国家统计局发布的扶贫监测报告内容包括"背景：农村经济与社会发展"；"贫困状况：规模与特征"；"国定贫困县发展状况监测"；"世界银行贷款扶贫项目监测"；"反贫困实践回顾及政策评价"；"21世纪初的扶贫战略：分类扶贫和教育扶贫"；"国定贫困县统计资料"。2001年的监测报告与2000年的内容变化不大，增加了"部门的扶贫报告"。

从2002年开始，"国定贫困县"改为"扶贫开发工作重点县"。相应，"国定贫困县的监测报告"也改为"扶贫开发工作重点县监测报告"。同时，2002年的扶贫监测报告增加了"社会扶贫活动"以及"新阶段农村贫困监测调查方案"等内容。2003年的扶贫监测报告变化不大，2004年、2005年的扶贫监测报告增加了"贫困问题研究"等内容，2006年的扶贫监测报告增加了"少数民族地区贫困状况"。从2007年开始，扶贫监测报告增加了"特殊类型地区贫困监测"的内容，"特殊类型地区"不仅包括少数民族地区（2006/2007/2008/2009），而且还包括"人口较少民族地区"（2007）、"革命老区"（2007/2008/2009）、"边境地区"（2007/2008/2009）。总之，我国农村贫困的监测体系越来越完善。

2. 贫困监测调查的内容

前已述及，在整个中国农村的贫困监测体系中，国家扶贫开发工作重点县的监测处于核心地位，这里我们结合592个扶贫开发工作重点县的监测对贫困监测的内容作一个介绍。根据统计局等六部委联合发文的"新阶段农村贫困监测调查方案",监测调查的内容包括县级统计报表、村级社区调查表、住户基本情况调查表、住户收支情况调查表、个人调查表五部分内容。我国农村贫困的监测实际上是建立在这五类调查的基础之上的。这里我们依托五类调查表对扶贫开发工作重点县的监测内容进行描述。

县级贫困监测统计报表的具体内容包括贫困县基本情况、扶贫投资总额、扶贫效果三部分内容。其中，贫困县基本状况包括年末乡村人口、村委会个数、贫困村个数、贫困村人口、当年尚未解决饮水困难人数、当年尚未解决饮水困难牲畜头数等内容。扶贫资金投入总额又进一步划分为按资金来源的统计和按资金投向的统计，其中按资金来源的分类进一步包括中央扶贫贴息贷款累计发放额、中央财政扶贫资金、以工代赈、中央专项退耕还林还草工程补助、省级财政安排的扶贫资金、利用外资、其他资金等；按资金投向进一步划分为种植业、林业、养殖业、农产品加工、其他生产行业、基本农田建设、人畜饮水工程、道路修建及改扩建、电力设施、电视接收设施、学校及设备、卫生室及设施、技术培训/技术推广、资助儿童入学/扫盲、其他等内容。扶贫效果的监测指标包括当年实施扶贫项目的村数、当年项目覆盖的农户数量、当年项目扶持人口数、当年项目吸收劳动力、当年得到扶贫贷款的农户数、新增基本农田、新增及改扩建公路里程、新增经济林面积、新增草场面积、新增教育/卫生用房面积、当年解决饮水困难人数、当年解决饮水困难牲畜头数、当年退耕还林还草面积、当年组织培训参加人次、向其他地区输出劳动力人数等内容。

社区调查表的具体内容包括社区基本情况，基础设施和社会服务状况，人口、劳动力流动及资源，村级经济，农业科技情况，灾害和社会保障情况，扶贫活动六大项内容，其中每项具体内容下面又进一步划分为若干具体指标。比如扶贫活动一项下面又进一步分为本社区是否属于省定贫困村、是否参加过扶贫项目、参加的扶贫活动形式、当年到位扶贫资金总额、当年投放的扶贫资助、扶持农户数和公共项目成果、希望得到的扶贫项目等内容。

住户基本情况调查表的具体内容包括调查户基本情况、财产/资产拥有状况、生活设施状况、土地使用情况、借贷情况、扶贫情况等内容。其中每一项目内容下面又进一步划分为若干小的具体指标。比如，生活设施状况一项下设卫生设备、是否用电、取暖设备、饮用水来源、生活燃料等具体指标。

住户收支调查表的具体内容包括全年总收入、全年总支出、生产性固定资产折旧、全年纯收入等内容，调查的重点内容是全年总收入和全年总支出。其中，全年总收入进一步划分为工资性收入、家庭经营收入、转移性收入、财产性收入等内容，每一项调查下面又划分了若干小项。全年总支出的内容包括家庭经营支出、购买生产性固定资产、税费支出、生活消费支出、转移性支出、财产性支出等内容，每一项调查内容下面也进一步划分了若干小的调查指标。

个人调查表的具体内容包括家庭基本情况、健康状况、就业状况、劳动力外出打工的情况、学生就业情况等内容，其中每一项内容下面又进一步划分了若干调查小项。比如，劳动力外出一项内容中的调查指标包括转移方式、外出地区、在外从事行业、外出务工时间、自己生活消费总支出、寄回或带回的现金及实物、开始外出务工时间、一共外出年限、打工的年收入变化等内容。

通过我国农村贫困监测的具体内容[①]可以看出，中国农村贫困监测的内容覆盖了贫困县、村级社区、住户、家庭个人几个层面上的社会、经济、文化等各个方面的信息，通过收集调查这些信息，基本上可以把握贫困地区的基本状况，对这些信息的分析处理可以为政府的扶贫决策提供科学依据。

（五）县级扶贫监测体系

县级贫困监测体系是由国家统计局和亚洲开发银行合作开展的技术援助项目，该项目首先在云南楚雄大姚县开展试点，条件成熟后将扩展到整个地区。项目目标是通过部门协作、信息整合以及科学可行的实际调查，在县级以下开发建立具有普及意义的贫困监测检查体系，以全面、及时、准确地反映县级以下的贫困状况和动态演变。

县级贫困监测项目开始于2005年4月，2006年1月之前为监测指标体系设计阶段。从2006年开始，试点县统计局以普查方式完成了调查数据的收集；2007年6月前，县统计局完成了数据的整理与录入，建立了共享数据库；2007年6月以后，县统计局组织协作部门开始对数据进行应用分析，评

[①] 具体调查问卷参见国家统计局发布的2002年度扶贫监测报告。

价县级贫困监测系统对扶贫开发的作用。

经过试点工作，县级扶贫监测体系项目已经取得了以下成果：第一，建立了完整的县级贫困监测指标体系；第二，建立了满足各级行政单位及组成部门的贫困共享数据库；第三，探讨出一套简便易行、利用非收支数据测量贫困的方法；第四，在项目参与过程中提升了各级统计系统的贫困监测能力；第五，各部门的积极参与实现了贫困信息的资源共享。[1]

当然，县级贫困监测系统仅仅是经过了试点阶段，目前还没有在广大的农村地区铺开实施。

二 政府扶贫开发的瞄准对象

农村贫困监测在整个扶贫活动中具有重要意义，通过贫困监测系统，我们能够知道贫困是如何分布的，哪些人是真正需要帮扶的贫困人口。但是仅仅知道这些贫困人口是不够的，贫困监测的最终目的是为了真正帮助这些需要帮助的人。因此，在贫困监测的基础上，开展针对贫困人群的帮扶活动至关重要。如何保证扶贫资金真正用于贫困人群、如何避免扶贫资金被挪作他用，这就是扶贫活动的瞄准问题。所谓瞄准问题，实际上就是扶贫活动的针对性问题，即保证扶贫资金真正用于贫困人群，保证针对穷人开展扶贫活动。

大致来说，中国扶贫活动的瞄准机制经历了三个阶段，第一个阶段是以区域瞄准为主，第二个阶段是以县级瞄准为主，第三个阶段是以村级瞄准为主。

（一）区域瞄准

1986年之前，我国政府实施的瞄准机制主要是区域瞄准。所谓区域瞄准就是把大面积的连片贫困区作为扶贫活动的主要对象，通过支持集中连片的贫困区域的发展，减少我国的贫困人口。

早在1980年，中央财政就设立了支持经济不发达地区发展资金，集中用于支持革命老区、少数民族地区、边缘地区的发展，这些地区的共同特

---

[1] 关于县级贫困监测系统的具体实施情况参见国家统计局农村社会经济调查司编写的《中国农村贫困监测报告》（2007），中国统计出版社2008年版，第138—141页。

点就是贫困。这是早期我国政府扶贫区域瞄准的集中体现。当年中央财政投入的扶贫资金规模为5亿元，后来支持经济不发达地区资金的投入逐渐增加，并发展为财政发展资金。

区域瞄准的另一个集中体现是"三西"农业建设。1982年12月，国务院决定对以甘肃定西为代表的干旱地区、河西地区和宁夏西海固地区实施"三西"农业建设计划，每年拨出2亿元专项建设资金，连续10年支持"三西"地区的农业发展，制定了"兴河西之利，济中部之贫"的发展战略，提出了"3年停止破坏、5年解决温饱、2年巩固提高"的奋斗目标。"三西"农业建设在我国农村扶贫史上具有里程碑的意义，它开创了我国区域扶贫的先河，为后来大规模、有计划、有组织的扶贫活动积累了丰富经验。1992年，国务院为支持"三西"地区的进一步发展，决定将"三西"农业局建设计划再延长10年，提出重点解决好"两个稳定"的问题，即稳定解决贫困农户经济来源、稳定解决多数贫困农户的温饱问题。1999年，经验收，"三西"地区已经从整体上解决了温饱问题。

1984年9月，中共中央、国务院发布了《关于帮助贫困地区尽快改变面貌的通知》，这是新中国扶贫史上第一个纲领性的文件。《通知》明确指出，党的十一届三中全会以来，全国农村形势越来越好，但由于自然条件、工作基础和政策落实情况的差异，农村经济还存在发展不平衡的状态，特别是还有几千万人口的地区仍未摆脱贫困，群众的温饱问题尚未完全解决，其中绝大部分是山区，有的还是少数民族聚居地区和革命老根据地，有的是边远地区。《通知》要求"解决贫困地区的问题要突出重点，目前应集中力量解决十几个连片贫困地区的问题"。对待这些贫困地区，要进一步放宽政策，实行比一般地区更灵活、更开放的政策，彻底纠正集中过多、统得过死的弊端，给贫困地区农牧民以更大的经营主动权。在这些贫困地区要实施减轻负担、给予优惠。第一，对贫困地区从1985年起，分别情况，减免农业税。最困难的免征农业税5年，困难较轻的酌量减征1—3年。第二，鼓励外地到贫困地区兴办开发性企业（林场、畜牧场、电站、采矿、工厂等），5年内免交所得税。第三，乡镇企业、农民联办企业、家庭工厂、个体商贩的所得税是否减免以及减免的幅度和时间由县人民政府自定。第四，一切农、林、牧、副、土特产品（包括粮食、木、竹），都不再实行统购、派购办法，改为自由购销，有关的国营部门和供销合作社应积极开展代购代销业务。第五，部分缺衣少被的严重困难户，可由商业部门赊销给适量的布匹（或成衣）和絮棉，需要蚊帐的赊销给蚊帐，赊销贷款免息。

在《关于帮助贫困地区尽快改变面貌的通知》精神的指导下，我国政府划定了18个集中连片的贫困区域。这些地区是：东部的沂蒙山区，闽西南、闽东北地区，中部的努鲁尔虎山区、太行山区、吕梁山区、秦岭大巴山区、武陵山区、大别山区、井冈山区和赣南地区，西部定西干旱山区、西海固地区等（参见表3-3）。[①]

表3-3　　　　　　　　　　18个连片贫困区的分布

经济地带	贫困地区数量	贫困地区名称	涉及的省、自治区	涉及的贫困县数
东部	2	沂蒙山区 闽西南、闽东北地区	鲁 闽、浙、粤	9 23
中部	7	努鲁尔虎山区 太行山区 吕梁山区 秦岭大巴山区 武陵山区 大别山区 井冈山和赣南地区	辽、内、冀 晋、冀 晋 川、陕、鄂、黔 渝、湘、鄂、豫 鄂、豫、皖 赣、湘	18 23 21 68 40 2 34
西部	9	定西干旱地区 西海固地区 陕北地区 西藏地区 滇东南地区 横断山区 九万大别山区 乌蒙山区 桂西北地区	甘 宁 陕、宁 藏 滇 滇 桂、黔 川、滇、黔 桂	27 8 27 — 19 13 17 32 29
合计	18	—	—	410

由于这些地区多数位于发展相对落后的中西部山区，相当一批是革命老区、少数民族地区和边远地区，因而习惯上人们将这些地区称为"老少

[①] 张磊等：《中国扶贫开发政策演变（1949—2005）》，中国财政经济出版社2007年版，第76—77页。

边穷"地区,这些地区的主要贫困特征是:地处高原、山区、丘陵、沙漠或者喀斯特地貌等特征,生态环境恶劣,水土流失严重;人均农业资源匮乏、质量差;西南石山和喀斯特地区人均可耕地少,土地贫瘠,西北则水资源严重不足;地理位置偏远,基础设施落后。大多数地区都较为偏僻,远离政治经济中心地区,交通不便,地理位置对经济和社会发展十分不利;缺乏基本的教育和医疗卫生等社会服务,从而影响贫困人口的基本素质和能力。[①]

(二)县级瞄准

1986年,我国政府开始了大规模的扶贫开发工作,到2000年前后,历经近15年的时间,扶贫活动的开展都以贫困县为瞄准单元。这15年是我国扶贫历程上的重要时期,也是扶贫成就最为辉煌的时期。

所谓县级瞄准就是以县作为扶贫单位帮助贫困地区脱贫,各个国定贫困县作为资金投向的重点,资金的使用和管理由县一级政府机构或专职扶贫组织负责。事实上,县级瞄准是区域瞄准的一种延伸,区别是瞄准的范围由大片的贫困区调整为更小范围的贫困县,在瞄准的精度上增进一步,其目的是更多地搜索到真正贫困的个体。瞄准机制由区域瞄准向县级瞄准的调整是我国政府区域开发扶贫战略发展的一部分,1986年以来,我国农村扶贫在计划和资源配置方面一直贯穿了以贫困县为基本单元、以开发性扶贫为主导的宗旨,扶贫计划和资源配置主要以划定的行政县为单位进行。

1986年中央政府第一次确定了国定贫困县标准:以县为标准,1985年人均纯收入低于150元的县和年人均纯收入低于200元的少数民族自治县;对民主革命时期作过重大贡献、在海内外有较大影响的老区县给予重点照顾,放宽到年人均纯收入300元。1994年,我国政府出台了具有战略性的"八七扶贫攻坚计划"。在制定"八七扶贫攻坚计划"时,中央政府重新调整了国定贫困县标准。具体标准是:以县为单位,凡是1992年年人均纯收入低于400元的县全部纳入国家贫困县扶持范围,凡是1992年年人均纯收入高于700元的原国定贫困县一律退出国家扶持范围。根据这个标准,列入"国家八七扶贫攻坚计划"的国家重点扶持的贫困县共有592个,分布在27

---

① 张磊等:《中国扶贫开发政策演变(1949—2005)》,中国财政经济出版社2007年版,第77页。

个省、直辖市。国家重点扶持贫困县数量较多的省区是：云南（73个）、陕西（50个）、贵州（48个）、四川（43个）、甘肃（41个），数量较少的省区是：广东（3个）、浙江（3个）、吉林（5个）、海南（5个）。从集中连片的角度看，这些贫困县仍主要分布在18个贫困地区，但是瞄准的范围缩小了，可以说这592个贫困县的贫困人口总数基本覆盖了先前18个贫困地区的贫困人口总数，在受到扶持的人口中，非贫困人口的比重下降了，真正贫困人口的比重上升了，扶贫的瞄准度大大提高。

在资金使用方面，国家的扶贫投向也主要集中在国定贫困县。国家"八七扶贫攻坚计划"和财政扶贫资金管理办法都明确规定：中央财政、信贷和以工代赈等扶贫资金要集中投放在国家重点扶持的贫困县，有关省区政府和中央部门的资金要与其配套使用。扶贫资金的县级瞄准在一定程度上做到了集中有限的资源，重点解决贫困更加严重的贫困县。

为了尽快实现"八七扶贫攻坚计划"确定的目标，国务院于1996年发布了《关于尽快解决农村贫困人口温饱问题的决定》(以下简称《决定》)。《决定》要求继续扶持初步解决温饱的贫困县，并且，从1996年起，凡是农民人均纯收入超过国家规定温饱标准的贫困县不再列入国家贫困县，国家财政扶贫资金集中用于没有解决温饱问题的贫困县。同时，在党政机关和事业单位的定点扶贫方面，《决定》还要求"中央党政机关要定点帮扶到县"。在东西协作帮扶方面，东部的发达地区对口帮助的任务要落实到县，协作要落实到企业和项目，组织富裕县和贫困县结成对子，进行经济合作，开展干部交流；动员富裕县的企业到西部贫困县去，利用人才、技术、信息、市场、管理、资金等各种优势，在互利互惠的基础上与贫困县共同开发当地资源。另外，《决定》还要求中央有关部委要分期分批培训国家贫困县的领导干部和项目管理人员，省、地两级重点培训贫困县的乡村干部。贫困县要围绕扶贫项目的开发，采取多种形式，对农民进行实用技术培训，尽快使贫困户掌握一至两门实用技术。

到了新千年，《中国农村扶贫开发纲要(2001—2010)》颁布实施，为新世纪扶贫工作确定了新的奋斗目标。《纲要》第十一条"扶贫开发的重点"明确规定：按照集中连片的原则，国家要把贫困人口集中的中西部少数民族地区、革命老区、边疆地区和特困地区作为扶贫开发的重点，并在上述四类地区确定扶贫开发工作重点县。东部以及中西部其他地区的贫困乡、村，主要由地方政府负责扶持。①2001年起，虽然已经开始向更小的瞄准单元——贫困村过渡，但扶贫目标仍以县为基本单元。《纲要》第十二条"制定规划，落实任务"明确指出：各有关省、自治区、直辖市要分别制定本地区的扶贫开发规划。规划要以县为基本单元、以贫困乡村为基础，明确奋斗目标、建设内容、实施措施、帮扶单位和资金来源。制定规划要实事求是、综合设计、因地制宜、分类指导，要统一评估，统一论证，一次批准，分年实施，分期投入，分期分批地解决问题。②

为了确保《纲要》目标的顺利实现，中央政府借鉴"八七扶贫攻坚计划"的成功经验，重新确定了592个国家扶贫工作的重点县(简称扶贫重点县)作为扶贫攻坚的主战场。此次确定的592个扶贫重点县分布在21个省、自治区、直辖市，占全国县级单位的2.3%；从各省的分布看，贵州、云南、陕西、甘肃四省无论在数量上还是比重上都名列前茅，在按比重排序时，前十个省中只有山西一个是中部省份(参见表3-4)。

表3-4　　　　　　　　　各省扶贫重点县的数量

	县级单位（个）	重点县（个）
全国	2658	592
云南	128	73
贵州	86	50
陕西	108	50
河北	173	39
四川	180	36
山西	119	35
内蒙古	101	31
河南	158	31
广西	110	28
新疆	96	27
湖北	101	25
江西	100	21
湖南	123	20

---

① 《中国农村扶贫开发纲要(2001—2010)》，第十一条。
② 《中国农村扶贫开发纲要(2001—2010)》，第十二条。

续表3-4

	县级单位（个）	重点县（个）
安徽	107	19
青海	43	15
重庆	40	14
黑龙江	131	14
甘肃	86	13
宁夏	25	8
吉林	60	8

资料来源：《中国农村贫困监测报告》（2002）。

从区域分布情况来看，在592个重点县中，革命老区占17%，少数民族地区占45%，边境地区占7%，老少边区合计占到重点县的59.3%；牧区、半牧区占14%，县级市占3%，县级区占1.7%，粮食生产大县占8%，棉花生产大县占3%；从地势来看，丘陵地区占18%，山区占到66%，平原地区仅占14%。可以说扶贫重点县主要分布在山区、丘陵地带和远离经济中心的边远地区，自然环境相对较差、交通不便。

以贫困县为单位的瞄准机制为我国农村的反贫困事业作出了巨大的贡献，伴随着贫困县扶贫活动的持续开展，我国农村的贫困人口大幅度下降。相关研究表明，20世纪我国贫困人口的减少，大部分发生在经济增长较快的沿海和中部地区。伴随着贫困人口的减少，贫困人口的分布向西部和山区集中。虽然从绝对数字来看，贫困分布大的区域特点没有发生改变，但是贫困人口的具体分布已经不再集中于贫困县，而是更加分散，逐渐从区域集中向村级社区集中。[①]在这种背景下，我国的扶贫瞄准集中开始发生变化，由原来的以贫困县为瞄准单位逐步过渡到以贫困村为瞄准单位。

（三）村级瞄准

伴随着我国扶贫事业的推进，进入21世纪之后，我国农村贫困人口更加集中在更小的地理范围之内，贫困人口分布由原来的区域分布向点状分

---

① 张磊等：《中国扶贫开发政策演变（1949—2005）》，中国财政经济出版社2007年版，第150页。

布转移，农村贫困人口在空间上更加分散；国家扶贫开发工作重点县中的贫困人口数量和贫困人口所占的比例显著下降。在这种背景下，如果农村的扶贫活动仍然坚持县级瞄准机制，势必会造成扶贫资源的渗漏和目标瞄准的偏离。另外，尽管农村的贫困人口仍然主要集中在中部和西部地区，但是贫困人口在区域内的分布因自然条件、交通及发展机会的差异而存在很大不同，贫困县中的穷村和富村差异显著，贫困人口相对集中在贫困村中。在这种背景下，我国农村的扶贫瞄准方式开始向村级瞄准调整，逐步实施整村推进的扶贫战略。

以村为瞄准单位实施扶贫活动，首先需要确定哪些村属于贫困村。能否制定一个科学的选择标准、能否把真正贫困的村庄选择出来，是保证整村推进有效实施的基础。贫困村的选择原则上依据亚洲开发银行专家组提出的村级加权贫困指数（WPI）进行。该指数对8个指标在村级进行加权，这8个指标是：生活状况（人均粮食产量、人均年现金收入和土坯房的农户比重）；生产生活条件（饮水有困难的家庭比重、农户的通电率、通机动车的自然村比重）；卫生教育状况（女性长期患病率、中小学学生辍学率）。然后，利用村级加权贫困指数（WPI）对村庄进行排序，指数越高，村子越穷，就越有可能被定为贫困村。这种选择方式的优点是对贫困村的选择不仅考虑了收入因素，同时也考虑到了基础设施和社会发展指标，利用这些综合指标能比较全面地反映一个村庄的贫困状况；而且指标的选择比较简单，数据容易获得。然而，由于需要对每个指标给予不同权重，而权重又是由各地根据每项指标的重要性自己确定的，因此同一指标的权重在不同的地区可能出现完全不同的情况。考虑到各地情况的差异，在具体操作中并没有要求各个地区都采用推荐的8个指标，而是各地可以在此基础上根据实际情况进行调整。①

根据上述方法，2002年全国共确定了148051个贫困村，占全国行政村的21.4%（见表3-5）。其中，中西部130827个，占贫困村总数的88.4%，占当地行政村总数的26.7%；东部地区17224个，占贫困村总数的11.6%，占当地行政村总数的8.5%。确定的贫困村分布在全国1861个县中，覆盖的贫困人口占贫困人口总数的83%（与之相对应的扶贫工作重点县瞄准只能覆盖

---

① 刘坚主编：《新阶段扶贫开发的成就与挑战——中国农村扶贫开发纲要（2001—2010）中期评估报告》，中国财政经济出版社2006年版，第113页。

61%的贫困人口），扶贫工作的瞄准率大大提高。[1]从地区分布来看，将近一半的贫困村在我国西部地区，这与西部地区贫困人口占总贫困人口的比例是一致的。其中，西北地区的贫困村占41%，西南地区占32%，东北地区占26%，中部地区占22%，沿海地区仅占8%。[2]

表3-5　　　　　　　　指定贫困村的数量的数量及其地区分布

地区	总村数（个）	贫困村数量（个）	贫困村比例（%）	占全部贫困村比例（%）
沿海	249723	20698	8.3	14.0
东北	35540	9182	25.8	6.2
中部	225964	48950	21.7	33.0
西南	132879	42647	32.1	28.8
西北	65151	26654	40.9	18
全部	709257	148131	20.9	100.0

数据来源：扶贫开发领导小组和财政部网站统计数据。

整村推进依托村级扶贫规划，利用参与式的方法在村一级形成相互配合的项目规划，整合各方面的扶贫资源进行村级综合扶贫。村级发展规划以行政村为单位，以当地经济社会发展的要求和村集体的共同需求为依据。《中国农村扶贫开发纲要（2001—2010）》中期评估的实际调查表明，制定村级发展规划的基本步骤有：第一，村民小组提出项目建议，在村民代表大会上汇总，或者由村民代表大会直接确定项目建议；第二，请专家（县扶贫办干部、省驻村干部等）对项目进行论证、评估，并制订资金计划；第三，报县有关部门综合审定；第四，行政村将审定的项目及资金计划上交乡里汇总，再报县里形成扶贫开发项目库，同时行政村通过公示栏向村民公示申请的项目。《中国农村扶贫开发纲要（2001—2010）》中期评估报告表明，截止到2005年，在中西部21个省区内的10.6万个贫困村中，83%的贫困村已经完成了村级发展规划，启动整村推进的贫困村占贫困

---

[1] 张磊主编：《中国扶贫开发政策演变（1949—2005）》，中国财政经济出版社2007年版，第173页。

[2] 世界银行：《从贫困地区到贫困人群：中国扶贫方程的演进》，2009年3月。

村总数的32%，占已完成村级发展规划贫困村的43%。①

为了加快整村推进的步伐，有效缓解农村贫困，2005年8月，国务院扶贫办、中央文明办、教育部、科技部、交通部、水利部、农业部、卫生部、国家广播电影电视总局、国家林业局等部门联合发布了《关于共同做好整村推进扶贫开发构建和谐文明新村工作的意见》。《意见》明确指出，采取"整村推进"的战略措施，以贫困村为单元，统一规划、综合建设、分批实施，极大提高了扶贫开发工作的针对性和实效性。"整村推进"有利于瞄准贫困人口，有利于扶贫资金进村入户、提高使用效益，有利于整合资源、集中力量办大事，有利于提高贫困人口综合素质和贫困村可持续发展能力。《意见》提出了"整村推进扶贫开发，构建和谐文明新村"工作的总体目标：在2010年之前，全面完成全国14.8万多个贫困村扶贫规划的实施，稳定解决贫困人口温饱，促进贫困村经济社会全面和谐发展，夯实贫困村协调文明发展的基础，建立和完善贫困村可持续发展的长效机制，增强贫困村自我发展的能力，如期实现《纲要》确定的目标任务，为全面建设小康社会及构建社会主义和谐社会创造条件。为了保障这一目标的实现，《意见》要求相关部门把"整村推进扶贫开发，构建和谐文明新村"工作纳入本部门和本行业的"十一五"发展规划。

2008年5月，国务院扶贫办发布了《关于共同促进整村推进扶贫开发工作的意见》，《意见》指出，在全面推进整村推进工作基础上，政府相关部门将加大对三类地区贫困村的整村推进工作力度，并确保在2010年年底前完成其规划实施。这三类地区一是人口较少，尚未实施整村推进的209个贫困村；二是内陆边境48个国家扶贫开发工作重点县中距边境线25公里范围内尚未实施整村推进的432个贫困村（其他边境县可参照执行）；三是592个国家扶贫开发工作重点县中307个革命老区县的尚未实施整村推进的24008个贫困村。

经过10年努力，扶贫工作的整村推进项目已覆盖到村，扶贫效益已落实到户，已完成规划的贫困村在发展条件、自我发展能力和村容村貌等方面变化明显。到2009年年底，全国已有10万个村实施了整村推进，占总数的68%；预计到2010年年底，全国有12万个村实施整村推进，占总数的

---

① 刘坚主编：《新阶段扶贫开发的成就与挑战——中国农村扶贫开发纲要（2001—2010）中期评估报告》，中国财政经济出版社2006年版，第118—120页。

80%。已完成村的贫困群众收入和生活水平显著提高，贫困村基本生产生活条件和公共服务明显改善，贫困农户的自我发展能力不断提高，扶贫工作水平得到大幅提升。"十二五"期间，全国将优先组织约3万个村实施扶贫整村推进，每年安排6000个左右，每村投资不低于300万元。未来10年国家扶贫开发的重点对象是人均收入低于国家扶贫标准的贫困农户，特别注重对少数民族、妇女、残疾人的帮扶。扶贫工作重点将在集中连片特殊困难地区、国家扶贫开发工作重点县、重点贫困村三个层面上同时展开。①

三 分析评估

开展扶贫活动首先需要确定贫困人口，只有确定了农村的贫困人口，并针对贫困人口开展活动，扶贫活动才能更有效率。也即是说，扶贫活动的开展需要一套科学的瞄准机制，而瞄准机制的确立又依赖于科学的贫困监测，因此，扶贫监测系统对于扶贫活动的开展至关重要。结合前文的叙述，我们对政府扶贫活动的监测与瞄准作以下简要评价。

（一）基本经验

第一，我国的扶贫开发已经形成了相对完善的监测体系。20世纪80年代，我国政府刚刚开始专项扶贫活动时，就开始了贫困监测的探索工作。1986年，国家统计局利用全国农村住户抽样调查数据，推算和研究贫困标准以及与贫困相关的一些问题。1994年，在世界银行贷款项目的西南贫困地区逐步建立了贫困监测和评估体系；1997年，国家统计局开始在贫困县中实施抽样调查，建立全国农村的贫困监测系统；2000年，国家统计局开始系统出版中国农村贫困监测报告，这意味着我国农村扶贫的监测体系逐步完善。

第二，扶贫开发的监测对象与监测内容逐步扩大。贫困监测系统不仅收集贫困人口的个体特征，而且还系统收集贫困户、贫困村、贫困县的系统信息；不仅监测贫困人群的家庭经济社会生活，而且还监测贫困地区的经济发展、基础设施、社会事业等内容。监测的对象不仅包括全国农村的

---

① 人民网：《未来十年 我国扶贫开发重点将进一步向最特困地区集中》，2010年9月17日，http://henan.people.com.cn/news/2010/09/17/505180.html。

贫困状况，而且还包括监测国家扶贫工作重点县以及扶贫工作重点村的贫困状况，并且逐步增加了特定人群和特定区域的贫困监测，比如逐步增加了少数民族地区、人口较少民族居住地区、边境地区贫困县的监测。

第三，瞄准机制越来越精细，瞄准度越来越高。在贫困监测体系不断完善的情况下，我国政府也在根据农村贫困的变化，不断调整扶贫的瞄准机制。瞄准单位逐步由最初的区域瞄准调整为县级瞄准，再到村级瞄准。瞄准单位的变化意味着农村扶贫活动的针对性越来越强，扶贫活动的效率越来越高。

（二）存在的问题

当然，我国政府扶贫开发的监测与瞄准机制在取得巨大成绩的同时也存在以下问题。

第一，县及县以下贫困监测信息存在巨大的缺口。随着扶贫活动的深入开展，我国农村的贫困人口大幅度下降，贫困人口越来越多地散落在老、少、边、穷等小范围内。目前的反贫困项目通常在县及县以下实施，中央和省需要了解贫困在县及县以下的分布，以便更好地分配扶贫资金；而原有的贫困监测体系是建立在大区域内随机抽样基础之上的，贫困监测的信息只能反映大范围内的贫困状况，难以代表县及县以下的贫困状况。[①]尽管有地方已经开始探索县域内的贫困监测体系，但仍然没有推广实施。如何建立县域范围内的贫困监测系统，是我国未来扶贫开发面临的一个重要问题。

第二，我国的贫困标准依然偏低。尽管我国的扶贫开发工作已经取得了巨大的成绩，并且贫困线的标准也在逐步提高，但与国际社会相比，我国的贫困线标准大大低于国际贫困线标准。1998年按国际贫困线标准，我国每天生活标准不足1美元的最低贫困人口占全国总人口的比重为18.5%，每天生活标准不足2美元的贫困人口占总人口的比重为53.7%。这表明，我国的贫困线和国际贫困线差距很大。[②]因此，在我国经济持续快速发展的背景下，逐步提高贫困线的标准势在必行。

---

① 国家统计局农村司：《中国贫困监测体系现状与问题》，《农村工作通讯》2008年第7期。

② 刘纯彬：《我国贫困人口标准再探讨》，《人口研究》2006年第6期。

第三，贫困村的确定存在偏离。进入21世纪以来，我国农村扶贫的区域瞄准方式从县级瞄准转变为村级瞄准，瞄准单位的变化意味着扶贫的针对性更加精确，扶贫开发的效率越来越高。然而，已有的研究表明，在确定贫困村的过程中，对贫困村覆盖的不完全和对贫困村的漏出问题比较严重。2001年约22%—23%的贫困村瞄准有误，漏出问题比覆盖不完全问题更为严重。平均人均纯收入在贫困线以下的村,大多数没有被确定为贫困村,而被确定的贫困村中,大多数人均收入又高于贫困线，应该被确定为贫困村的村有48%没有被准确瞄准。[①]由此可见，贫困村的确定存在偏离。在村级瞄准的框架下，如何提高贫困村的识别是当前整村推进工作中面临的一个重要难题。

[①] 汪三贵、Albert Park、Shubham Chaudhuri、Gaurav Datt：《中国新时期农村扶贫与村级贫困瞄准》，《管理世界》2007年第1期。

第四章 政府扶贫开发资金管理评估

"巧妇难为无米之炊",没有相应的资金投入,扶贫活动就难以开展;没有相应的资金保障,我国的政府扶贫也难以取得巨大的成绩。因此,资金的投入、管理与使用在整个扶贫活动中具有至关重要的作用。本章的主要目的是对扶贫资金的投入、管理与使用进行评估。

一 资金类型

(一)扶贫资金投入体系

大体而言,我国的扶贫投入体系主要包括三大类:政府财政专项扶贫资金投入、政府有关机构的扶贫资金投入以及政府之外的扶贫资金投入。其中中国政府的财政专项扶贫资金占据主体地位,政府专项扶贫资金投入包括中央政府的专项扶贫资金投入和地方政府的专项扶贫资金投入。地方财政专项扶贫资金主要是指省、自治区、直辖市的扶贫配套资金以及各级地市政府配套的财政专项扶贫资金。理论上讲,县一级政府也应该配套专门的扶贫资金,但实际上由于贫困县的财政收入较少,相应的扶贫配套资金大都难以落实。①

除了政府投入的专项扶贫资金之外，我国各级政府还组织了各种形式的扶贫活动筹集扶贫资金，这类资金主要来源于中央财政以及省级和地方财政，具体包括国家机关定点扶贫、东西对口帮扶、专项扶贫计划等。具体而言，各级政府部门的扶贫活动实质上是指党政机关、企事业单位利用自己的资源优势，定点扶持部分国定贫困县，其目的是动员政府部门、国家的企事业单位参与扶贫工作，以利用各业务部门的专业力量进行筹集资金，弥补政府扶贫资金投入的不足。

上述两项扶贫资金都是由政府部门筹集的扶贫资金，除此之外，我国还有大量的政府之外的扶贫资金投入，包括社会团体参与的扶贫资金投入、个人的捐助以及海外的援助。在整个扶贫资金投入体系中，国家扶贫资金投入是主体，政府相关机构的扶贫资金投入是整个扶贫投入的重要组成部分，政府之外的扶贫投入是扶贫资金来源的有益补充。因此，本章的主要内容是对中央财政投入的扶贫资金筹集、管理和使用进行梳理和评价。

（二）中央财政专项扶贫资金

中央财政专项扶贫资金是指中央为解决农村贫困人口温饱问题，改善贫困地区的生产生活条件，巩固温饱成果，提高贫困地区人民的生活质量和综合素质，加强贫困地区的基础设施建设，支持贫困地区社会经济发展而专项安排的资金。中央财政专项扶贫资金主要包括支援经济不发达地区发展资金（财政发展资金）、少数民族发展资金、"三西"农业建设专项补助资金（"三西"扶贫资金）、新增财政扶贫资金、以工代赈资金和扶贫专项贷款（参见表4-1）。其中，财政发展资金、新增财政扶贫资金、以工代赈资金是中央财政专项扶贫资金的主要组成部分。②

---

① 李小云等：《中国财政扶贫资金的瞄准与偏离》，社会科学文献出版社2006年版，第69页。

② 同上书，第69—70页。

```
扶贫资金
├── 国家直接投入
│   ├── 中央政府投入
│   │   ├── 财政扶贫专项资金
│   │   │   ├── 支援不发达地区发展资金
│   │   │   ├── 少数民族发展资金
│   │   │   ├── 三西农业建设补助资金
│   │   │   ├── 新增财政扶贫资金
│   │   │   ├── 以工代赈资金
│   │   │   └── 扶贫贷款贴息
│   │   └── 信贷扶贫资金
│   └── 地方政府投入
│       ├── 省级政府的配套资金
│       └── 市级地方政府配套资金
├── 政府相关机构投入
│   ├── 机关定点扶贫投入
│   ├── 东西对口帮扶投入
│   └── 专项扶贫计划投入
└── 其他资金投入
    ├── 社会团体投入
    ├── 个人赞助
    └── 国际援助
```

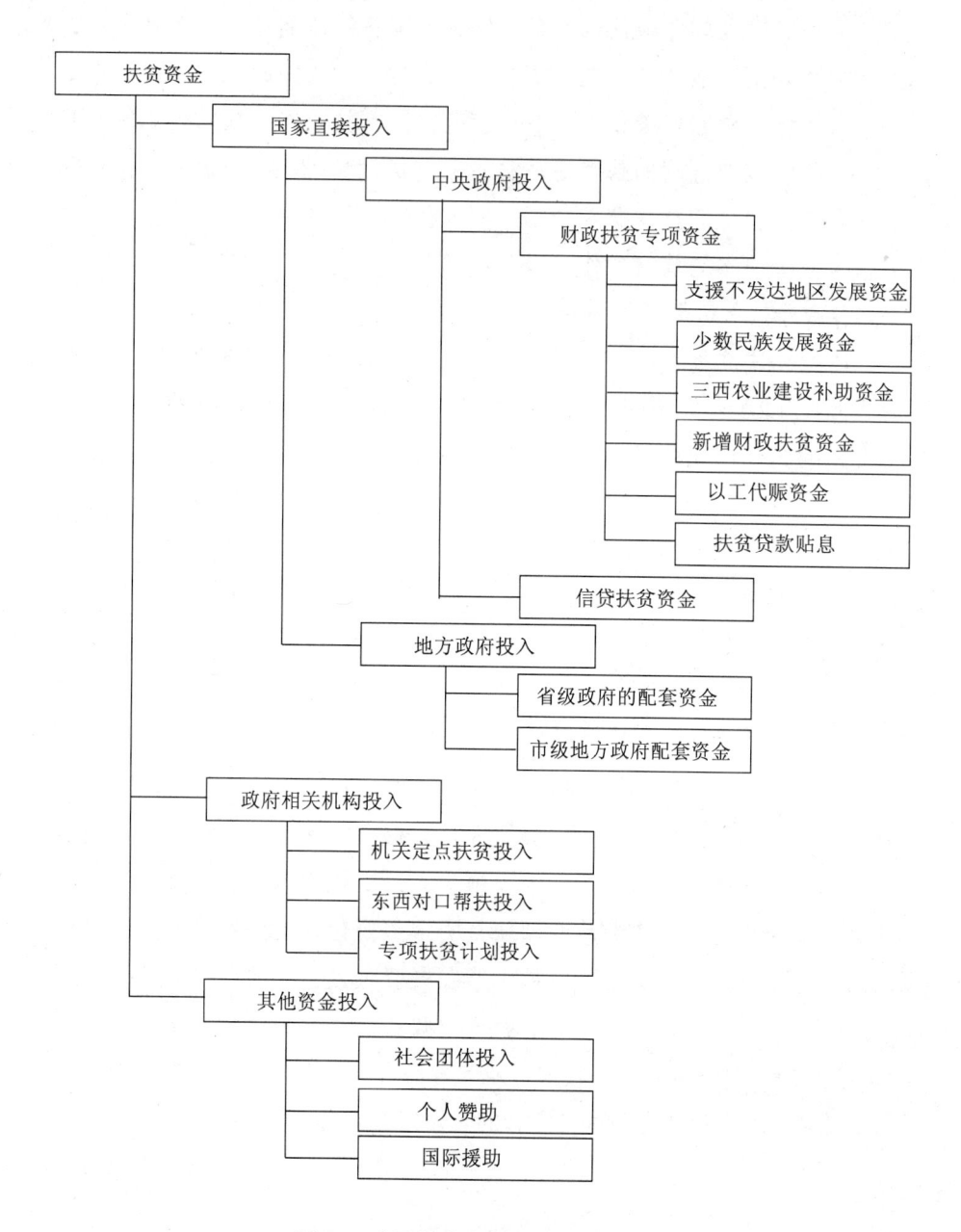

图4-1 中国扶贫资金类别结构

1. 财政发展扶贫资金

这里的财政发展资金包括支援经济不发达地区发展资金和新增财政扶贫资金两部分。1980年，为了改变老区和民族地区农牧业生产条件，发展农村多种经营，利用当地资源带动地区经济发展，财政部根据国务院《关于实行"划分收支、分级包干"财政管理体制的暂行规定》，设立了"支援经济不发达地区发展资金"。这项资金是国家财政专门用于经济不发达的革命老区、少数民族地区、边远地区和贫困地区的，以改变落后面貌，加快经济发展。此项资金主要用于脱贫致富项目，如修建农村道路、桥梁，发展农村文化教育事业，进行技术培训，防治地方病等。发展资金是在国家预算内安排的财政专项资金，其使用和分配按照《预算法》的管理规定执行。在分配上主要按照老、边、少、穷地区的面积，人口，经济基础，财力，生态环境等因素进行分配，并对未解决温饱的地区给予倾斜。地方各级财政部门根据国家预算资金的使用原则，将资金逐级下达，实行资金到项目、管理到项目、核算到项目。同时，各地区分配发展资金时，可考虑年度之间的连续性和稳定性，根据地区经济发展和人民生活改善的程度以及资金使用效益等情况作必要的调整。发展资金的使用采取无偿和有偿两种形式，对有经济效益的项目或有偿还能力的项目实行有偿使用，对只有社会效益而无经济效益的项目实行无偿使用；有偿使用部分，各级财政部门按财政部有关周转资金管理规定使用。

2. 以工代赈资金

为了改善贫困地区基础设施条件，为当地经济增长创造物质基础、提供贫困人口的短期就业和收入，1984年年末，财政部设立了以工代赈资金。以工代赈，主要是政府以实物形式对贫困地区进行基础设施建设投资，国际上称这种扶贫政策为公共工程扶贫项目。它的特点是：项目直接面向贫困地区，使贫困人口直接受益；政府的投入以实物为主，项目主要采用简单的劳动密集型技术，当地贫困人口（劳动力）足以胜任，从而使大量剩余劳动力得以利用。这项资金的使用开始时主要是帮助贫困地区修建公路、船道和小型水利工程，以后逐步扩大到开展农田水利基本建设、兴修旱涝保收田、促进山区水土保持和小流域治理、建设人畜饮水工程、发展造林种果和畜牧业、支持农村通信基础设施建设等方面。在以工代赈资金的分配上，由于这项资金是国家预算内安排的财政专项资金，还未纳入一般性的转移支付方案,所以一直采取适当兼顾因素的基数法。省对下拨付以工代赈资金主要采取两种形式:一是在省级单列资金专户,省级直接列支,省对各地采取从以工代赈资金专户调拨资金给地区;二是沿用专款、统调资金的办法。

3. "三西"扶贫资金

"三西"农业建设专项补助资金用于甘肃省河西地区、以定西为代表的中部干旱地区、南部10个高寒阴湿贫困县和宁夏回族自治区西海固地区及移民安置区。为了促进这里的农业经济发展,1982年国务院建立了"三西"地区农业建设专项资金,这是国务院区域性扶贫开发工作的起点。1983年,财政部设立了"三西地区农业建设专项资金",每年投放2亿元,连续5年。1983—1987年,政府向"三西"地区农业建设投入10亿元,包括中央财政安排的"三西专项资金"和地方财政安排的"三西专项资金"重点用于基础设施建设补助,发展种植业、养殖业及多种经营补助,科技推广与培训,移民安置补助。河西地区的"三西专项资金",主要用于河西地区两个原国定贫困县和河西地区安置甘肃中部、南部移民项目及移民区公益设施建设。

4. 少数民族发展资金

少数民族发展资金是中央财政设立的用于支持贫困少数民族地区推进兴边富民行动、扶持人口较少民族发展、改善少数民族生产生活条件的专项资金,是中央财政扶贫资金的组成部分。少数民族发展资金的使用范围主要包括:改善生产生活基础条件,包括修建乡村人畜饮水、电、路、桥、农村能源等设施,以及改造特困群众的茅草房、危房;培训少数民族群众劳动技能、推广先进适用的生产技术;发展具有一定资源优势和地方特色的种植业、养殖业、农产品加工业、手工业和民族特色旅游产业。1999年,中央实施西部大开发的进程中,国家民委倡议和发起了"兴边富民工程",从少数民族发展资金中拿出部分资金,加大对边境少数民族和民族地区的投入,使边境民族地区尽快富裕起来,逐步跟上全国的发展步伐。

5. 扶贫专项贷款

1986年开始,中央政府开始实施由中国农业银行管理、针对国家级贫困县的大规模贴息贷款计划。贴息贷款的主要目的是为贫困地区和贫困人口的生产活动提供资金支持,促进贫困地区的经济发展,帮助这些贫困地区和贫困户早日脱贫。根据相关规定,早期的扶贫贷款主要用于支持农户发展种植、养殖和加工等产生,不得用于农户的日常消费。1989年以后,扶贫贷款越来越多地用于贫困地区发展各种经济实体。1996年以后,中央对扶贫贷款的用途进行调整,决定将贷款重新转移到贫困农户的种植、养殖和加工方面。

二 资金来源

前已述及,我国扶贫的资金投入包括中央政府的投入、地方政府的投入以及政府之外的社会资金和海外资金,在整个扶贫资金投入体系中,中央政府的投入占据主导地位。在中央投入的扶贫资金中,财政扶贫资金、以工代赈资金、贴息扶贫贷款是最重要的构成部分。因此,这里我们着重介绍中央政府扶贫资金中的财政扶贫资金、以工代赈资金和贴息贷款的投入及其变化。

(一)开发式扶贫模式下的资金来源

财政部的统计数据表明,1986—2003年间,中央政府共投入扶贫资金2422.2亿元,其中财政无偿资金(包括以工代赈资金、财政发展资金、"三西"扶贫资金、少数民族发展资金和贷款贴息)共计1039.6亿元,占到扶贫资金总量的42.9%;有偿的信贷扶贫资金共投入1435亿元,所占比重为59.2%。[①]

从1986—2003年中央投入的扶贫资金来看,财政无偿扶贫资金和信贷扶贫资金的总量总体上都保持上升趋势,特别是1996年之后,上升趋势明显(参见表4-1和图4-2)。从二者所占的比例来看,1986—1992年,信贷扶贫资金所占的比例明显高于财政无偿扶贫资金所占的比例;1993—1997年,财政无偿扶贫资金的比例与信贷扶贫资金的比例相差不大,财政无偿扶贫资金的比重略高于信贷扶贫资金;1998—2003年,信贷扶贫资金的投入开始大幅度增加,其所占的比重明显高于财政无偿扶贫资金所占的比例(参见图4-3)。

---

① 李小云等:《中国财政扶贫资金的瞄准与偏离》,社会科学文献出版社2006年版,第83页。

表4-1　　　1986—2003年度中央扶贫资金的变化情况（单位：亿元，%）

年份	扶贫资金总额	财政无偿扶贫资金 金额	财政无偿扶贫资金 所占比例	信贷扶贫资金 金额	信贷扶贫资金 所占比例
1986	38.6	15.6	40.41	23	59.59
1987	38.6	15.6	40.41	23	59.59
1988	39.7	10.7	26.95	26	65.49
1989	41.2	11.2	27.18	30	72.82
1990	45.4	15.4	33.92	30	66.08
1991	70.4	35.4	50.28	35	49.72
1992	77.4	36.4	47.03	41	52.97
1993	82.4	47.4	57.52	35	42.48
1994	99.2	54.2	54.64	45	45.36
1995	98.1	53.1	54.13	45	45.87
1996	111.1	56.1	50.50	55	49.50
1997	179.2	94.2	52.57	85	47.43
1998	192.1	92.1	47.94	100	52.06
1999	237.1	87.1	36.74	150	63.26
2000	249.1	95.1	38.18	154	61.82
2001	254	100	39.37	185	72.83
2002	266	106	39.85	185	69.55
2003	302.6	114	37.67	188	62.13

数据来源：李小云等：《中国财政扶贫资金的瞄准与偏离》，社会科学文献出版社2006年版。

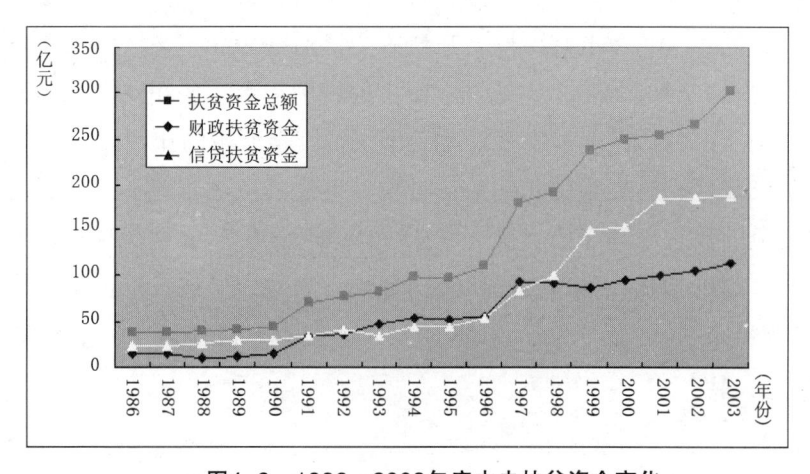

图4-2　1986—2003年度中央扶贫资金变化

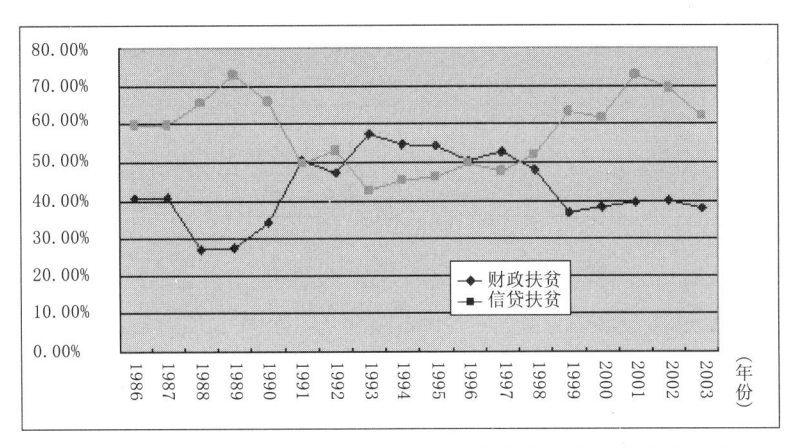

图4-3　1986—2003年度财政无偿扶贫与信贷扶贫所占比例对比

中央投入的无偿扶贫资金大致可以分为财政发展资金、以工代赈资金和扶贫贷款贴息。1986—2003年，我国政府投入无偿扶贫资金共计1039.6亿元，其中财政发展资金和以工代赈资金占据主导地位。财政发展资金总计491.21亿元，占到全部无偿资金的47.2%；以工代赈资金总计498.5亿元，占到48%；扶贫贷款贴息为49.89亿元，占到4.8%。[①] 我国是1986年开始实施以工代赈计划的，但最初的几年是以实物的形式对贫困地区的基础设施建设进行帮扶，投入总量不是很大。到了20世纪90年代以后，国家加大了以工代赈的实施力度，增加了以工代赈投入，1990—1995年期间，以工代赈资金增长速度非常快，增长了8倍多；1996年以后，以工代赈投入基本稳定下来，保持在每年40亿元的规模。1996年中央扶贫工作会议之后，财政发展资金快速增长（参见表4-2和图4-4）。

表4-2　　　　　　　国家无偿扶贫资金的分年度投入状况（单位：亿元）

年份	以工代赈资金	扶贫贴息贷款	财政发展资金	合计
1986	5.58	0.32	9.7	15.6
1987	5.58	0.32	9.7	15.6
1988	0.16	0.48	10.06	10.7
1989	1.24	0.48	9.48	11.2

---

① 李小云等：《中国财政扶贫资金的瞄准与偏离》，社会科学文献出版社2006年版，第86页。

续表4-2

年份	以工代赈资金	扶贫贴息贷款	财政发展资金	合计
1990	4.34	0.96	10.1	15.4
1991	24	1.35	10.05	35.4
1992	24.1	2.22	10.08	36.4
1993	32.5	4.96	9.94	47.4
1994	41.3	2.48	10.42	54.2
1995	39.7	0.21	13.19	53.1
1996	40	1.97	14.13	56.1
1997	40	4.0	50.2	94.2
1998	40	4.14	47.96	92.1
1999	40	4.45	42.65	87.1
2000	40	5.4	49.7	95.1
2001	40	5.4	54.6	100.0
2002	39.9	5.45	60.55	106.0
2003	41.8	5.3	68.7	114.0

资料来源：李小云等：《中国财政扶贫资金的瞄准与偏离》，社会科学文献出版社2006年版。

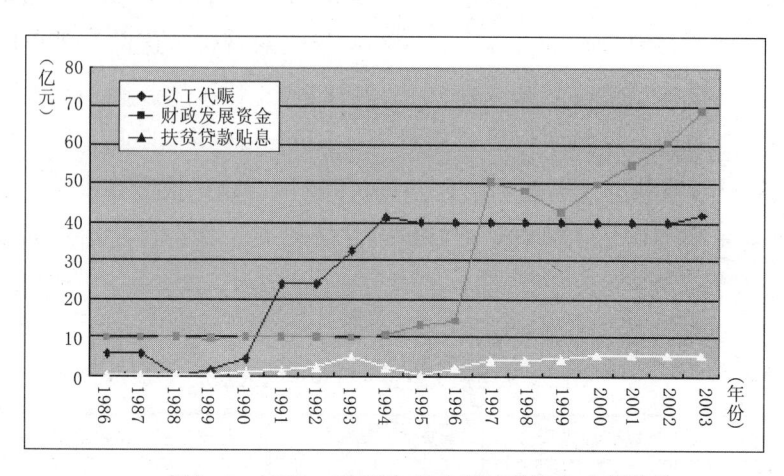

图4-4　1986—2003年度各类扶贫资金变化趋势

（二）大扶贫模式下的资金来源[①]

自2000年起，国家统计局定期公开出版《中国农村贫困监测报告》，向社会各界发布我国扶贫实践及扶贫效果。扶贫监测报告的一项重要内容

[①] 有关大扶贫的介绍参见本书第五章。

就是监测国定贫困县的扶贫资金投入。这里以国家贫困县的扶贫资金投入为例，分析扶贫资金投入的变化情况。统计表明，1997—2001年，592个国定贫困县扶贫投入总量总体上呈现出先增加后下降的趋势，由1997年的193亿元增加到1999年的260亿元，然后又下降到2001年的231亿元。尽管扶贫资金的总量在5年间有所波动，但中央投入的扶贫资金数量一直呈上升趋势，由1997年的116.6亿元增加到2001年的178亿元，中央投入资金占总资金的比重由1997年的61.3%上升到2001年的77.2%。与此相比，地方政府的配套资金总体上呈下降趋势，地方政府配套资金所占比例由1997年的16.2%下降到2001年的9.8%（参见表4-3和图4-5）。

表4-3　　　　1997—2001年度国定贫困县扶贫资金投入（单位：亿元）

年份	投入总额	中央投入 财政扶贫资金	中央投入 扶贫贷款	中央投入 以工代赈	中央投入 总和	地方投入总额	捐款	外资	其他
1997	192.9	13.1	76.1	27.1	116.6	30.7	11.0	17.4	14.4
1998	219.4	19.5	78.5	35.9	133.8	29.4	22.1	16.7	17.4
1999	260.2	23.0	125.3	39.3	187.7	28.3	8.3	18.8	17.1
2000	242.9	27.7	120.3	38.6	186.5	25.2	5.6	19.3	7.0
2001	230.5	32.4	105.9	39.7	178.0	22.6	4.9	18.3	6.7

数据来源：《中国农村扶贫监测报告》（2000—2002）。

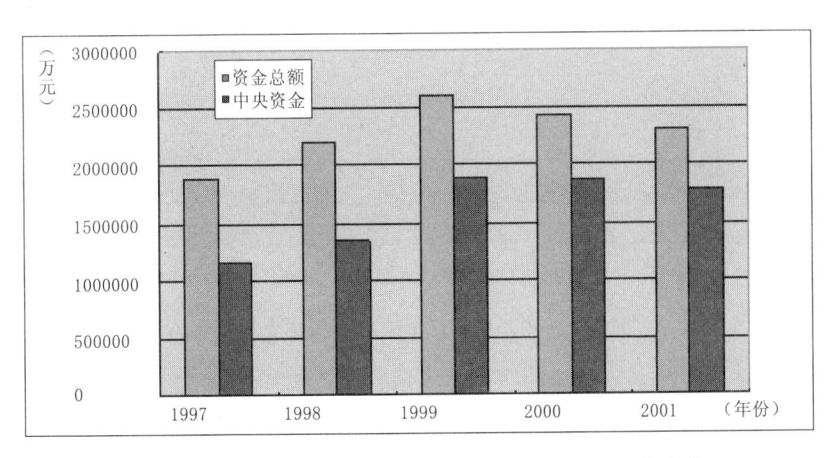

图4-5　1997—2001年扶贫资金总量及投入的扶贫资金

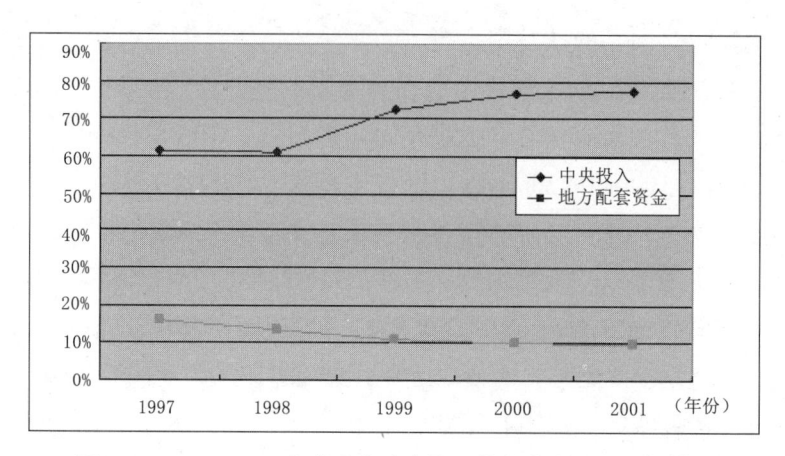

图4-6 1997—2001年中央和地方投入扶贫资金所占比例变化

在中央投入的扶贫资金中，扶贫贷款一直保持着主导地位，其所占中央扶贫资金的比重一直保持在60%以上。财政扶贫资金呈现出明显的增加趋势，由1997年的13.1亿元增加到2001年的32.4亿元，所占比例也由1997年的11.2%上升到2001年的18.2%。总体来看，以工代赈的扶贫资金总额在5年间尽管也有显著增加，但在整个中央扶贫资金中的比例呈缓慢下降趋势（参见图4-7）。

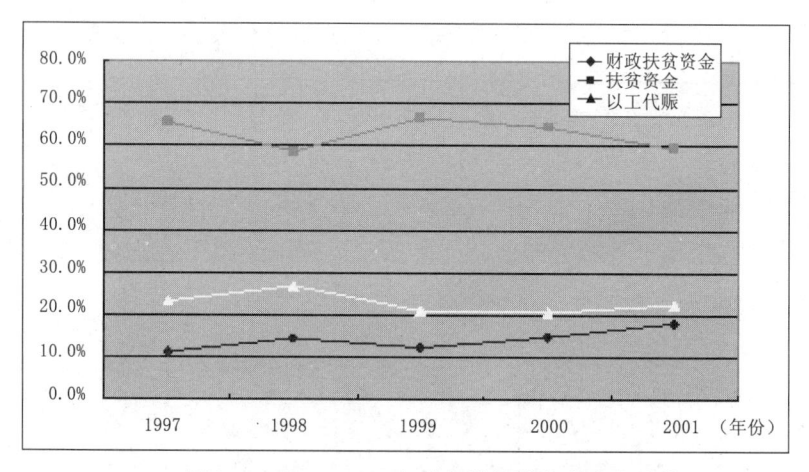

图4-7 1997—2001年度各类扶贫资金变化趋势

进入新世纪以来，我国政府颁布了《中国农村扶贫开发纲要（2001—2010）》，将原来的"国定贫困县"的提法改为"扶贫开发工作重点县"。2002年开始,《中国农村扶贫监测报告》开始统计"扶贫开发工作重点县"的各项数据,同时统计指标也发生了一定的变化。这里我们根据2002年之后的扶贫监测报告,对这一时期的扶贫投入作一介绍。

2002—2008年,用于扶贫开发工作重点县的扶贫资金总量持续增加,由2002年的250.2亿元增加到2008年的367.7亿元。与此同时,中央投入扶贫开发工作重点县的资金也有所增加,由2002年的200.8亿元增加到2008年的253.3亿元。中央投入扶贫资金尽管在总体扶贫资金中所占比重有所下降,但依然保持着主导性地位,所占扶贫资金总体的比例仍然接近70%(参见表4-4和图4-8、图4-9)。

在中央投入的扶贫资金中,扶贫贴息贷款和以工代赈所占的比例呈总体下降趋势,而财政扶贫资金所占的比重显著增加,由2002年的35.8亿元增加到2008年的78.5亿元,比例由2002年的17.8%增加到2008年的31.0%(参见图4-10)。

表4-4 2002—2008年度扶贫开发重点县扶贫资金投入情况(单位:亿元)

| 年份 | 总额 | 中央 ||||| 省级财政资金 | 利用外资 | 其他资金 |
		财政扶贫资金	扶贫贴息贷款	以工代赈	退耕还林还草补助	总额			
2002	250.2	35.8	102.5	39.9	22.6	200.8	9.9	17.6	22.2
2003	277.6	39.6	87.5	41.8	37.4	206.2	10.4	31.5	29.4
2004	292.0	45.9	79.2	47.5	45.2	217.9	11.6	34.5	28.0
2005	266.6	48.3	59.7	43.3	44.1	195.4	9.9	29.0	32.3
2006	278.6	54.0	55.3	38.4	46.1	193.7	10.8	30.9	43.2
2007	316.7	60.3	70.5	35.4	63.2	229.4	14.2	19.1	54
2008	367.7	78.5	84.0	39.3	51.5	253.3	18.9	14.1	81.4

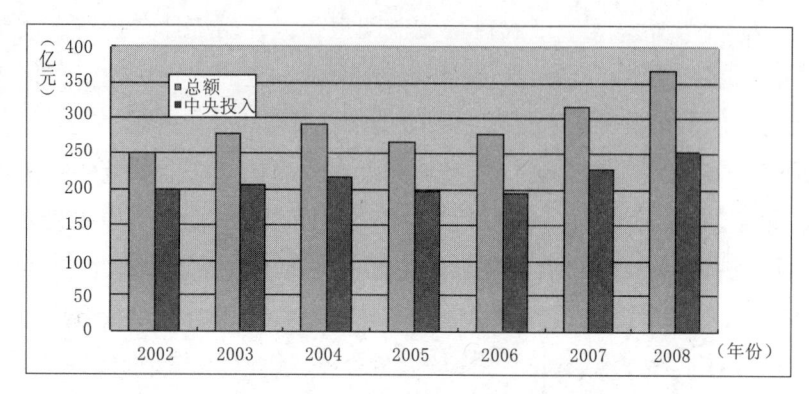

图4-8 2002—2008年度扶贫开发重点县扶贫资金投入情况

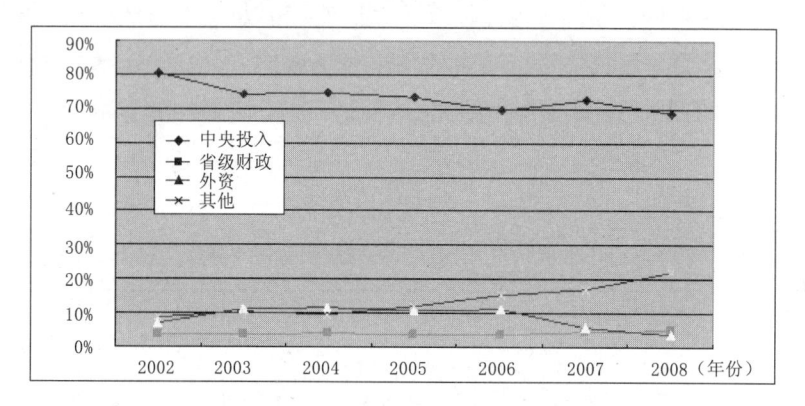

图4-9 2002—2008年度各类扶贫资金在总资金中的比例

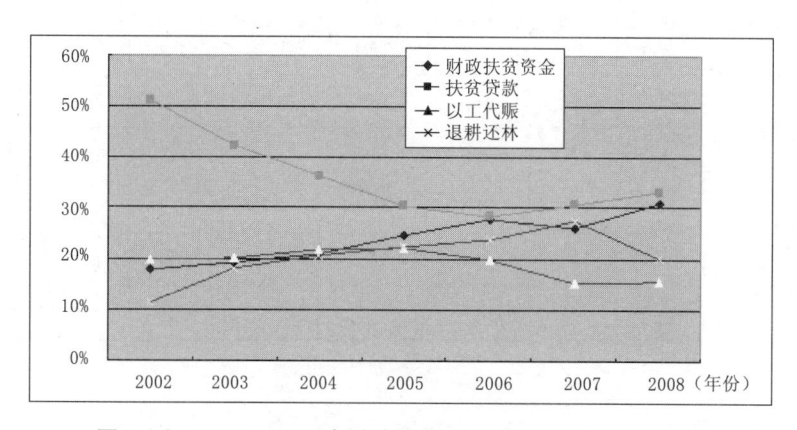

图4-10 2002—2008年度中央投入各类扶贫资金变化趋势

三　资金管理

在中国扶贫历程中，随着时间和外界环境的变化，资金的管理也不断变化，中央政府扶贫资金管理机构不断调整管理策略，管理方式不断革新，管理水平不断提高。本节试图通过考察我国扶贫资金管理的发展变化，进而探究资金管理策略调整的起因和原动力，为应对新的资金管理难题、提高资金管理水平作出努力。

前已述及，我国的扶贫资金投入主要由三部分构成，包括我国政府财政专项扶贫资金投入、我国政府有关机构的扶贫资金投入以及外资和其他扶贫投入。其中我国政府财政专项扶贫资金是主体。一方面，在我国扶贫资金的投入总量中，政府财政专项扶贫资金占的比例最大，这一部分是扶贫资金管理对象的主体，扶贫资金的管理主要是对这部分资金的管理；另一方面，在我国政府财政专项扶贫资金所包括的六个部分中，财政发展资金、以工代赈资金以及财政扶贫贴息贷款是中央财政专项扶贫资金的主要组成部分。[①]这三项扶贫资金可谓中央扶贫部门重点管理的对象，本小节主要对这三类资金的管理进行描述。

1997年之前，国家对扶贫资金的管理缺乏直接的经验。1997年，《国家扶贫资金管理办法》正式颁布实施。《办法》规定，扶贫资金依据省、自治区、直辖市本年度贫困人口数量和贫困程度进行分配，分配时参考当地扶贫资金使用效益、地方配套资金落实比例等相关因素。对于下一年度各项扶贫资金的安排，由财政部、国家计委、中国农业发展银行分别提出初步意见，经国务院扶贫开发领导小组办公室汇总、平衡，提出统一的分配方案，报国务院扶贫开发领导小组审定并于年底一次通知到各省、自治区、直辖市人民政府。有关扶贫资金管理部门根据统一的分配方案，分别按照程序及时下达具体计划，拨付资金。

财政扶贫资金分配的依据是国家扶贫方针政策、贫困人口数、贫困县数、自然条件、基础设施状况、地方财力等各种因素的综合，先由财政部

---

① 中国政府财政专项扶贫资金包括支持经济不发达地区发展资金（财政发展资金）、"三西"农业建设专项补助资金、少数民族发展资金、新增财政扶贫资金、以工代赈资金和扶贫贷款贴息资金。本文把财政发展资金和新增财政扶贫资金统称为财政发展资金。

协同国务院扶贫办提出初步分配方案，再由国务院扶贫办汇总平衡提出统一分配方案，上报国务院扶贫开发领导小组审定并于年初一次通知到各省（自治区、直辖市）人民政府，同时抄送各省（自治区、直辖市）财政厅（局）和扶贫办。中央财政在全国人大批准通过预算后一个月内将资金下拨到各省（自治区、直辖市）财政厅（局），地方各级财政部门在收到上一级财政部门下拨的财政扶贫资金后，与扶贫办衔接项目计划，分批下拨资金。省以下（含省本级）各级财政部门设立财政扶贫资金专户，实行专项管理，封闭运行。当年结余，结转下年继续使用。专户存储所得利息全额转作扶贫资金继续用于扶贫。扶贫资金安排的建设项目实行省级管理制度，省以下不能层层切块分配，要严格实施项目管理。财政部门根据项目建设进度拨付资金，会审财务决算，监督资金使用。财政扶贫管理办法由省人民政府制定；对扶贫开发项目发生的数额较大的购买性支出实行政府采购，具体额度由省人民政府确定。使用财政扶贫资金的项目建设单位，年度执行终了，要根据财政部门的要求，按时编报会计报表和年度决算，报同级财政部门审核汇总后上报上一级财政部门。各省（自治区、直辖市）财政部门要根据财政部关于财政总决算的编制要求，按时向财政部报送财政扶贫资金使用情况表，并抄报有关部门。

在资金的拨款程序上，支援经济不发达地区发展资金、新增财政扶贫资金的具体计划，由财政部在当年3月底前下达，6月底前将资金全部拨付到省、自治区、直辖市。年度扶贫专项贷款的具体计划，由中国农业发展银行在当年年初下达到省、自治区、直辖市分行，3月底前将计划全部落实到项目，并根据项目进度及时拨付资金。具体到各个省、自治区和直辖市，分别采用不同的模式。多数省（区）在参照上年基数的基础上，通过申报项目来争取资金；部分省采用因素法将资金切块分配到县。与中央分配资金到省的方法不同的是，多数省（区）还直接管项目的审批。分配下来的资金通过地、市直接到达贫困县。所有的资金都投向该县获准的扶贫项目。表4-5列出了国家扶贫资金，即中央三项资金的主管单位、资金投向和支付方式的具体情况。

表4-5　　　　　　　　　　　　我国扶贫资金的投向情况

资金类型	主管单位	资金投向	支付方式
财政发展资金	扶贫办	改善贫困地区的农牧业生产条件，发展多种经营，修建乡村道路，普及义务教育和扫除文盲，开展农民实用技术培训，防治地方病	转移支付，无偿使用
以工代赈资金	发改委	修建县、乡公路和为扶贫开发项目配套的道路、建设基本农田、兴建农田水利、解决人畜饮水	项目配套，无偿使用
贴息贷款资金	中国农业银行	支持有助于直接解决农村贫困人口温饱的种植业、养殖业和当地农副产品为原料的加工业中效益好、有偿还能力的项目，2001年后也开始尝试直接针对农户的小额信贷项目	贴息贷款，年利率为3%

资料来源：李小云等著《中国扶贫资金的瞄准与偏离》（2009）。

（一）财政发展资金的管理

（1）中央财政发展资金管理

自1986年实施大规模的扶贫开发以来，中央政府始终比较重视扶贫资金的管理，先后颁布了四项扶贫资金的管理办法，分别是1987年的《支持经济不发达地区发展资金管理办法》、1997年的《国家扶贫资金管理办法》、2000年的《财政扶贫资金管理办法》和《财政扶贫项目管理费管理办法》，这些办法的颁布和实施不断完善着扶贫资金的管理。

1987年财政部颁布的《支持经济不发达地区发展资金管理办法》明确规定：各省、自治区等地方财政部门要不断加强对财政发展资金的管理工作，做好受援项目的选定、执行、监督和验收工作，要积极配合审计、检查办、纪检等部门做好审计、检查工作。1997年《国家扶贫资金管理办法》出台，明确规定了财政扶贫资金的分配、使用和管理以及扶贫资金的检查、监督制度。2000年财政部、国务院扶贫开发领导小组、国家计划委员会联合制定颁发了《财政扶贫资金管理办法（试行）》和《财政扶贫项目管理费管理办法（试行）》。

《财政扶贫资金管理办法（试行）》（2000）是我国扶贫资金管理的基本政策依据，适用于以工代赈资金和财政发展资金。依据《办法》的相关规定，我国的财政扶贫资金，是国家设立的用于贫困地区、经济不发达的革命老根据地、少数民族地区、边远地区改变落后面貌，改善贫困群众生产、生活条件，提高贫困农民收入水平，促进经济和社会全面发展的专项资金。《办法》对财政扶贫资金的配置和管理都作了详细的规定。

在支出范围上，中央财政扶贫资金包括以工代赈资金、新增财政扶贫资金和财政发展资金。财政部门控制着新增财政扶贫资金和发展资金的分配权。新增财政扶贫资金全部用于国家级贫困县，发展资金重点用于国家级贫困县。新增财政扶贫资金和发展资金，重点用于发展种植业、养殖业、科技扶贫（优良品种的引进，修建乡村道路、桥梁，建设基本农田，含畜牧草场、果林地），兴建农田水利，解决人畜饮水问题，发展农村基础教育、医疗卫生、文化、广播、电视事业。发展和改革委员会掌握了以工代赈资金的分配和管理权。以工代赈资金用于国家确定的扶持地区，并向贫困人口多、脱贫难度大、基础设施薄弱的革命老区、少数民族地区、边疆地区和特困地区倾斜。它的投入重点是与贫困地区经济发展和农民脱贫致富相关的农村小型基础设施工程。建设内容是县乡村公路、农田水利、人畜饮水、基本农田、草场建设、小流域治理等。

中央财政扶贫资金不得用于下列各项支出：行政事业机构开支和人员经费；各种奖金、津贴和福利补助；弥补企业亏损；修建楼、堂、馆、所及住宅；各部门的经济实体；弥补预算支出缺口和偿还债务；大中型基建项目；交通工具及通信设备（汽车、手机、传呼机等）；小额信贷及其他形式的有偿使用；城市基础设施建设和城市扶贫；其他与财政扶贫资金使用范围不相符的支出。

在分配标准上，财政扶贫资金依据一定的标准进行分配，包括国家扶贫方针政策、贫困人口数、贫困县数、自然条件、基础设施状况、地方财力、贫困地区农民人均纯收入、资金使用效益等方面。

财政扶贫资金的分配程序为：以工代赈资金由国家发改委会同财政部、国务院扶贫开发领导小组办公室提出初步分配方案；新增财政扶贫资金和发展资金由财政部和国务院扶贫开发领导小组办公室提出初步分配方案；由国务院扶贫开发领导小组办公室汇总平衡提出统一分配方案，上报国务院扶贫开发领导小组审定并于年初一次通知到各省、自治区、直辖市人民政府，同时抄送各省、自治区、直辖市财政厅（局）、发改委、扶贫办；以工代赈计划由国家发改委及时下达，财政部拨付资金。

2. 新增财政发展资金的管理

1991年，国务院在支援不发达地区基金中每年新增6000万元，称为"新增发展资金"，专门投向经济和社会发展相对落后的少数民族地区以及少数民族人口相对集中的散杂居地区。1998年，财政部每年从预算中专项安排一笔"少数民族发展资金"，直接列入财政扶贫资金项目。少数民族发展资金主要用于解决民族自治县、民族乡以及其他少数民族聚居的贫困地区在经济建设、发展生产中的特殊困难和需要，促进这些地区的社会稳定和经济发展。各有关县民委、财政局负责本县的项目申请，经所在地区民委和财政局审核后上报自治区民委、财政厅审批。所批项目报自治区扶贫开发领导小组备案。

在项目申报方面，所申报的项目应具备以下条件：第一，经扶持后稳定增加少数民族群众的收入，通过开发性生产带动贫困农户解决温饱，脱贫致富，逐步增强贫困地区财政的自给能力。第二，立足于本地资源优势，符合国家的产业指导政策，产品在市场上适销对路。第三，能源、供水、交通等基础设施条件基本具备。第四，生产技术、项目管理、配套资金等方面有保障。第五，投资少、见效快，项目单位信誉好，有偿还能力。

在项目经费使用方面，少数民族资金的使用范围包括：开发性的种植和养殖业项目；利用本地资源优势兴建的工业项目；以扶贫为目的的乡镇企业项目。

（二）以工代赈资金的管理

1984年，根据党中央、国务院关于帮助贫困地区改变面貌的通知精神，经与有关部门共同研究，决定由国家计委组织实施持续时间长、影响大、惠及面宽的以工代赈扶贫政策，首批以工代赈计划从1986年开始。此后，以工代赈成了一项重要的农村扶贫政策。

自1984年以来，国家总共安排了七批以工代赈计划，总计投入粮食、棉花及各种中低档工业品折合人民币373亿元。"九五"初期，随着中央财力的增强以及库存商品的变化，为确保国家"八七扶贫攻坚计划"的完成，中央加大了以工代赈投入力度，并将正在执行的第四、第五、第六、第七批以工代赈结转为资金形式，开始实施资金以工代赈，用于加强中西部贫困地区的基础设施建设。自实施以工代赈工程以来，国家累计安排以工代赈投资（含实物投资）1034亿元，连同地方配套投资，总投资达到1500亿元。其中，分七个批次安排实物以工代赈283亿元，安排资金以工代赈751亿元。这七批以工代赈分别是：①

第一批，1986年5月，决定在1987—1989年3年间，推行粮棉布以工代赈；

第二批，1987年8月，决定在1988—1990年3年间推行中低档工业品以工代赈；

第三批，1990年4月，决定在1990—1992年3年间推行工业品以工代赈；

第四批，1991年10月，决定在1991—1995年5年间推行粮食和工业品以工代赈；

第五批，经国务院第134次总理办公会议研究确定，1991—1995年5年间再专项安排每年20亿斤粮食以工代赈，指导方针为"以粮养粮"；

第六批，国务院批准，1993—1997年5年，专项推行粮棉布糖油和部分日用品以工代赈，5年总规模100亿元；

第七批，1994—2000年7年内，推行库存商品以工代赈，每年动用10亿元商品。

为确保以工代赈资金尽早发挥作用，国家发改委每年都提前编制并下达以工代赈计划，力争以工代赈项目在当年年底竣工，次年发挥效益。为了达到这一目标，在以工代赈的计划中，就实施范围、项目申报与审批的程序和要求、计划管理和建设重点等问题均作了明确要求。

自2002年起，根据国务院有关精神，以工代赈资金主要用于592个国家扶贫开发工作重点县，并适当支持其他地区。2002年安排在其他地区的以工代赈资金，要求不超过以工代赈资金总额的20%。

以工代赈项目的申报与审批程序是这样的，首先由各县业务部门（如交通、水利、农业等）和乡镇政府向县发改委申报项目，县发改委审查确定项目并协商县财政局，报县扶贫领导小组审批后，经地、州、市发改委筛选、平衡、论证后上报省发改委和财政厅。省发改委按照项目管理原则、重点和程序，审批各县的上报项目，同时协商省财政厅，形成当年以工代赈计划初稿，分别报省扶贫领导小组和以工代赈领导小组。经审查同意后，上报国家发改委，发改委同意后，正式下达项目和资金计划到各

---

① 资料来自《中国扶贫监测报告》（2009），第91页。

地、州、市发改委和财政局，地、州、市将省里批准的计划转发到县发改委和财政局。项目由县业务部门和乡镇政府组织实施，县财政局负责对施工单位资金的拨付或报账。凡列入以工代赈计划的项目，均须完成项目可行性研究报告审批手续。一般的原则是，100万元以上由省发改委组织论证审批，100万元以下由地、州、市组织论证审批。行业主管部门根据可行性研究报告批复，提出并审查批复项目设计文件。当一个工程项目被批准后，项目的执行单位（如水利局、交通局和农业局等）需要通过招投标的方式确定具体的项目施工单位。

国家以工代赈资金计划包括资金计划和建设计划两部分，每年主要根据地方急需建设的项目编制建设计划，地方严格按照以工代赈建设计划确定的各项建设内容实施相关项目，严禁安排建设计划外的项目，并不得随意调整各建设内容的资金规模。以工代赈资金要重点向贫困人口多、脱贫难度大的集中连片、基础设施薄弱的乡村倾斜，计划安排的重点是解决群众温饱及与脱贫致富相关的生产性基础设施建设项目，具体包括基本农田、小型农田水利、县乡村道路、人畜饮水工程、小流域治理、草场建设及异地扶贫搬迁以工代赈试点工程。以工代赈建设项目实行省级计划管理，严格按照项目安排资金，不得将资金层层切块分配；并积极会同有关部门，加强对以工代赈资金使用、计划执行、项目建设进度及工程质量的检查、监督和审计。

（三）信贷扶贫资金的管理

贴息贷款的年度计划由国务院扶贫领导小组制订，并根据一定的标准在各省（区）间进行分配。省级和县级扶贫开发领导小组及其办公室在向县和乡分配资金时发挥同样的作用。一个贫困县使用扶贫贴息贷款的项目从最初申请到获得银行贷款的过程是：首先经过县扶贫开发领导小组讨论通过项目，然后每年12月以前由县扶贫办向地区扶贫办、地区财政局、地区农业银行三家同时提出申报意向，然后，地区三家单位经过审查、调整、筛选，再向省级扶贫办申报。下一年年初，项目申报进入实质性阶段。

扶贫贷款项目主要是从当地扶贫开发项目库中由农业银行自行选择，项目库由当地扶贫开发领导小组成员单位根据当地实际情况推荐，经当地扶贫开发领导小组确定纳入扶贫开发项目库。项目选定后，由农业银行根据"放得出，收得回，有效益"的原则，自主经营决策。

信贷扶贫贷款的投放区域是592个国家扶贫开发重点县。经省扶贫开发领导小组同意，也可用于其他贫困乡、村。扶贫贷款支持的重点是通过农业产业化企业，把分散的农户与外面的大市场连接起来，同时改善贫困地区的基础设施，进一步提高农民素质。具体来讲，一是支持能够促进贫困地区经济，带动贫困农户增加收入，具有一定规模和效益的农业产业化企业，重点是优质农业和绿色农业；二是支持在贫困地区既有社会效益又有经济效益（能偿还贷款）的基础设施、小城镇建设、文教卫生等项目，以尽快改善贫困地区的生产生活条件，促进当地经济发展；三是立足于当地资源优势的农副产品加工、市场流通企业和劳动密集型企业；四是在社会信用体系完善、信用观念良好的地区，当地政府落实了帮扶措施，能对贫困户提供生产技术服务和有效管理，对有生产经营能力、守信用的贫困农户在办理了担保联保手续后，把扶贫贷款发放到户。

四 资金使用

（一）开发式扶贫模式下的资金使用

扶贫资金的使用是资金评估的重要内容。2002年前的《中国扶贫监测报告》表明，1997—2001年，国定贫困县的扶贫资金总体上呈上升趋势，实际用于扶贫的资金总额由1997年的156.6亿元上升到2001年的200.9亿元。在整个扶贫资金的使用方面，应用于农业的资金由1997年的65.7亿元增加到2001年的77.3亿元；运用于工业的扶贫资金由1997年的33.5亿元增加到2001年的39.3亿元；应用于交通运输业的扶贫资金由1997年的8亿元增加到2001年的11.7亿元；运用于贸易餐饮业的扶贫资金由1997年的1亿元增加到2001年的2.4亿元；运用于卫生教育事业的扶贫资金由1997年的7.2亿元增加到2001年的8.2亿元。在"其他"一项中，扶贫资金主要用于基础设施建设，由1997年的31.9亿元增加到2001年的62亿元（参见表4-6）。

从各类扶贫资金的增长趋势来看，运用于农业的扶贫资金呈现出先增加后下降的趋势；运用于工业的扶贫资金在1997—2001年间呈现出波浪式缓慢增加的趋势；运用于教育卫生事业的扶贫资金呈现出缓慢的增长趋势；运用于基础设施的扶贫资金在1997—2001年间呈现出较大的增长趋势（参见图4-11）。

表4-6　　　　1997—2001年度国定贫困县扶贫资金的使用（单位：亿元）

年份	扶贫总投入	农业	工业	交通运输	贸易餐饮	卫生教育	其他
1997	156.6	65.7	33.5	8.0	1.0	7.2	31.9
1998	177.0	74.1	28.6	12.1	1.9	7.5	52.6
1999	223.8	103.7	38.6	13.3	2.6	7.6	58.1
2000	215.8	98.4	32.2	14.4	2.8	7.6	60.5
2001	200.9	77.3	39.3	11.7	2.4	8.2	62.0

资料来源：《中国农村贫困监测报告》（1998—2002）。

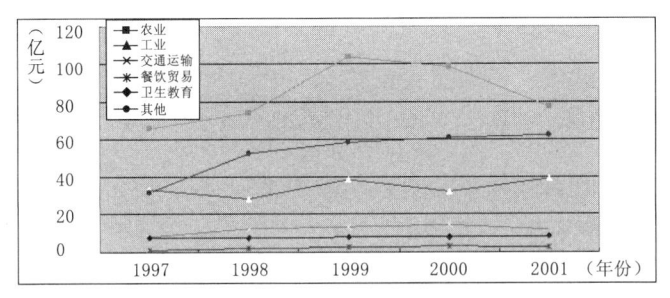

图4-11　1997—2001年度各类扶贫资金使用的增长趋势

从各类扶贫使用资金所占的比例来看，有的是先上升后下降，有的是先下降后上升，有的是波浪式上升，有的变化趋势不明显（参见表4-7和图4-12）。

表4-7　　　　　1997—2001年度各类别扶贫使用资金所占比例

年份	农业	工业	交通运输	贸易餐饮	卫生教育	其他[①]
1997	42.0%	21.4%	5.1%	0.6%	4.6%	20.4%
1998	41.9%	16.2%	6.8%	1.1%	4.2%	29.7%
1999	46.3%	17.2%	5.9%	1.2%	3.4%	26.0%
2000	45.6%	14.9%	6.7%	1.3%	3.5%	28.0%
2001	38.5%	19.6%	5.8%	1.2%	4.1%	30.9%

资料来源：《中国农村贫困监测报告》（1998—2002）。

---

① 在扶贫监测报告的统计中，"其他"一项的内容主要包括基础农田建设、人畜饮水工程、道路修建、培训及推广等内容，其中基础设施建设是重点工作。

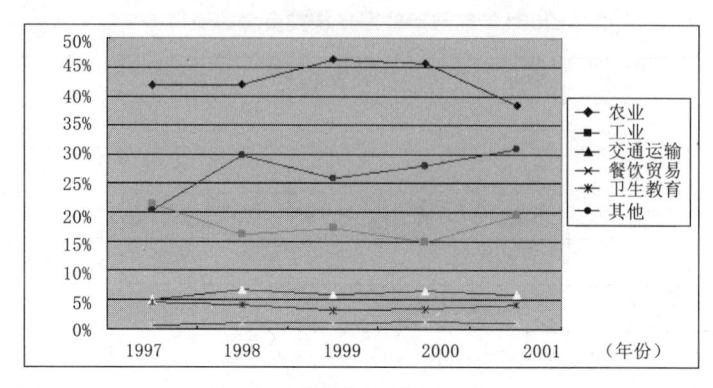

图4-12　1997—2001年度各类别扶贫使用资金所占比例变化趋势

(二) 大扶贫模式下的资金使用

2002年之后的扶贫统计监测报告数据表明，2002—2008年，国家扶贫开发工作重点县的实际扶贫资金投入快速增加，由2002年的250.2亿元增加到2008年的364.9亿元。在整个扶贫资金使用中，产业开发的投入占据整个扶贫资金使用的相当大一部分，比例一直保持在44%以上，并且总体上呈上升趋势。其次是基础设施建设，在整个扶贫资金使用中所占的比例在30%左右（参见表4-8和图4-13）。

表4-8　　　　　2002—2008年度扶贫资金使用情况（单位：亿元）

年份	资金使用总额	产业开发投入	基础设施投入	科教文卫投入	其他
2002	250.2	112.7	93.1	13.6	30.8
2003	276.8	123.9	103.7	13.4	35.8
2004	290.7	131.9	90.8	14.5	53.5
2005	265.8	126.3	79.1	15.2	45.2
2006	280.6	136.1	77.3	13.6	53.6
2007	314	154.2	86.3	13.4	60.1
2008	364.9	178.1	104.5	15.8	66.5

资料来源：中国农村贫困监测报告（2003—2009年）。

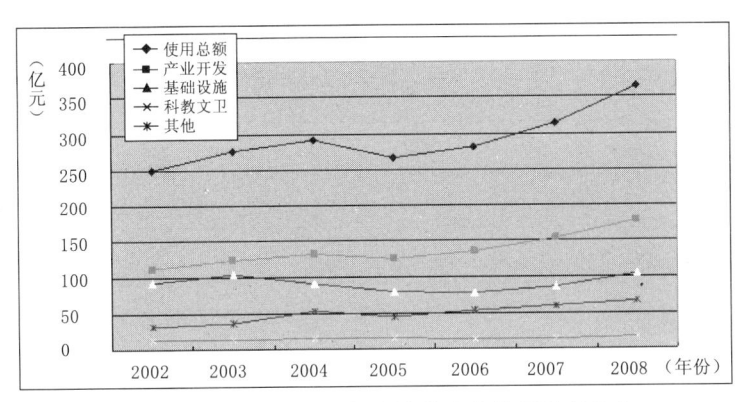

图4-13 2002—2008年度扶贫资金使用情况趋势

从各类扶贫活动投入资金所占的比例来看，2002—2008年，用于产业开发的扶贫资金总体上呈上升趋势，用于基础设施的资金呈下降趋势；而用于科教文卫的资金比重一直较低，始终在5%左右徘徊。参见表4-9和图4-14。

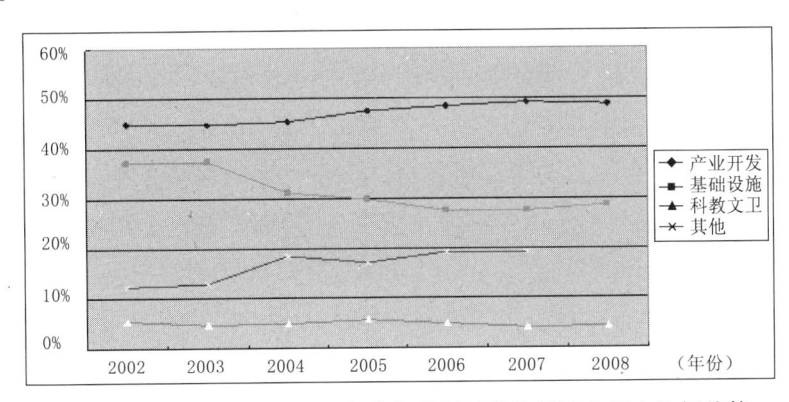

图4-14 2002—2008年度各类别扶贫使用资金所占比例趋势

表4-9　　　　　2002—2008年度各类别扶贫使用资金所占比例

年份	产业开发投入	基础设施投入	科教文卫投入	其他
2002	45.04%	37.21%	5.44%	12.31%
2003	44.76%	37.46%	4.84%	12.93%
2004	45.37%	31.23%	4.99%	18.40%
2005	47.52%	29.76%	5.72%	17.01%

续表4-9

年份	产业开发投入	基础设施投入	科教文卫投入	其他
2006	48.50%	27.55%	4.85%	19.10%
2007	49.11%	27.48%	4.27%	19.14%
2008	48.81%	28.64%	4.33%	18.22%

资料来源：《中国农村贫困监测报告》（2003—2009）。

五　分析评估

改革开放以来，政府扶贫开发资金的投入形式和管理模式随着扶贫方式的转变而发生了相应的变化，在提高扶贫开发资金使用效率的同时，仍需进一步加强对政府扶贫开发资金使用过程的监督反馈。

第一，扶贫开发资金的投入。政府扶贫开发资金投入始终占据着主导地位，虽然所占的比重有所变化，但是其主导地位并没有改变。前文资料显示，1997—2001年，扶贫开发资金总量和中央投入的扶贫开发资金量总体呈上升趋势，扶贫开发资金总量由1997年的192.9亿元增加到2001年的230.5亿元，中央政府投入的扶贫开发资金量由1997年的116.6亿元增加到2001年的178.0亿元。新千年之后，国家投入了更多的资金来缓解贫困，扶贫开发资金总量由2002年的250.2亿元增加到2008年的367.7亿元，中央政府投入的扶贫开发资金由1997年200.8亿元增加到2008年的253.3亿元，每一年中央政府投入的扶贫开发资金至少占到扶贫开发资金总额的60%以上，由此可见，政府主导贯穿我国扶贫进程的始终。

第二，扶贫开发资金的管理。随着时间的变化，扶贫开发资金的管理也发生了一定的变化。总体来看，1997年以前，资金管理属于粗放管理模式，中央财政扶贫开发资金是由财政部直接管理，包括每年扶贫开发资金的发放数额、对使用扶贫开发资金项目的审查以及资金的下拨和反馈信息的收集。从1997年开始到2000年，资金管理以"四个到省"为原则。《国家扶贫开发资金管理办法》自1997年8月1日起施行，《办法》规定扶贫开发资金及项目要依照"责任到省、任务到省、资金到省、权力到省"的原则进行管理，以省、区为基本管理单元，负责抓好各自的扶贫开发工作。2006年开始，资金项目管理由"四到省"转向"县级确定项目、省级备案"的管理办法。截至2009年,除西部偏远省(区)外,全国大部分省(区)都已实行"县级确定项目、省级备案"管理办法。由此可以看出,国家在扶贫开发资金的使用和管理过程中,尝试着使用不同的资金管理办法,针对扶贫开发资金管理中的问题,不断调整管理策略,从扶贫初期资金审批和使用中的权责不明,逐渐过渡到资金审批和使用权责相对明晰的"四个到省"原则,再到"县级确定项目、省级备案"资金管理办法。这些管理方法和措施的变革,加大了扶贫开发资金审批和使用的约束力,促进了资金的安全性和效益性的统一,减少了项目审批的低效和对项目的审查脱离实际,避免了资金的拨付滞后、滥用、违规使用等问题。

第三,扶贫开发资金的使用。随着扶贫开发资金投入总量的逐年增加,资金在各投入方向上的投入也呈总体增加趋势,但投入到各方向的比例有所不同。1997—2001年,各方向投入资金的比例由高到低分别是农业、基础设施、工业、交通运输、卫生教育和贸易餐饮。而从2002年开始,扶贫监测采用了新的指标体系,把扶贫开发资金投入的方向划分为四大类,分别是产业开发投入、基础设施投入、科教文卫投入和其他。扶贫开发资金的投入在产业开发方面所占比例较大,平均每年占总扶贫开发资金投入接近50%;其他是基础设施投入,每年约占30%。这种把产业开发和基础设施建设区分开来的分类方式,清晰地说明了当前的开发式扶贫理念,变"输血"式扶贫为"造血"式扶贫,通过产业开发的扶贫资金投入,增强贫困地区的产业基础和自我积累、自我发展能力,在提升扶贫开发资金效率的同时,也显著改善了扶贫开发资金的使用绩效。

虽然近些年在政府扶贫开发资金管理上取得了很大进步,但客观地看,在政府扶贫开发资金的使用中,监督反馈机制依然薄弱,管理中更侧重于扶贫项目申报和资金拨付,而对于扶贫开发资金能否真正用于扶贫项目、扶贫开发资金的使用是否取得了预期规划目标等仍缺乏全过程监督,现实中也存在对政府扶贫开发资金的截留和挪用等问题。因此,应探索建立针对政府扶贫开发资金使用全过程的监督检查机制,加强对资金使用效果的反馈监督,进一步增强政府扶贫开发资金使用的激励和约束机制。

第五章　政府扶贫开发方式评估

改革开放以来，我国政府采取了一系列措施减缓贫困，取得了显著的扶贫成效。从扶贫方式来看，大致可以分为三种类型：通过体制改革推动反贫困、专门的开发式扶贫和通过社会保障扶贫。在不同时期，随着时间的推移和扶贫环境的变化，我国政府的扶贫工作体现出明显的阶段性特征，扶贫方式也在发生变化。其中，1978—1985年为第一阶段，主要是通过体制改革推动扶贫；1986—2000年为第二阶段，主要的方式是开发式扶贫；2001年之后为第三阶段，主要的扶贫方式是以开发式扶贫和社会保障为主的大扶贫。本章的主要任务是对改革开放以来的我国政府扶贫方式进行描述，并在此基础上对不同阶段的政府扶贫方式进行分析评估。

一　体制改革推动的扶贫

1978—1985年为我国扶贫的第一阶段，这一阶段在农村体制改革推动下，生产力得到大解放，经济社会获得快速发展，农村贫困人口有了大幅减少。这一过程中，政府针对农村绝对贫困人口实施了救济式帮助，针对贫困地区开展了一些专项扶贫活动，取得了显著成效。

（一）体制改革下的扶贫

1978—1985年属于体制改革下的反贫困阶段，这一时期的农村反贫困主要得益于农村的改革。我国的农村改革开始于1978年的十一届三中全会，这次会议原则上通过了《中共中央关于加快农业发展若干问题的决定（草案）》，我国农业和整个农村经济进入了全面改革和发展的新阶段，这为解决我国农村的贫困问题提供了宏观的背景。

我国自1978年开始的体制改革，首先是土地经营制度的变革，即以家庭承包经营制度取代人民公社的集体经营制度。家庭联产承包责任制是指农民合作经济组织通过协商合作将集体公有的土地等生产资料和经营项目发包给农民家庭自主经营，在农民家庭分散经营的基础上，由合作经济组织统一承担单个家庭难以承担的农村公共服务及基础设施。这是适合当时我国农村实际情况的双重经营、统分结合的经营制度。农村家庭联产承包责任制的基本内容包括三点：第一，坚持土地等基本生产资料共有，实行土地的所有权和经营权分离；第二，明确地域性合作经济组织的权利和义务；第三，明确承包农户的权利和义务，若农户在承包期内不愿继续承包，可以转包土地，或者发包方收回土地重新发包。[①]

农村家庭联产承包责任制是新时期我国农村的基本土地制度，这种土地制度的变革极大地激发了农民的劳动热情，从而极大地解放了生产力，提高了土地产出率。与此同时，农村农产品价格逐步放开，实施了以市场化为取向的农产品价格形成和流通体制改革。从1978年起，我国政府对18种主要农产品的收购价格进行调整，减少粮食征购数量，放开了有关农产品的价格和城乡农产品集贸市场。另外，国家放松了对人口流动的限制，开始允许农村劳动力进行非农化转移，积极鼓励发展农村乡镇企业。

从20世纪80年代开始，我国农村进行的这些改革举措，对从根本上实现农村和农民脱贫致富、减缓农村贫困起到了最直接的作用。农村改革冲破了僵化体制的束缚，放开了农民的手脚，使农村生产力获得了一次大解放。实行家庭承包经营为基础、统分结合的双层经营体制，理顺了农村最基本的生产关系，并由此形成了党的一系列农村政策。在改革开放政策的推动下，农村经济和社会发生了翻天覆地的变化，农民生活水平显著提高，贫困人口大幅度下降。改革开放以后所形成的一整套农村政策和国民经济的快速发展，为全面解决农村贫困人口的温饱问题创造了有利条件。

---

① 国家统计局农村社会经济调查总队：《中国农村贫困监测报告》（2000），中国统计出版社2000年版，第1页。

通过实施上述一系列的制度安排，我国农村贫困地区的面貌有了很大改善。体制改革带来了农村的可喜发展，粮食生产（年均5.7%）和农村工业的强劲增长伴随着农产品购销价格的大幅度提高，使农村实际收入以每年15%的速度增长。部分曾处于极端贫困的地区，如黄淮海地区、闽东地区，农业生产和农民收入增长更快。有关资料表明，从1978年到1985年，农村社会总产值从2037.5亿元猛增到6340亿元，年增长率达到15.25%，粮食总产量1985年达到37911万吨，比1978年增长24.39%；农村居民人均纯收入由1978年的133.6元上升到1985年的397.6元；农村人均粮食产量增长14%，棉花增长74%，油料增长176%，肉类增长87.8%；农民人均纯收入增长了2.6倍。[①]在1978年改革初期，我国基本上是全国普遍性贫困，农民收入的增加带来了贫困的急剧下降。1981—1984年，如果按世界银行1天1美元的标准和收入资料来衡量，我国贫困发生率从49%下降到24%；按国家贫困线算，贫困人口的数量从1978年的2.5亿人下降到1985年的1.25亿人。[②]

（二）救济式扶贫

农村的体制改革为我国农村贫困人口的减少作出了巨大贡献，但是体制改革并不能保证每一个农民都从中获益。在大部分农民从中受益的同时，农村中仍有部分农民处于绝对贫困之中。早在十一届三中全会召开前的中央工作会议上，邓小平同志就曾指出，在西北西南和其他一些地区，那里的生产和群众生活还很困难，国家应从各方面给予帮助，特别要从物质上给予有力的支持。因此，在这一时期，我国政府除了依赖体制推动农村的反贫困外，还开展了一些针对农村绝对贫困人口的救济式扶贫。

所谓救济式扶贫，是指直接通过各基层政府把生活所需的粮食衣物等物资或现金分配给贫困人口，帮助贫困人口渡过生存难关。这种输血式的模式是通过政府的财政转移支付实现的，主要用于生活救济。救济式扶贫的主要形式是物质扶贫，即扶贫主体运用一定的物质资料（主要是各种生产和生活资料），帮助支持扶贫客体开展生产和经济活动以摆脱贫困的

---

① 张磊主编：《中国扶贫开发政策演变（1949—2005）》，中国财政经济出版社2007年版，第5页。

② 汪三贵、李文：《中国农村贫困问题研究》，中国财政经济出版社2005年版，第100—101页。

一种方式，因而这一扶贫方式主要是针对全国农村普遍贫困状况而展开的救济式扶贫活动。从总体上看，它符合当时贫困人口广、贫困程度深的状况，有效地满足了贫困人口的实际需要，缓解了他们的生存危机，对那部分特困户和特困人口尤为重要。

救济式扶贫可以追溯到20世纪50年代，当时我国政府便把保证全体人民的基本生活、使绝大多数人免于饥馑作为主要的政策目标。农村改革以前，农民的基本生活主要依靠基层的集体经济组织和平均化的分配制度来得到保障，只有在生产队和公社的生产都不足的情况下，才由国家提供必要的生活救济。这种制度安排使大多数人在总的生产水平很低的条件下获得了最基本的生活保障，在一定程度上有效地防止了因收入分配不均而可能出现的更大规模的绝对贫困人口。

20世纪70年代末的农村改革和公社体制瓦解，使农村的生活保障方式发生根本性的变化。家庭成为独立的生产和消费单位，同时承担起保障家庭成员基本生活的大部分责任。尽管乡、村基层组织仍为失去劳动能力又无可靠家庭保障的人口提供部分帮助，但除少数发达地区外，基层组织救济能力已大大减弱。贫困地区由于集体经济薄弱和群众普遍贫困，只能依靠国家对特困人口实行生活救济。据民政部估计，不够资格享受五保户待遇但是需要救济的农村贫困人口在1978年大约为6600万人。

1978年12月，党的十一届三中全会原则通过的《农村人民公社工作条例（试行草案）》规定，"对生活没有依靠的老、弱、孤、寡、残疾的社员，实行供给"。1979年7月，财政部决定，对那些长期低产缺粮、收入低的穷队，可以按照实行起征点办法，给予免税，一定三年不变的照顾。1979年国务院核减的农业税额，从1980年开始，原则上一定五年不变。各地要把国家核减的农业税额保证用于减免贫苦社队的负担。1980年9月，中共中央印发的《〈关于进一步加强和完善农业生产责任制的几个问题〉的通知》强调指出，在包产到户的社队，"对军烈属、五保户和其他困难户，要有妥善的照顾办法"。1980年12月3日，中共中央、国务院发出《关于普及小学教育若干问题的决定》。《决定》指出：国家对少数民族地区的教育事业应给以大力扶植。对文化教育十分落后的一些少数民族，更需采取一些特殊措施；最贫困地区要由国家包下来，实行免费教育。

1982年1月，中共中央《全国农村工作会议纪要》提出，包干到户有一定的公共提留，统一安排军烈属、五保户、困难户的生活。家庭联产承包责任制全面实施和人民公社解体后，国家将农村五保供养经费纳入村提留、乡统筹，建立了稳定的资金渠道。1982年12月，国家经委、民政部、财政部、中国农业银行、商业部、对外经济贸易部、农牧渔业部、教育部、国家物资局九个部门联合下发了《关于认真做好扶助农村贫困户工作的通知》。《通知》指出，党的十一届三中全会以来，由于落实了一系列农村经济政策，逐步实行了各种形式的农业生产责任制，有力地促进了农业生产的全面发展，农民生活有了明显的改善，一部分人开始富裕起来。但是仍有一部分农民，由于缺乏劳力、资金和生产技术等原因，在生产和生活上仍然存在着困难。为使这部分贫困户摆脱贫困，走上劳动致富的道路，近几年来，各地在鼓励一部分农民先富起来的同时，广泛开展了扶贫工作。在各级党委和政府的领导下，民政、财政、农业、商业、教育、卫生等有关部门有计划地扶助农村贫困户发展生产。据24个省、市、自治区不完全统计，被扶助的270多万户中，约有102万户改变了贫困面貌。但是由于有些地方对扶贫工作还未予以足够的重视，致使这项工作发展得很不平衡。

1985年6月，民政部、财政部联合下发《关于由民政部门定期发放生活费供养的优抚、救济对象给予生活补贴的通知》指出："民政部门定期发给生活费供养的优抚、救济对象和民政事业单位供养人员的生活补贴标准，由省、自治区、直辖市民政、财政厅（局）提出方案，报经省、自治区、直辖市人民政府批准后实施，所需经费由当地财政安排。"

救济式扶贫的开展保证了农村贫困人口的基本生存需求，有效缓解了农村的贫困状况。在一定意义上，救济式扶贫的开展有效地弥补了体制推动反贫困的不足。

（三）专项扶贫措施

除了救济式扶贫之外，这一时期我国政府也实施了一些零星的专项扶贫政策，开始开发式扶贫的探索工作。

1979年7月，国务院下发试行《关于发展社队企业若干问题的规定（草案）》，对边境和少数民族地区县（旗）的社队企业，从1979年起免征所得税5年。1980年，中央财政设立了"支援经济不发达地区发展资金"，专门支持老革命根据地、少数民族地区、边远地区和贫困地区的发展。1981年9月20日，国家农业委员会、民政部向全国转发了《安徽省委关于做好扶贫工作通知和来安县扶贫材料的通知》。《通知》明确指出，十一届三中全会以来，各地认真贯彻在农村的经济政策，建立健全生产责任制，极大地调动了广大农民的积极性，促进了农业生产的发展和农民生活的改善。在实行生产责任制的过程中，不少地方重视对贫困户的照顾，积极开展反贫困工作，在社员普遍增加收入的同时，许多贫困户也改变了贫穷面貌。但是，也有些实行包产到户、包干到户的地方，这项工作没有跟上去，致使某些贫困户没有得到应有的照顾，困难更加突出了，这是值得注意的。满腔热忱地扶助贫困户，使其逐步富裕起来，以体现社会主义制度的优越性，这既是一项长期的任务，也是当前稳定和完善生产责任制发展中一个不可忽视的问题。①

另外，1982年，中央政府开始有计划地对甘肃省定西地区、河西地区和宁夏的西海固地区实施"三西"扶贫开发计划，每年投入扶贫资金2亿元。1984年，我国政府开始实施实物形式的"以工代赈"扶贫活动，对广大农村的贫困地区进行基础设施建设。1984年，中共中央发布了《关于尽快改变贫困地区面貌的通知》，在全国划定了18个贫困地带进行重点扶持。

需要指出的是，1978—1985年，尽管我国政府实施了一些针对农村贫困地区的反贫困政策，并且开展了一系列的救济式扶贫工作，但总体来讲，这一时期的扶贫效果主要是农村的经济体制改革带来的，因为在这一阶段，国家还没有建立专门的扶贫机构，也没有系统的扶贫管理机制。因此，这一时期的反贫困被称为体制改革下的反贫困。

二 大规模的扶贫开发

从1986年开始，我国政府开始实施大规模的扶贫开发，设立了专门性的扶贫机构，制定了针对性的扶贫政策，出台了纲领性的扶贫文件。因

---

① 中国农业年鉴编委会：《中国农业年鉴》（1982），中国农业出版社1982年版，第414页。

此，1986年后的我国扶贫以开发式扶贫为主要特征。当然，这一时期在实施大规模的扶贫开发的同时，政府也在继续通过农村的体制改革以及农村救助推动扶贫工作。

（一）开发式扶贫的实施

与体制改革推动的扶贫相比，这一时期更具特色的反贫困制度是，政府针对特定的农村贫困地区实施了大规模的扶贫开发。1986年，国务院贫困地区经济开发领导小组正式成立，1993年更改为国务院扶贫开发领导小组。为了有效贯彻中央的有关反贫困政策，扶贫开发领导小组下设国务院扶贫办公室作为日常的办事机构，同时地方各级政府都成立了跨部门的扶贫开发领导小组。国务院扶贫办的成立，标志着我国扶贫开发出现了两个转变：第一，道义性扶贫向制度性扶贫的转变；第二，救济式扶贫向开发式扶贫转变。[1]

所谓开发式扶贫是指，鼓励贫困地区广大干部、群众发扬自力更生、艰苦奋斗的精神，在国家的扶持下，以市场需求为导向，依靠科技进步，开发利用当地资源，发展商品生产，解决温饱进而脱贫致富。扶贫开发的基本途径包括：重点发展投资少、见效快、覆盖广、效益高、有助于直接解决群众温饱问题的种植业、养殖业和相关的加工业、运输业；积极发展能够充分发挥贫困地区资源优势、能大量安排贫困地区劳动力就业的资源开发型和劳动密集型的乡镇企业；通过土地有偿租用、转让使用权等方式，加快荒地、荒山、荒坡、荒滩、荒水的开发利用；有计划、有组织地发展劳务输出，积极引导贫困地区劳动力合理、有序地转移；对极少数生存和发展条件特别困难的村庄和农户，实行开发式移民。扶贫开发的主要形式包括：依托资源优势，按照市场需求，开发有竞争力的名特稀优产品。实行统一规划，组织千家万户连片发展，专业化生产，逐步形成一定规模的商品生产基地或区域性的支柱产业；坚持兴办贸工农一体化、产加销一条龙的扶贫经济实体，承包开发项目，外联市场，内联农户，为农民提供产前、产中、产后的系列化服务，带动群众脱贫致富；引导尚不具备办企业条件的贫困乡村，自愿互利，到投资环境较好的城镇和工业小区进

---

[1] 张磊主编：《中国扶贫开发政策演变（1949—2005）》，中国财政经济出版社2007年版，第101—104页。

行异地开发试点，兴办第二、第三产业；扩大贫困地区与发达地区的干部交流和经济技术合作；在优先解决群众温饱问题的同时，帮助贫困县兴办骨干企业，改变县级财政的困难状况，增强自我发展能力；在发展公有制经济的同时，放手发展个体经济、私营经济和股份合作制经济；对贫困残疾人开展康复扶贫。

为了有效实施开发式扶贫，政府提出了一系列政策保障措施。在信贷方面，对贫困户和扶贫经济实体使用扶贫信贷资金，从实际出发，在保证有效益、能还贷的前提下，贷款条件可以适当放宽。国有商业银行每年安排一定的信贷资金，在贫困地区有选择地扶持一些效益好、能还贷的项目。对广东、福建、浙江、江苏、山东、辽宁沿海6省的贫困县，以及各省、区刚摘掉贫困县帽子的县，增加地方财政和商业信贷的投入，一般不低于原来国家对这些县的扶持规模。在财税政策方面，对国家确定的"老、少、边、穷"地区新办的企业，其所得税在3年内予以征后返还或部分返还。各级政府把扶贫资金列入财政预算，保证用于扶贫开发。为减轻贫困地区农民由于生产资料价格放开和粮食提价而增加的负担，各省、区、直辖市使用地方粮食风险基金对吃返销粮的贫困户予以适当补贴。在经济开发政策方面，中央和地方安排开发项目时，应向资源条件较好的贫困地区倾斜。中央和省、区在贫困地区兴办的大中型企业，充分照顾贫困地区的利益，合理调整确定与当地的利益关系。国家制定和执行产业政策时，考虑贫困地区的特殊性，给予支持和照顾。对贫困地区的进出口贸易，坚持同等优先的原则，列入计划，重点支持。

20世纪90年代以来，随着扶贫开发的深入，贫困面逐渐缩小，但在那些自然环境恶劣、生产生活条件差的地区，扶贫难度仍然较大。以江泽民为核心的中国共产党第三代领导集体，高度重视我国的扶贫开发工作。在他们看来，消除贫困是共产党的根本宗旨，应全力推进我国扶贫开发工作，我国反贫困战略开始向纵深发展。1994年国务院制定并实施了《国家八七扶贫攻坚计划》，提出从1994年至2000年，用7年的时间集中人力、物力、财力，动员社会各界力量解决近8000万农村贫困人口的温饱问题，并相应改善其基础设施和文化、卫生的落后状况。《国家八七扶贫攻坚计划》作为全国扶贫工作的纲领性文件，提出了以下奋斗目标：一是到20世纪末，使全国绝大多数贫困户年人均纯收入按1990年不变价格计算达到

500元以上，扶持贫困户创造稳定解决温饱问题的基础条件，减少返贫人口；二是加强基础设施建设，基本解决人畜饮水困难，使绝大多数贫困乡镇和有集贸市场、商品产地的地方通路、通电；三是改变文化、教育落后状况，扫除青壮年文盲，大力发展职业教育和技术教育，防治和减少地方病，把人口自然增长率控制在国家规定的范围内。为此，国家增加对贫困地区的投入，提高扶贫开发的力度。国务院决定，从1994年到2000年，每年再增加10亿元以工代赈资金、10亿元扶贫专项贴息贷款。

为了保证实现"八七扶贫攻坚计划"确定的目标，1996年国务院发布了《关于尽快解决农村贫困人口温饱问题的决定》，《决定》进一步明确强调，要继续坚持开发式扶贫。把贫困地区干部群众的自力更生和国家的扶持结合起来，开发当地资源，发展商品生产，增强自我积累、自我发展的能力，是稳定地解决温饱问题、实现脱贫致富的根本出路。要围绕解决群众温饱问题，发动群众治水、改土、种树、修路，加强基础设施建设，改善生产条件和生态环境，实现可持续发展；切实抓好农业生产特别是粮食生产，提高粮食自给水平。在此基础上，因地制宜地发展多种经营和乡镇企业，增加农民收入。把有助于直接解决群众温饱问题的种植业、养殖业和以当地农副产品为原料的加工业，作为扶贫开发的重点。《决定》指出，根据当时贫困地区的条件，过多地上一般工业项目是不切实际的。从多年的实践看，与其他产业比较，种植业、养殖业、林果业和以当地农产品为原料的加工业是最有效地扶贫产业。发展这些生产，不仅能够充分发挥区域资源优势，有广阔的市场，投资少、见效快、成功率高，而且覆盖面广，家家户户都能干，家家户户都受益。扶贫攻坚必须把发展这些产业作为重点，优先安排。国家扶贫专项贷款要集中用于这些产业，其他扶贫资金也要向这些倾斜并与之配套使用。在扶持方式上，主要支持带动贫困户脱贫的龙头企业，把贫困户脱贫致富与发展农业产业化结合起来。

关于开发式扶贫，温家宝总理在1999年6月召开的中央扶贫开发工作会议上曾经这样总结："实践证明，救济式扶贫可以缓解群众一时的生活困难，但不能使他们真正摆脱贫困。这么多贫困人口靠国家全部包下来也不现实。从根本上改变贫困地区的落后面貌，必须发展贫困地区的生产力。开发式扶贫的实质，就是以经济建设为中心，支持贫困地区干部群众开发当地资源，发展商品生产，改善生产条件，增强自我积累、自我发展的能力。这是摆脱贫困的根本出路，是扶贫工作必须长期坚持的一项基本方针。"他还指出，落实开发式扶贫，必须采取综合配套措施，促进贫困地区经济、社会、文化全面发展。贫困是由多方面原因造成的，消除贫困也必须从多方面入手。发展科技和教育，提高农民素质，是扶贫开发取得成功的重要条件；加强基础设施建设、改变生产条件、改善生态环境，是脱贫致富的根本措施；控制贫困地区人口过快增长，改变越穷越生、越生越穷的恶性循环，是稳定解决温饱不容忽视的重要问题；重视智力开发，搞好计划生育，是扶贫攻坚必须做好的基础工作。[①]在1996年的中央扶贫工作会议上，江泽民也指出，到20世纪末基本解决我国农村贫困人口的温饱问题，是党中央、国务院既定的战略目标。由救济式扶贫转向开发式扶贫，是扶贫工作的重大改革，也是扶贫工作的一项基本方针；广泛动员全社会力量参与扶贫，是扶贫工作的一条重要方针。扶贫工作要实行责任制，各级党政一把手要亲自组织指挥本地区的扶贫攻坚战；各级党政机关要组织大批干部，到贫困村具体帮助扶贫；要把扶贫攻坚的任务和措施落实到贫困村和贫困户。为此，中共中央、国务院作出《关于尽快解决农村贫困人口温饱问题的决定》。

1999年党中央、国务院根据《国家八七扶贫攻坚计划》的实施情况，又做出了《关于进一步加强扶贫开发工作的决定》，制定了一系列新的、更加有力的政策措施。这些重大举措是针对改革开放进程中农村发展不平衡的实际状况，为缓解和消除贫困、最终实现共同富裕而采取的战略措施。

（二）缓解农村贫困的体制改革

为了进一步促进广大农村的发展，改变农村贫困地区的落后面貌，我国政府持续进行体制改革，制定了一系列促进农村经济发展的制度措施，依靠体制改革促进农村贫困地区的发展。比如，政府放松了对城乡人口流动的限制，鼓励农村剩余劳动力外出务工，先后出台了一系列的政策措施。

1993年，劳动部发布了《农村劳动力跨地区流动有序化——"城乡协调就业计划"第一期工程》，该工程的主要目标是在全国形成与市场经

---

① 温家宝：《坚定信心加大力度确保如期实现扶贫攻坚目标——在中央扶贫开发工作会议上的讲话》，1999年6月8日，资料来源于国家扶贫办网站：http://www.cpad.gov.cn/data/2006/0303/article_230.htm。

济相适应的劳动力跨地区流动的基本制度、市场信息系统和服务网络，使农村劳动力流动规模较大的主要输入、输出地区实现农村劳动力流动有序化。要求建立输出有组织、输入有管理、流动有服务、调控有手段、应急有措施的农民工流动管理体制。计划用4年左右的时间在全国范围内建立起农村劳动力跨地区流动的基本制度，包括大、中城市各类企业用工管理和监察制度，劳动力市场规范，劳动力输入、输出的管理和服务制度，异地就业劳动者的权益保障制度等。在主要输入、输出地区，鼓励发展为农村劳动力跨地区流动和异地就业的服务组织，包括城市职业介绍所、乡镇劳动服务站、民办中介服务实体、区域性劳务合作组织、省际和区域性劳务协调组织、各类培训组织及为异地就业民工提供住宿和交通服务的其他组织等。在全国各级劳动力市场信息系统逐步建立的基础上，重点完善农村劳动力跨地区流动的信息传播、监测系统。在劳动力主要输入地建立劳动力需求信息库，在主要输出地建立剩余劳动力资源信息库，完善信息收集、传播手段；分别在华南、华东、华北建立区域性劳动力市场信息交流中心，并形成网络；建立农村劳动力就业和流动状况的监测手段，加强劳动力流动信息的收集、整理和反馈。加强区域间的协调配合，及时沟通情况，交流经验，分析研究新情况和新问题，密切与有关部门的联系，加强合作，共同做好各项服务工作。

1993年之后，政府部门颁布了一系列的法规政策鼓励农民工外出务工。1993年11月，中共中央发布了《关于建立社会主义市场经济体制若干问题的决定》，《决定》明确指出鼓励和引导农村剩余劳动力逐步向非农产业转移，鼓励农村剩余劳动力在地区间进行有序流动。1993年12月，劳动部发布的《关于建立社会主义市场经济体制时期老的体制改革总体设想》中提出，要建立公平竞争的劳动力市场，逐步打破城乡之间、地区之间劳动力流动的界限；建立农村就业服务网络，合理调节城乡劳动力流动，逐步实现城乡劳动力流动的有序化；要在"九五"期间基本取消统包统配，进一步放开城乡界限，取消职工身份界限。1994年8月，劳动部发布的《关于促进劳动力市场发育，完善就业服务体系建设的实施计划》中指出，1994年要着手建立华南、华东和华北三大区域劳动力市场信息中心建设，推进省际劳务合作，大力发展乡镇劳务服务网络，健全流动服务制度。

1997年11月，国务院转发了劳动部等部门制定的《关于进一步做好组织民工有序流动工作意见的通知》。《通知》明确指出，要建立健全劳动力市场规则，明确劳动力供求双方、中介服务以及市场管理的行为规范，完善流动就业凭证管理制度；大力发展城乡职业介绍网络，搞好劳动力市场基础设施建设，逐步建立起覆盖面广、功能完备、方便实用的劳动力市场信息服务系统。2000年1月，劳动部办公厅发布了《做好农村富余劳动力流动就业工作意见的通知》，《通知》要求中小城市，特别是小城市，应统筹安排好城乡就业工作，积极引导农村富余劳动力合理有序流动，逐步开展城市统筹就业工作。中西部地区要加速培育和发展区域性劳动力市场，要把农村富余劳动力就地安置与有序流动结合起来。各地要按照国务院的要求，逐步对未能继续升学并准备进城务工的农村初、高中毕业生实行劳动预备制培训。实行劳动预备制度、开展农村劳动力职业培训，要依托现有技工学校、就业训练中心等职业培训机构，特别是县级职业培训机构。确定一些农村职业培训基地，建立劳务人才库。推动劳务输出向产业化发展，实行劳务输出的市场化运作、规模化经营和一体化服务。从事流动就业服务的职业介绍机构可联合农村职业培训基地或相关职业培训机构，组成劳务输出联合体，实行用工信息、职业介绍、职业指导、职业培训和组织劳务输出等一体化服务。

在一系列政策的引导下，外出务工的农民工数量一直居高不下，劳动力的外出务工对农村的反贫困事业作出了重要贡献。有关统计表明，全国国定贫困县向县外输出劳动力约占这些县总劳力的15%，约有11%的劳动力基本上常年在外务工，在外务工收入占1999年贫困县农民纯收入的25.85%。统计表明，1999年贫困县农民人均纯收入比1997年增长188.4元。其中以务工收入为主的劳动者报酬收入增长了92.5元，占纯收入增量的49.1%；农业主要是畜牧业增加收入95.8元，占收入增量的50.8%。由此可以看出，外出务工对于缓解农村的贫困起到了巨大的推动作用。[①]

（三）救济式扶贫

1986—2000年，政府在实施大规模开发式扶贫的同时，也在不断完善

---

① 国家统计局农村社会经济调查总队：《中国农村贫困监测报告》（2001），中国统计出版社2001年版，第102页。

农村的救济式扶贫。1992年，山西省左云县率先实施农村低保试点，1994年上海在三个区实施试点。1996年，民政部在总结各地试点的基础上，正式印发了《关于加快农村社会保障体系建设的意见》和《农村社会保障体系建设指导方案》，提出凡开展农村社会保障体系建设的地方，都应该把建立最低生活保障制度作为重点，即使标准低一点，也要把这项制度建立起来；要求最低生活保障资金由地方各级财政和村集体分担。同时要求，自1997年开始，有条件的农村开始逐步探索农村最低生活保障制度。①

这一阶段农村救济式扶贫的一个重要体现是农村的五保供养工作。为了做好农村五保供养工作，保障农村五保对象的正常生活，健全农村的社会保障制度，国务院于1994年颁布了《农村五保供养工作条例》，用法规的形式把农村的五保制度稳定下来。

《条例》明确指出，五保供养是农村的集体福利事业。农村集体经济组织负责提供五保供养所需的经费和实物，乡、民族乡、镇人民政府负责组织五保供养工作的实施（第三条）。凡是符合五保条例规定的村民，在吃、穿、住、医、葬方面都应该得到一定的生活照顾和物质帮助。五保供养的对象是指村民中符合下列条件的老年人、残疾人和未成年人：第一，无法定扶养义务人，或者虽有法定扶养义务人，但是扶养义务人无扶养能力的；第二，无劳动能力的；第三，无生活来源的。

五保供养的内容是：第一，供给粮油和燃料；第二，供给服装、被褥等用品和零用钱；第三，提供符合基本条件的住房；第四，及时治疗疾病，对生活不能自理者有人照料；第五，妥善办理丧葬事宜。另外，五保对象是未成年人的，还应当保障他们依法接受义务教育。《条例》规定，五保供养的实际标准不应低于当地村民的一般生活水平；五保供养所需经费和实物应当从村提留或者乡统筹费中列支，在有集体经营项目的地方，可以从集体经营的收入、集体企业上交的利润中列支；灾区和贫困地区的各级人民政府在安排救灾救济款物时，应当优先照顾五保对象，保障他们的生活。

1997年3月，民政部又颁布了《农村敬老院管理暂行办法》。《办法》规定，敬老院是农村集体福利事业单位，以乡镇办为主，五保对象较

---

① 郑功成：《中国社会保障30年》，人民出版社2008年版，第155—156页。

多的村也可以兴办；提倡企业、事业单位、社会团体、个人兴办和资助敬老院（第二条）。敬老院所需经费实行乡镇统筹，并通过发展院办经济和社会捐赠逐步改善供养人员的生活条件。村办敬老院所需经费由村公益金解决。作为敬老院工作的领导机关，乡镇人民政府应把敬老院事业列入当地经济和社会发展规划。敬老院以供养五保对象为主，在没有光荣院的地方可优先接收孤老优抚对象入院供养，有条件的敬老院可以向社会开放，吸收社会老人自费代养。供养人员的饮食应当讲究营养、卫生，每周有食谱；供养人员生病，院方应及时负责治疗，有条件的敬老院应当设立医务室，建立供养人员健康档案。《农村敬老院管理暂行办法》的出台进一步规范了农村五保老人的社会救助制度。

三 新世纪以来的大扶贫

（一）大扶贫格局的形成

2008年的《中国农村贫困监测报告》指出，《中国农村扶贫开发纲要(2001—2010)》实施以来，特别是党的十六大以来，党中央提出贯彻科学发展观，又做出了"两个趋向"的科学论断，国家实施以工促农、以城带乡的方针，连续下发了4个一号文件，制定了一系列强农惠农政策，农村基础设施和社会公共事业投入不断加大，在全国农村建立最低生活保障制度。各行各业、社会各界更加关注贫困地区、关注贫困和弱势人群。在以往主要依靠经济增长拉动和专项扶贫计划推动扶贫工作的基础上，一个"大扶贫"的格局正在形成。[①]

2008年8月，国务院扶贫办副主任王国良在"中德合作扶贫监测评价项目总结会"上讲话时也指出，我国目前已逐步形成了一个集行业政策、区域政策和社会政策于一体的"大扶贫"格局。王国良指出，党的十六大以来，在科学发展观的指导下，"大扶贫"的观念和格局正日渐完善。在党中央、国务院的领导下，国务院有关部门采取有效措施，努力促进城乡、区域协调发展，共同推进扶贫事业。西部开发、中部崛起战略提升了中西部地区的基础设施和社会事业，带动了产业结构调整，为贫困地区和贫困

---

① 国家统计局农村社会经济调查司：《中国农村贫困监测报告》（2008），中国统计出版社2009年版，第73页。

人口的发展创造了更好的环境；中央财政支农资金和扶贫资金逐年增加；教育、科技、国土资源、交通、水利、农业、文化、卫生、广播电视、林业等部门制定专门政策，安排专项资金，加大了对贫困地区和贫困人口的扶持力度；国家民委、全国妇联、全国残联与扶贫办密切配合，关心和保护特殊贫困群体。[①]

在一定意义上，大扶贫是相对于专项扶贫而言的，专项扶贫主要是指国家有关的扶贫部门开展的开发式扶贫活动。大扶贫不仅仅包括政府部门开展的专项扶贫，而且还包括各种惠农政策。大扶贫格局的形成，主要是加入了惠农政策扶贫的内容，特别是国家在农村建立了最低生活保障制度。农村最低生活保障制度意味着所有农民的生存温饱问题都能够得到最基本的保障，这是一项"兜底性"的制度安排。与普通的专项扶贫不同，在农村实施的惠农政策针对的不是特定的贫困人口，而是面向整个农村人口。惠农政策的实施，不仅有利于农村绝对贫困人口的减少，而且能够积极有效地预防脱贫人口的返贫。

大扶贫是一种更为广泛的扶贫举措。就工作动力而言，大扶贫是从过去扶贫部门一己之力到全社会共同关注、共同参与；就工作内容而言，大扶贫是从主要解决贫困人口吃、穿、住、行问题调整为同时解决科技、文化、卫生和产业发展等问题；就工作方式而言，大扶贫是从只盯着贫困农户给钱给物实施项目的扶贫方式中存在的不足，到着眼于持续增强贫困地区、贫困农户的自我积累和自我发展能力，探索如何在市场经济体制环境下强化扶贫效果；就工作理念而言，是从过去就农业抓农业、就扶贫抓扶贫的思维定式，到从打造稳定脱贫的长效机制入手，注重脱贫与发展，借助外力和自力更生的有机结合，以区域经济总体发展带动局部地区稳定脱贫；就工作范围而言，就是在对绝对贫困农户给予关心的同时，将扶贫工作的重点放在包括低收入人口在内的贫困人口持续增加收入和提高生活水平上，在区域范围对扶贫开发进行总体部署。[②]

总之，大扶贫并不是简单地否定原来的开发式扶贫，而是在继续坚持开发式扶贫的基础上，更加注重实施惠农政策，更加注重农村社会事业的发展。

[①] 国务院扶贫办：《我国目前正逐步形成"大扶贫"格局》，2008年9月4日。资料来源于中国政府网：http://www.gov.cn/jrzg/2008-09/04/content_1087242.htm。

[②] 龚亮保：《关于构建"大扶贫"格局的几点思考》，《老区建设》2008年第17期。

(二) 大扶贫下的扶贫开发

进入21世纪以来，开发式扶贫依然是专项扶贫活动的主导性方针。但是，新世纪以来我国农村贫困人口的分布发生了很大的变化，开发式扶贫也做了一定的调整。

"八七扶贫攻坚计划"顺利实施后，我国农村贫困状况明显缓解，贫困人口大幅度减少。到2000年年底，除了少数社会保障对象和生活在自然环境恶劣地区的特困人口，以及部分残疾人以外，全国农村贫困人口的温饱问题已经基本解决。相对于20世纪，新时期我国的农村贫困问题发生了显著的变化：第一，从社会成员的普遍贫困到贫富差异的日益扩大，这要求政府的扶贫战略更多地考虑控制贫富差距，通过支付转移直接瞄准穷人进行帮助；第二，从基本需求不能得到满足的收入性贫困为主到多元贫困为主，这意味着政府不能仅仅关注贫困人口的温饱问题，贫困人口的健康、教育、社会福利等方面也应该成为关注的焦点；第三，从区域性贫困到阶层性贫困，我国的贫困分布从全社会贫困、18个贫困地带、592个贫困县和14.8万个贫困村逐渐演变，表明贫困问题不再是区域经济发展不足的问题，而是群体性贫困的问题。贫困的主要人群已经不能直接受益于区域发展的战略，这就要求扶贫战略应该以人为本，直接指向穷人。[1]

针对上述新时期我国贫困特征发生的变化，我国政府继续实施专项反贫困政策。2001年我国政府召开了第三次中央扶贫工作会议，颁布了《中国农村扶贫开发纲要(2001—2010)》，对21世纪前10年的反贫困工作进行全面部署。《纲要》提出了我国2001—2010年扶贫开发总的奋斗目标是：尽快解决少数贫困人口温饱问题，进一步改善贫困地区的基本生产生活条件，巩固温饱成果，提高贫困人口的生活质量和综合素质，加强贫困乡村的基础设施建设，改善生态环境，逐步改变贫困地区经济、社会、文化的落后状况，为达到小康水平创造条件。《纲要》指出了实现扶贫目标应该遵循的基本方针：坚持开发式扶贫方针；坚持综合开发、全面发展的方针；坚持可持续发展的方针；坚持自力更生、艰苦奋斗的方针；坚持政府主导、全社会共同参与的方针。《纲要》还确定了未来10年扶贫开发的对

---

[1] 张磊主编：《中国扶贫开发政策演变（1949—2005）》，中国财政经济出版社2007年版，第144页。

象与重点。扶贫开发的对象是：要把贫困地区尚未解决温饱问题的贫困人口作为扶贫开发的首要对象；同时，继续帮助初步解决温饱问题的贫困人口增加收入，进一步改善生产生活条件，巩固扶贫成果。扶贫开发的重点是：按照集中连片的原则，国家把贫困人口集中的中西部少数民族地区、革命老区、边疆地区和特困地区作为扶贫开发的重点，并在上述四类地区确定扶贫开发工作重点县。东部以及中西部其他地区的贫困乡、村，主要由地方政府负责扶持。要重视做好残疾人扶贫工作，把残疾人扶贫纳入扶持范围，统一组织，同步实施。

在《中国农村扶贫开发纲要》的指导下，新时期的反贫困工作重点内容主要有整村推进、劳动力培训、产业开发等。整村推进是新时期我国农村扶贫开发的重要内容之一，其核心内容是制定和实施参与式村级发展规划，即在帮扶对象充分参与的情况下，制定和实施贫困农村未来的发展举措。这种扶贫模式的理念与以往的扶贫模式相比有两大不同点：第一，扶贫瞄准的单位由原来的贫困县转移到贫困村，这大大提高了反贫困的效率；第二，改变了以往自上而下的反贫困模式，整村推进更加注重贫困农户自身的选择，注重倾听贫困农户的声音，是一种自下而上的参与式扶贫。截止到2007年，政府已经确定了14.8万个贫困村作为整村推进的对象，其中已经正式实施整村推进的达到一半左右。[①]

贫困地区劳动力培训转移是新时期我国农村扶贫的又一项重要举措。2004年，国务院扶贫办发布了《关于加强贫困地区劳动力转移培训工作的通知》，宣告贫困地区劳动力转移培训工作正式启动。2006年，国务院扶贫办正式启动"雨露计划"。"雨露计划"的主要任务是帮助贫困地区青壮年农民解决就业、创业中遇到的实际困难，以提高素质、增强就业和创业能力为宗旨，以职业教育、创业培训和农业实用技术培训为手段，以促成转移就业、自主创业为途径，最终达到促进提高贫困地区劳动力素质、增加贫困农民收入的目的。这一计划在"十一五"期间通过职业技能培训促成500万左右经过培训的青壮年贫困农民，以及30万左右贫困地区复员退伍士兵转移就业。[②]2007年，国务院扶贫办下发了《关于在贫困地区实施"雨

---

① 参见范小建在全国扶贫办主任座谈会上的讲话，2007年9月22日。
② 参见新华网的报道《雨露计划将在5年内拟促成500万贫困农民实现就业》，http://www.gov.cn/jrzg/2006-10/24/content_422210.htm。

露计划"的意见》和《贫困青壮年劳动力转移培训工作实施指导意见》。2007年6月，国务院扶贫办在北京举办了首届"雨露计划"成果展暨劳动力转移供需见面会。来自全国27个省市扶贫系统的代表参加了这一活动，共签订用工合同2063份，聘用工人65万多人。[①]

产业化扶贫是新时期我国农村反贫困的另一项重要内容。所谓产业化扶贫就是以市场为导向，以龙头企业为依托，利用贫困地区所特有的资源优势，逐步形成"贸工农一体化、产加销一条龙"的产业化经营体系，持续稳定地带动贫困农民脱贫增收。产业化扶贫的内容包括：确立主导产业，建立生产基地；提供优惠政策，扶持龙头企业；探讨运行机制，实现农户企业双赢等。2007年上半年，国务院扶贫办已经完成了对第一批国家扶贫龙头企业的考核，制定了第二批扶贫龙头企业标准和监测考核办法，并开展了国家开发银行支持产业化扶贫的试点工作。

（三）大扶贫下的农村救助

进入21世纪，特别是党的十六大以来，农村的各种社会救助工作逐步展开，各项制度不断完善。2002年以来，国家出台了一系列政策文件，要求各地建立健全农村社会救助制度。2002年以来，政府出台的相关文件参见表5-1。

表5-1　　　　　　2002年以来国家有关农村社会救助的政策规定

文件名称	时间	政策内容
党的十六大报告	2002	有条件的地方，探索建立农村养老、医疗保险和最低生活保障制度
中共中央国务院关于进一步加强农村卫生工作的决定	2002	对农村贫困家庭实行医疗救助，医疗救助对象主要是农村五保户和贫困农村家庭
中共中央关于完善社会主义市场经济体制若干问题的决定	2003	有条件的地方探索建立农村最低生活保障制度

---

① 参见《国务院扶贫办情况通报》，2007年第3期。

续表5-1

文件名称	时间	政策内容
中共中央国务院关于促进农民增加收入若干政策的意见	2004	对丧失劳动能力的特困人口，要实行社会救济，适当提高救济标准。有条件的地方要探索建立农民最低生活保障制度
2004年政府工作报告	2004	对城乡特殊困难群众，要给予更多的关爱。继续完善社会救助制度。切实帮助特殊困难家庭解决就医看病、子女上学、住房、冬季取暖等实际困难。完善农村五保户生活保障制度，确保供养资金
中共中央国务院关于进一步加强农村工作提高农业综合生产能力若干政策的意见	2004	有条件的地方可以探索建立农村社会保障制度
2005年政府工作报告	2005	有条件的地方可以探索建立农村居民最低生活保障制度。要加快建立城乡特殊困难群众的社会救助体系，帮助他们解决看病、住房、子女上学等实际困难。完善农村"五保户"供养制度。增加扶贫投入，积极帮助贫困地区群众脱贫致富。做好受灾地区减免税收和受灾群众生产生活救济等工作
中共中央国务院关于推进社会主义新农村建设的若干意见	2005	逐步加大公共财政对农村社会保障制度建设的投入。进一步完善农村"五保户"供养、特困户生活救助、灾民补助等社会救助体系。探索建立与农村经济发展水平相适应、与其他保障措施相配套的农村社会养老保险制度
2006年政府工作报告	2006	完善农村"五保户"供养、特困户救助、灾民救济等制度，增加资金支持并适当提高救助标准。有条件的地方要探索建立农村居民最低生活保障制度。各地都要加快城乡特殊困难群众社会救助体系建设
国民经济和社会发展第十一个五年规划纲要	2006	有条件的地方要建立农村最低生活保障制度。完善农村五保户供养、特困户生活救助、灾民救助等社会救助体系

从国家发布的一系列文件可以看出，进入21世纪以来，政府对农村的社会救助越来越重视。这里我们农村的五保供养制度和农村低保制度为例，具体分析农村社会救助的发展与演变。

1. 五保供养

2004年8月，为确保五保供养资金落实到位，民政部联合财政部、国家发展和改革委员会联合下发了《关于进一步做好农村五保供养工作的通知》，要求各地将农村五保供养资金除保留原由集体经营收入开支的以外，从农业税附加收入中列支；村级开支确有困难的，乡镇财政给予适当补助。免征、减征农业税及其附加后，原从农业税附加中列支的五保供养资金列入县乡财政预算。地方在安排使用农村税费改革转移支付资金时，应当确保五保供养资金的落实，不得截留、挪用。2005年12月，中共中央、国务院发布的《关于推进社会主义新农村建设的若干意见》中再次明确指出，要进一步完善农村"五保户"供养、特困户生活救助、灾民补助等社会救助体系；有条件的地方，要积极探索建立农村最低生活保障制度。从2006年起，全国各地均将五保供养资金纳入财政预算，实现了由农民摊派供养五保户到国家财政供养的转变。2006年1月，温家宝总理签署国务院第456号令，公布新修订的《农村五保供养工作条例》。

新的《五保供养工作条例》规定，"老年、残疾或者未满16周岁的村民，无劳动能力、无生活来源又无法定赡养、抚养、扶养义务人，或者其法定赡养、抚养、扶养义务人无赡养、抚养、扶养能力的，享受农村五保供养待遇"（第六条）。农村五保供养的内容包括：第一，供给粮油、副食品和生活用燃料；第二，供给服装、被褥等生活用品和零用钱；第三，提供符合基本居住条件的住房；第四，提供疾病治疗，对生活不能自理的给予照料；第五，办理丧葬事宜。另外，农村五保供养对象未满16周岁或者已满16周岁仍在接受义务教育的，应当保障他们依法接受义务教育所需费用。农村五保供养对象的疾病治疗，应当与当地农村合作医疗和农村医疗救助制度相衔接。在供养标准上，农村五保供养不得低于当地村民的平均生活水平，并根据当地村民平均生活水平的提高适时调整。在供养资金上，地方人民政府财政预算中应专门安排，中央财政对财政困难地区的农村五保供养，在资金上给予适当补助。在供养形式上，五保供养对象可以在当地的农村五保供养服务机构集中供养，也可以在家分散供养。集中供养的农村五保供养对象，由农村五保供养服务机构提供供养服务；分散供养的农村五保供养对象，可以由村民委员会提供照料，也可以由农村五保供养服务机构提供有关供养服务。

新的《五保供养工作条例》颁布之后，农村的五保供养工作日益受到重视。2006年7月，民政部印发《关于农村五保供养服务机构建设的指导意见》，这是我国历史上第一个专门指导五保供养服务机构建设的规范性文件。2006—2010年，民政部启动了"农村五保供养服务设施建设霞光计划"；计划用5年时间，各级民政部门利用部分发行福利彩票筹集的彩票公益金，同时积极争取地方政府加大投入，资助农村五保供养服务设施建设，改善散居五保户居住条件。

与原来的五保供养相比，新时期的《五保供养工作条例》在保障对象和保障内容方面都有新的改进，五保对象由原来的"集体的人"转变为"国家的人"，供养责任主体由村集体上升为国家，村集体的角色从供养服务的提供者变成了传送者，农村的五保供养由农村集体福利事业向现代社会保障制度转型。[①]

2. 农村低保

早在1994年，民政部就决定在农村初步建立起与经济发展水平相适应的层次不同、标准有别的最低生活保障制度。到2003年，全国纳入农村最低生活保障的人数为406万人。农村最低生活保障制度波及全国的2037个县、市、区，但是不同地区在农村低保方面发展得很不平衡。[②]2007年3月，温家宝在当年的政府工作报告中，明确提出了要在全国农村建立最低生活保障制度的目标任务。2007年5月，国务院常务会议专题研究农村最低生活保障。6月26日，国务院召开"在全国建立农村最低生活保障制度工作会议"，研究完善有关政策措施，对全国建立农村最低生活保障制度进行部署。

2007年7月，国务院发布了《关于在全国建立农村最低生活保障制度的通知》。《通知》指出，建立农村最低生活保障制度的目标是：通过在全国范围建立农村最低生活保障制度，将符合条件的农村贫困人口全部纳入保障范围，稳定、持久、有效地解决全国农村贫困人口的温饱问题。建立农村最低生活保障制度，实行地方人民政府负责制，按属地进行管理。各地要从当地农村经济社会发展水平和财力状况的实际出发，合理确定保障标准和对象范围。农村最低生活保障标准由县级以上地方人民政府按照能够维持当地农村居民全年基本生活所必需的吃饭、穿衣、用水、用电等费用确定；农村最低生活保障标准要随着当地生活必需品价格变化和人民生活水平提高适时进行调整。农村最低生活保障对象是家庭年人均纯收入低

[①] 国家统计局农村社会经济调查司：《中国农村贫困监测报告》（2008），中国统计出版社2009年版，第114页。

[②] 王振耀：《农村社会政策的调整》，《中国社会科学院院报》2004年5月25日。

于当地最低生活保障标准的农村居民，主要是因病残、年老体弱、丧失劳动能力以及生存条件恶劣等原因造成生活常年困难的农村居民。

2007年8月，财政部、民政部联合下发《关于加强农村最低生活保障资金管理有关问题的通知》，并首次下拨中央财政30亿元补助资金。这标志着农村最低生活保障已完成试点探索过程，进入了全面推进的新阶段，为稳定、持久、有效地解决农村贫困人口的温饱问题奠定了制度保障基础。之后，各省、市、自治区都已经建立了农村最低生活保障制度，覆盖2000多万农村贫困人口。2007年各级地方政府财政投入超过70亿元的资金用于农村低保，中央财政也安排30亿元补助资金专项补助农村低保制度的建设。截至2008年6月，中央财政共下拨2008年城乡低保补助资金363亿元。[1]

2009年5月，国务院扶贫办、民政部、财政部、统计局、中国残疾人联合会五部门联合印发了《关于做好农村最低生活保障制度和扶贫开发政策有效衔接试点工作的指导意见》，指出改革开放以来我国在缓解和消除农村贫困方面取得巨大成就，积累了丰富的经验。在逐步建立和完善社会主义经济体制的过程中，农村扶贫开发和最低生活保障制度作为国家扶贫战略的两个重要支点发挥了重要作用。农村最低生活保障制度是社会救助，扶贫开发是提高能力；农村最低生活保障制度是维持生存，扶贫开发是促进发展，二者相辅相成，相互促进。做好两项制度的有效衔接，对提高农村低收入人口素质和自我发展能力，逐步缩小发展差距，维护社会公平正义，确保全体人民共享改革发展成果，激发农村低收入人口自力更生、艰苦奋斗的精神，具有重大意义。两项制度有效衔接的总体目标是：充分发挥农村最低生活保障和扶贫开发两项制度的作用，对农村最低生活保障对象，通过农村最低生活保障制度保障其基本生活；对农村低收入人口全面实施扶贫政策，从根本上稳定解决温饱并实现脱贫致富，为实现到2020年基本消除绝对贫困现象的目标奠定基础。两项制度有效衔接的基本要求是：在建立和完善农村最低生活保障制度的同时，继续坚持开发式扶贫方针，坚定不移地推进扶贫开发，发挥两项制度的整体效益。要坚持公开、公平、公正的原则，合理确定农村最低生活保障和扶贫对象。要针对农村低收入人口的地域分布特点和农村扶贫开发政策、最低生活保障制度的地区性差别，实行分类指导。

---

[1] 肖云、李亮：《农村最低生活保障制度筹资研究》，《合作经济与科技》2009年第8期。

从上述文件可以看出，农村低保已经在全国农村全面铺开，成为新时期农村扶贫工作的一种战略性重要举措，构成了大扶贫的重要内容。2003—2009年，全国农村享受低保人数变化情况参见图5-1。

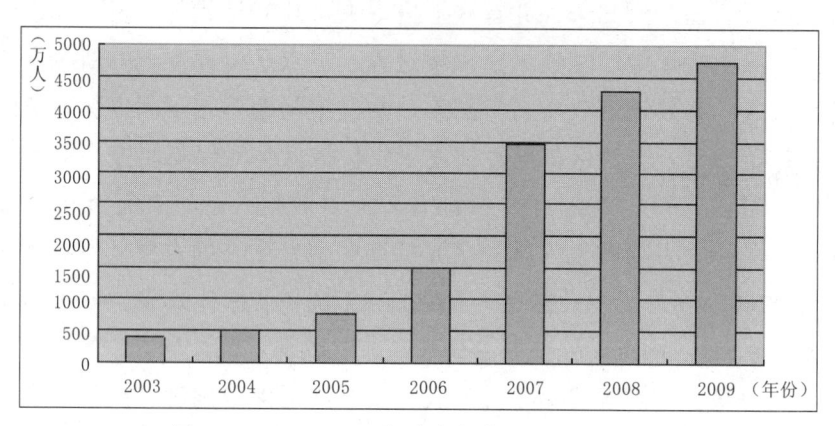

图5-1 2003—2009年度农村享受低保人数变化情况

民政部公布的数据表明，截止到2010年10月，全国农村居民最低生活保障人数为5106万人，全国农村最低生活保障家庭数为2459万户，农村最低生活保障累计支出307亿元。[①]

（四）大扶贫下的惠农政策

进入新世纪以来，我国政府也采取了一系列惠农政策，推动农村的发展，保障农民增收。在一定程度上，政府实施的惠农政策也为当前我国农村的反贫困事业作出了贡献。

1. 废除农业税

2000年3月，中共中央、国务院发布了《关于进行农村税费改革试点工作的通知》。《通知》明确指出，推进农村税费改革，是规范农村分配制度，遏制面向农民的乱收费、乱集资、乱罚款和各种摊派，从根本上解决农民负担问题的一项重大措施。农村税费改革的重要内容是取消乡统筹费、农村教育集资等专门面向农民征收的行政事业性收费和政府性基金、集资；取消屠宰税；取消统一规定的劳动积累工和义务工；调整农业税和

[①] 参见民政部2010年10月全国县以上农村低保情况：http://files2.mca.gov.cn/cws/201011/20101119151047280.htm。

农业特产税政策；改革村提留征收使用办法。文件还规定，新的农业税实行差别税率，最高不超过7%，农业税附加比例最高不超过农业税正税的20%。中央决定在安徽省以省为单位进行农村税费改革试点，其他省、自治区、直辖市可根据实际情况选择少数县（市）试点。

2001年3月，国务院发布了《关于进一步做好农村税费改革试点工作的通知》，要求在总结安徽等地试点经验的基础上，进一步做好农村税费改革试点工作。2002年3月，国务院办公厅发布了《关于做好2002年扩大农村税费改革试点工作的通知》，决定在总结安徽等地试点经验的基础上，进一步扩大试点范围，当年年底试点工作已在全国20个省份展开，其余11个省份继续在53个县（市）进行局部试点。2003年3月，国务院发布了《关于全面推进农村税费改革试点工作的意见》，提出了当年工作的总体要求，并决定新增北京、天津、山西、辽宁、福建、广东、广西、海南、云南、西藏、新疆11个省份为全面试点省份。至此，农村税费改革在全国范围内全面铺开。截至2003年年底，全国全面取消了屠宰税，以及乡统筹费、农村教育集资、农村劳动积累工和义务工等专门面向农民的负担项目；通过调整农业税和农业特产税政策，全国农民除缴纳不超过7%的农业税和1.4%的农业税附加以外，不再承担其他任何费用。村内生产公益事业投入实行村民会议一事一议，上限控制。

2004年7月，国务院发布了《关于做好2004年深化农村税费改革试点工作的通知》，提出按照5年内取消农业税的总体部署，2004年在黑龙江、吉林两省进行免征农业税改革试点，河北、内蒙古、辽宁、江苏、安徽、江西、山东、河南、湖北、湖南、四川11个粮食主产省（区）的农业税税率降低3个百分点，其余省份农业税税率降低1个百分点。农业税附加随正税同步降低或取消。2005年7月，国务院发布《关于2005年深化农村税费改革试点工作的通知》，进一步扩大农业税免征范围，加大农业税减征力度。

2005年12月29日，十届全国人民代表大会常务委员会第十九次会议通过了关于废止《中华人民共和国农业税条例》的决定，决定从2006年1月1日起废止《中华人民共和国农业税条例》，这意味着9亿农民彻底告别延续了2600年的"皇粮国税"。紧接着，政府在2006年又免除了屠宰税、牧业税、农林特产税，共减轻农民负担1335亿元。与此同时，国家财政支农工作的理念有了新变化，坚持"多予、少取、放活"的方针。2006年，中央财政安排用于"三农"的支出超过3397亿元。工业反哺农业、城市反哺农村的时代开始了。

2. 农村教育

2000年，我国基本实现了"两基"的目标，即基本普及九年义务教育、基本扫除青壮年文盲。但是我国教育发展的总体水平仍然偏低，发展很不平衡，西部地区人均受教育年限仅有6.7年，比全国平均水平低1.3年；"两基"人口覆盖率仅77%，低于全国14个百分点；15岁以上文盲、半文盲人口占总人口的比重为9.02%，高于全国2.3个百分点。截至2002年，西部地区仍有372个县（市、区）以及新疆生产建设兵团的38个团场，共410个县级行政单位尚未实现"两基"，涉及345万平方公里国土和8300多万人口。[①]

2003年9月，国务院发布了《关于进一步加强农村教育工作的决定》。《决定》提出，力争用5年时间完成西部地区"两基"攻坚任务，到2007年西部地区普及九年义务教育人口覆盖率要达到85%以上，青壮年文盲率降到5%以下。为保证西部地区教育的发展，中央、省和地（市）级政府要通过增加转移支付，增强财政困难县义务教育经费的保障能力。特别是省级政府要切实均衡本行政区域内各县财力，逐县核定并加大对财政困难县的转移支付力度；县级政府要增加对义务教育的投入，将农村义务教育经费全额纳入预算。《决定》还提出，在农村中小学实施现代远程教育工程，促进城乡优质教育资源共享，提高农村教育质量和效益。在2003年继续试点工作的基础上，争取用5年左右的时间，使农村初中基本具备计算机教室，农村小学基本具备卫星教学收视点，农村小学教学点具备教学光盘播放设备和成套教学光盘。

2004年，国务院办公厅发布了《国家西部地区"两基"攻坚计划(2004—2007)》。《攻坚计划》提出，到2007年，西部地区整体上实现"两基"目标，"两基"人口覆盖率达到85%以上，初中毛入学率达到90%以上，扫除600万文盲，青壮年文盲率下降到5%以下。在学校建设上，新建、改建、扩建一批以农村初中为主的寄宿制学校，保障"两基"攻坚县扩大义务教育规模的需要，安排好西部地区新增130万初中生和20万小学生的学习和生活条件。在资金投入上，结合中央已经安排的专项资金，调整省级财政支出结构，增加对"两基"攻坚的投入，基本消除现有中小学危房，保证办学条件

---

① 参见国务院办公厅《国家西部地区"两基"攻坚计划》（2003—2007）。

基本达到规定标准，保障学校正常运转所需的公用经费，切实降低辍学率，提高教育质量。在贫困救助上，中央和地方通过"两免一补"（免杂费、免书本费，补助寄宿生活费）等方式加大资助力度，到2007年，力争使中西部农村家庭经济困难学生普遍得到资助，建立较完善的义务教育阶段家庭贫困学生资助制度，切实保障农村家庭经济困难的学生接受义务教育的权利。在师资建设上，建立中央财政用于教师工资转移支付的监管机制。做好对西部地区农村教师的培养、培训工作，加大少数民族地区双语教师队伍的建设，到2007年，小学教师和初中教师学历合格率分别达到95%和90%以上。在远程教育上，稳步推进农村中小学现代远程教育，到2007年，使西部地区农村初中基本具备计算机教室，小学基本具备卫星教学收视设备和教学光盘播放设备及成套教学光盘，小学教学点具备教学光盘播放设备和成套教学光盘。

2005年7月，国务院制定的《关于进一步加强农村教育工作的决定》提出，中央财政继续设立中小学助学金，重点扶持中西部农村地区家庭经济困难学生就学，逐步扩大免费发放教科书的范围。从2005年开始，农村税费改革取消了义务教育附加费、农村教育集资等专门用于农村义务教育的收费项目，将农村义务教育经费纳入各级财政预算，保证农村义务教育经费的正常需要。2006年3月，温家宝总理在政府工作报告中宣布，从2006年起用两年时间，在全国农村普遍实行免除学杂费的义务教育，将农村义务教育全面纳入国家财政保障范围，逐步建立中央和地方分担的农村义务教育经费保障机制。

2007年12月，国务院办公厅转发了《国务院农村综合改革工作小组关于开展清理化解农村义务教育"普九"债务试点工作意见》，确定具备条件的内蒙古、吉林、黑龙江、江苏、安徽、福建、江西、湖北、湖南、四川、宁夏、贵州、陕西、甘肃等省（区）以省（区）为单位开展清理化解"普九"债务试点，计划从2007年12月起，用两年左右的时间，基本完成"普九"债务化解工作，同时建立起制止发生新的农村义务教育债务的稳定机制。截至2009年7月底，首批14个试点省份累计偿还债务440亿元，占锁定债务额的89%。其他17个非试点省份也认真做好债务清理核实和审计锁定等相关准备工作，待国务院同意后全面推进农村义务教育历史债务化解工作。中央财政安排300亿元支持基层化债工作，其中2007年60亿元、2008

年150亿元、2009年90亿元。

总之，政府通过一系列的制度安排，借助"农村中小学危房改造工程"、"西部'两基'攻坚计划"、"农村远程教育工程"、"农村寄宿制改造工程"、"中西部农村初中校舍改造工程"等一系列农村重要教育工程，减少了农民的教育支出，降低了农民的教育负担，推动了农村教育事业的发展，为农村的孩子提供了更为公平的教育机会。

3. 新农合

2002年10月，中共中央、国务院发布了《关于进一步加强农村卫生工作的决定》，《决定》指出，农村卫生工作是我国卫生工作的重点，关系到保护农村生产力、振兴农村经济、维护农村社会发展和稳定的大局，对提高全民族素质具有重大意义。到2010年，在全国农村基本建立起适应社会主义市场经济体制要求和农村经济社会发展水平的农村卫生服务体系和农村合作医疗制度。从2003年起到2010年，中央及省、市（地）、县级人民政府每年增加的卫生事业经费主要用于发展农村卫生事业，包括卫生监督、疾病控制、妇幼保健和健康教育等公共卫生经费、农村卫生服务网络建设资金等。各级政府要积极组织引导农民建立以大病统筹为主的新型农村合作医疗制度，重点解决农民因患传染病、地方病等大病而出现的因病致贫、因病返贫问题，到2010年，新型农村合作医疗制度要基本覆盖农村居民。省、市（地）、县级财政都要根据实际需要和财力情况安排资金，对农村贫困家庭给予医疗救助资金支持，对实施合作医疗按实际参加人数和补助定额给予资助。中央财政通过专项转移支付对贫困地区农民贫困家庭医疗救助给予适当支持。从2003年起，中央财政对中西部地区除市区以外的参加新型合作医疗的农民每年按人均10元安排合作医疗补助资金，地方财政对参加新型合作医疗的农民补助每年不低于人均10元。

2003年1月，国务院办公厅转发了卫生部等部门制定的《关于建立新型农村合作医疗制度意见的通知》，《通知》指出，建立新型农村合作医疗制度是新时期农村卫生工作的重要内容，是实践"三个代表"重要思想的具体体现，对提高农民健康水平、促进农村经济发展、维护社会稳定具有重大意义。新型农村合作医疗制度是由政府组织、引导、支持，农民自愿参加，个人、集体和政府多方筹资，以大病统筹为主的农民医疗互助共济制度。从2003年起，各省、自治区、直辖市至少要选择2—3个县（市）先行试点，取得经验后逐步展开。到2010年，实现在全国建立基本覆盖农村居民的新型农村合作医疗制度的目标，减轻农民因疾病带来的经济负担，提高农民健康水平。

新型农村合作医疗启动试点以来，试点工作总体进展顺利，于2008年覆盖全国所有含农业人口的县（市、区），参合人口8.15亿人，参合率达到91.5%。为提高参合农民的受益水平，各级财政对新农合的补助标准逐步提高，由2003—2005年的每人每年20元、2006年的每人每年40元，提高到2008年的80元，其中中央财政对中西部地区参合农民的补助标准由最初的每人每年10元提高到2008年的每人每年40元，6年时间翻了两番，而农民个人缴费水平仅从2003年的每人每年10元提高到目前的每人每年20元，财政补助占新农合总体筹资水平从初期的66%提高到目前的80%。2003—2008年，各级财政用于新农合的补助资金达到1197亿元，其中中央财政补助416亿元。①

卫生部发布的统计数据表明，截止到2009年年底，全国有2716个县(区、市)开展了新型农村合作医疗，参合人口数达8.33亿人，参合率为94.0%，2009年度筹资总额达944.4亿元，人均筹资113.4元。全国新农合基金支出922.9亿元；补偿支出受益7.6亿人次。②2005—2009年度农村新农合发展变化情况参见图5-2。

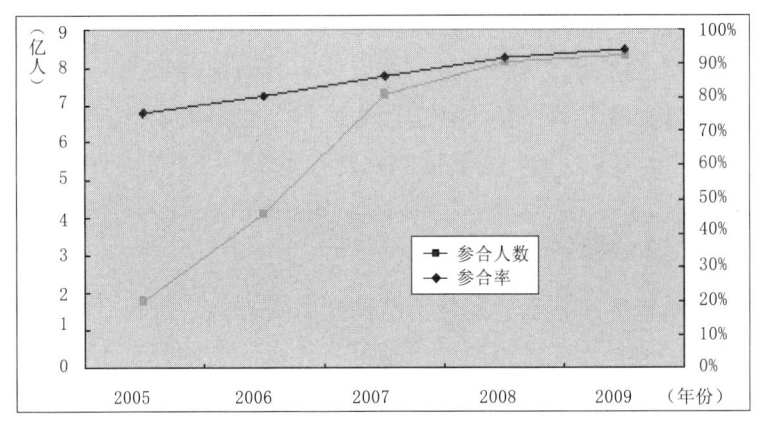

图5-2　2005—2009年度农村新农合参与情况

---

① 《中国农村贫困监测报告》（2009），第136页。
② 卫生部：《2009年我国卫生事业发展统计公报》，资料来源于卫生部网站：http://61.49.18.65/publicfiles/business/htmlfiles/zwgkzt/pgb/201006/47783.htm。

四 分析评估

改革开放以来，我国政府的扶贫工作可以概括为"一个过程、三个阶段"。"一个过程"是指改革开放以来我国政府扶贫工作是一个连续不断的过程；"三个阶段"则是指在这个连续不断的过程中，因扶贫工作环境和政府扶贫方式的变化，我国政府扶贫工作又可进一步分为体制改革推动扶贫阶段、大规模开发式扶贫阶段以及大扶贫阶段（参见表5-2）。

表5-2　　　　　　　　　　政府扶贫方式的演变

阶段	主要的扶贫方式
第一阶段：1986年之前	以体制改革推动的反贫困为主 同时辅以低水平的社会救助和零星的扶贫开发
第二阶段：1986—2000年	以大规模的开发式扶贫为主 同时辅以体制改革和社会救助
第三阶段：2001年以来	继续坚持开发式扶贫 更加注重农村社会政策的影响（惠农政策） 更加注重农村社会事业的发展 全面建立农村最低生活保障

尽管在这三个阶段我国政府扶贫方式有很大不同，但总体上都是国家顺应不同时期经济社会发展形势、适应特定时期扶贫工作实际作出的理性选择，并且越来越完善，在扶贫实践中取得了明显的成效。根据改革以来我国扶贫方式的变迁，我们对我国的扶贫方式作出以下简要评价。

（一）基本经验

第一，随着贫困环境的变化不断调整扶贫方式。改革开放初期，中国广大的农村地区存在大范围的贫困地区，在这一贫困环境下，中国政府实施了以体制改革为主的反贫困方式。伴随着农村体制改革的推进，农村的贫困人口大幅度减少，单纯依靠体制改革推动反贫困的效益逐渐下降，在这种背景下中国政府启动了大规模的、针对性的开发式扶贫。进入21世纪以来，中国农村的贫困人口持续减少，贫困人口的分布更加分散，对于较为分散、极端贫困的人口，依靠体制改革和专门性的开发式扶贫也难以达到良好的扶贫效果，在这种背景下，中国政府又积极实施了以社会保障为主的大扶贫。由此可以看出，中国的政府扶贫方式因农村贫困的环境变化而不断调整，这是今后政府扶贫应该坚持的一个基本经验。

第二，始终坚持政府主导的扶贫方式。政府主导是中国扶贫开发的基本经验，曾任国务院扶贫办主任的范小建指出过，政府主导不仅是我国扶贫开发的基本经验，而且是中国扶贫开发的最大特色。30多年的农村扶贫实践中，尽管扶贫方式在不断调整，但无论是哪一种扶贫方式，都体现了政府主导这一特色。首先，通过体制改革推动扶贫的扶贫方式是由政府主导实施的；其次，20世纪80年代中期实施的大规模开发式扶贫也是由政府推动、实施、负责的；最后，21世纪以来的大扶贫也是由政府主导开展的。因此，坚持政府主导是扶贫方式演变的一条基本经验。

第三，坚持扶贫开发与贫困救助并重的扶贫方式。在一定意义上，扶贫开发是依靠贫困地区的资源，借助于外部支持，激发贫困地区的发展活力，自力更生，通过发展摆脱贫困的一种扶贫方式。与扶贫开发相比，贫困救助是针对失去劳动能力、通过扶贫开发难以奏效的极端贫困的人口实施的扶贫方式，这种扶贫方式的目的不是为了促进发展，而是为了实施最低的生活保障。在改革以来30多年的农村扶贫实践中，坚持扶贫开发和贫困救助始终是我国政府扶贫的一个重要原则，也是今后政府扶贫应该坚持的一个基本经验。

（二）存在的问题

第一，加强协调与整合，提高农村反贫困的综合效益。实施扶贫开发和开展农村各项社会保障是当前农村扶贫的两个重要方向。一方面，农村的开发式扶贫取得了举世瞩目的成绩。与此同时，农村的各项社会保障也取得了显著的进步，比如农村低保体系的逐步完善、农村医疗合作的持续开展。可以说，扶贫开发和农村社会保障已经成为农村反贫困最重要的两项举措。但另一方面，我们也应该清醒地看到，农村扶贫开发和农村社会保障分属两个不同的政府部门主管，有两种不同的资金投入渠道，业务开展由不同的部门具体实施。在两项扶贫工作平行开展的背景下，如何加强两项扶贫工作的有效衔接、充分发挥农村反贫困的综合效益，是当前农村扶贫面临的一个重要困境。

  第二,创新机制,完善非政府组织参与扶贫活动的渠道。政府主导是我国农村扶贫的重要特色与基本经验。公共管理的研究表明,为了提高行政管理的效率、最大限度地改进民众福利,在公共服务的提供方面,应该充分发挥非政府组织的重要作用。"企业型政府"的倡导者奥斯本和盖布勒,在《改革政府:企业精神如何改革着政府》一书中就引用萨拉蒙的话指出,第三部门实际上已经成为提供公共物品的优先机制。[①]其实,在国内外的扶贫实践中,NGO已经发挥了重要的积极作用。比如在国际上,孟加拉国的小额信贷就充分发挥了非政府组织的积极作用。中国的扶贫实践中,NGO也扮演着越来越重要的角色,已经有很多的NGO成功地参与了扶贫的实践活动。相关的研究也表明,在扶贫方面,政府和NGO各有所长,也各有所短。政府扶贫的优势主要表现为强大的资源动员能力和快速推广新制度的能力,而劣势主要表现为资源使用效率低、敏感性低、创新冲动不足。相反,NGO扶贫的主要优势是效率高、敏感性高、富有创新激情,而劣势表现为资源动员能力不足。因此,在扶贫领域政府与NGO之间应该是一种互补关系,即政府之所长正是NGO之所短,而政府之所短正是NGO之所长。这意味着,在扶贫领域,政府应该依据各自的比较优势进行合作分工。[②]因此,在未来的扶贫方式中,在坚持政府主导的前提下,如何调动非政府组织的积极性,完善非政府组织参与扶贫的制度化渠道,确立政府部门与非政府组织之间的合作机制,是未来农村扶贫需要关注的重要问题。

---

  ① [美]奥斯本、盖布勒:《改革政府:企业精神如何改革着政府》,周敦仁等译,上海译文出版社1996年版,第17页。
  ② 康晓光:《NGO扶贫行为研究》,中国经济出版社2001年版,第157—159页。《中国农村贫困监测报告》(2009),第136页。

第六章　政府扶贫开发目标实现状况评估

前文的分析表明，自1986年我国开展有计划、有组织的大规模农村扶贫开发行动以来，先后出台了一系列扶贫政策和措施，筹集、动员了巨额资金进行扶贫开发活动。那么，我国扶贫活动开展的效果怎样呢？是否实现了每个阶段的政策目标？本部分的主要任务就是采用目标管理法，对政府扶贫开发的目标实现状况进行评估。

我国具有时期鲜明的"五年计划"，在每个"五年计划"里都有专门的扶贫工作安排，这也是该时期扶贫工作的重点所在。鉴于此，为了更为细致地对扶贫目标进行评价，本研究以每个"五年计划"为时间段，对每个时期的扶贫面临的新问题、扶贫目标的产生、采取的措施进行分析，最后对目标的完成情况进行阶段性的评价分析。这样分析的优点在于，第一，能够详细地对每个时期的扶贫工作进行经验总结和评价；第二，根据对每个时期扶贫工作目标的制定、执行和结果的总结和评价，能够从时间上总结扶贫工作的目标走向；第三，对扶贫开发实行以来各个"五年计划"的扶贫工作情况进行评价，也有助于我们针对新时期扶贫工作的特点，在总结以往扶贫工作经验的基础上，改善其不足之处，为新时期的扶贫工作提供有益的借鉴。

一 "七五"扶贫工作目标评估(1986—1990)

由于在"六五"及之前，我国还没有开展大规模的专项扶贫工作，主要依靠经济发展缓解贫困问题，因此本研究对扶贫开发绩效的目标评估主要从我国开始大规模、有组织的扶贫开发时期，即"七五"时期开始。

(一) 扶贫目标

党的十一届三中全会把党和国家的工作重心转移到了经济建设的轨道上来，制度的变革成为缓解贫困的主要途径。1978年废除了人民公社的集体经营制度，取而代之的是家庭承包经营制度。这种土地制度的变革极大地激发了农民的劳动热情，解放了生产力，提高了土地产出率。与此同时，在农村实行的农产品价格逐步放开、大力发展乡镇企业等多项改革，也为解决农村的贫困人口问题打开了出路。经济开放和制度变革促进了国民经济快速发展，并通过农产品价格的提升、农业产业结构向附加值更高的产业转化以及农村劳动力在非农领域就业三个方面的渠道，将经济利益传递到贫困人口，使农村贫困现象大幅度缓解，农村的贫困人口呈直线下降趋势，改革效应使得1978—1985年这个时期成为我国历史上减贫效果最为显著的时期。

但到了20世纪80年代中期，我国的扶贫步伐慢了下来，农村地区特别是老少边远地区的经济增长和生活水平又出现停滞，集中的、区域性的贫困越发凸显出来。同时，由于社会、经济、历史、自然、地理等方面的因素制约，发展相对滞后的贫困地区与全国平均水平，特别是与东部沿海地区在社会、经济、文化等方面的差距不断扩大。其中，在全国农村人均纯收入平均水平以下的低收入人口中，有相当数量的农村贫困人口经济收入不能维持其基本的生存需要，他们依旧过着"食不果腹，衣不蔽体，房屋不能遮风雨"的生活。在这种情况下，贫困地区的落后面貌能否得以改变，贫困人口的温饱问题能否得以解决，将直接关系到我国的改革开放、政治稳定、社会安定和国民经济的长期均衡协调发展。

这些地区发展问题在"七五"规划中得到了特别关注。我国政府在"七五"期间确立了争取解决全国大多数贫困地区群众温饱问题的基本目标，其中重点解决"三不"贫困农户[①]的温饱问题，在全国范围内开展了有计划、有组织和大规模的开发式扶贫。

（二）扶贫措施

1986年之前，我国政府扶贫济困的主要形式是通过民政部门和集体经济组织，对农村的贫困群体给予救助，其基本功能是生存保障。1986年以后，针对农村发展不平衡、部分地区发展相对滞后、相当数量的贫困人口尚未解决温饱的基本国情，我国政府启动了历史上规模最大的农村扶贫计划，主要扶贫措施包括四个方面（具体扶贫政策文件参见表6-1）。

第一，强化以政府为主导的方针。1986年5月，国务院办公厅下发《关于成立国务院贫困地区经济开发领导小组的通知》，决定成立国务院贫困地区经济开发领导小组（1993年改称国务院扶贫开发领导小组）。之后，地方政府也相应成立各级扶贫开发领导机构，专门负责领导、组织、协调、监督、检查扶贫开发工作。

第二，确定开发式扶贫的战略方针。其指导方针是，在国家必要的支持下，充分发挥贫困地区和贫困人口自身的积极性，开发利用贫困地区自然资源，进行开发式的生产与建设，逐步形成贫困地区和贫困人口的自我积累与自我发展能力，主要依靠贫困地区和贫困人口自身解决温饱，脱贫致富。

表6-1　　　　　　　　"七五"时期我国扶贫政策文件及其主要内容

时间	主要措施
1986年5月	国务院办公厅下发《关于成立国务院贫困地区经济开发领导小组的通知》，决定成立国务院贫困地区经济开发领导小组（现国务院扶贫开发领导小组），我国的扶贫事业开始从区域扶贫走向全国扶贫
1986年6月	国务院贫困地区经济开发领导小组召开第二次全体会议，会上提出，为了扶持贫困地区的经济开发，尽快解决群众的温饱问题。国务院决定，在原扶持基金的基础上，每年新增加10亿元专项贴息贷款，从1986年开始使用，连续5年，允许跨年度使用。同时，使用贷款的省、自治区要从"支持经济不发达地区发展资金"中划出一笔款，作为做好服务于经济开发与使用贴息贷款配套的技术培训费，费用为贷款总额的5%

---

① "三不"指的是"食不果腹，衣不蔽体，房屋不能遮风雨"的贫困农户。

续表6-1

时间	主要措施
1987年8月	国务院批转《全国牧区工作会议纪要》，提出切实做好牧区扶贫工作，解决贫困牧区的温饱问题。国家在"七五"期间，每年另拨5000万元扶贫专项贴息贷款，集中用于牧区的贫困地区
1987年8月	国家计划委员会发出《关于开展中低档工业品"以工代赈"帮助贫困地区修筑道路和水利工程试点工作的通知》。根据《通知》，国务院决定1987年在四川、江西、宁夏三省区用中低档工业品搞"以工代赈"试点，帮助贫困地区修筑道路和水利工程，总计金额为2500万元。"七五"期间，国家共拿出了价值27亿元的粮棉布和价值21亿元的工业品，实行以工代赈
1988年	经国务院批准，从1988年起，由中国人民银行新增一笔贫困地区县办企业专项贷款，每年4亿元，贷款期一般为3年，允许跨年度使用，贷款利率为月息3‰。同年，为了发展贫困地区与发达地区的横向联合，国务院贫困地区经济开发领导小组、中国工商银行发出《关于新增贫困地区兴办企业专项贷款的通知》，提出从1988年起，新增联合开发贫困地区的县办企业专项贷款，每年3亿，贷款不超过5年，贷款利率按中国工商银行技术改造贷款的同期限规定利率下浮20%。这两项贫困地区县办企业提供贷款扶持政策实施到1993年才被取消
1990年4月	根据《国务院关于批转国家计委1990年至1992年用工业品以工代赈安排意见的通知》精神，3年内，国家推行了工业品以工代赈，总金额为15亿元

资料来源：《中国农村贫困监测报告》（2009）。

第三，实施各项农村扶贫政策。国家在"七五"期间制定和实施的各项优惠政策主要包括：放开贫困地区农产品销售价格、对温饱尚未解决的贫困户继续给予减免农业税的照顾、核减国家粮食定购任务、对国家确定的301个重点贫困县继续减免国家能源交通重点建设基金、免征贫困地区新办的开发性企业所得税、减免少数民族贫困地区贫困户购买国库券等。同时，坚持实施"三西"地区农业建设项目，继续执行"支援不发达地区发展资金"、"以工代赈"等资金投入政策，同时对老、少、边、穷地区和贫困人口实施相关的税收减免优惠政策，增加扶贫贷款的资金规模。

第四，拓展扶贫开发工作的参与广度。动员政府机构和社会各界积极参与扶贫开发工作，除政府出台财政政策和信贷政策对贫困地区进行帮扶外，还包括部门定点扶贫、东西协作扶贫、民间扶贫等形式的扶贫活动。

（三）扶贫目标评估

经过5年的艰苦努力，"七五"期间我国的扶贫开发工作取得了显著成效，除还有一小部分地区没有彻底解决温饱问题之外，全国范围已基本解决大多数贫困地区群众的温饱问题,重点解决了"三不"贫困农户的温饱问题,基本实现了预期的扶贫工作目标。

首先,全国农村贫困人口数量明显减少,贫困人口收入有所提高。我国农村的贫困人口由1985年年底的1.25亿人减少到1990年年底的8500万人,总共减少4000万,年均减少800万,贫困发生率由14.8%降低至9.4%;国家重点扶持的331个贫困县,农民人均年收入从206元增加到304元(参见表6-2)。

表6-2 "七五"时期扶贫目标落实情况评估

"七五"扶贫基本目标	目标实现情况		
解决全国大多数贫困地区群众的温饱问题	贫困人口	贫困发生率	贫困县人均年收入
	1985年 1.25亿	14.8%	206元
	1990年 8500万	9.4%	304元

资料来源:《新中国成立60周年经济社会发展成就回顾系列之一》,国务院扶贫办网站:http://www.cpad.gov.cn/data/2009/0910/article_341145.htm;中国政府网:www.gov.cn。

其次,贫困地区的基础设施建设有了较大改善。"七五"期间,"三西"农业建设项目达到"五年解决温饱"的预期目标,在实施过程中,针对"一方水土养不活一方人"的特殊干旱地区,摸索出了"水路不通走旱路,旱路不通另找出路"的经验,实施了大规模的自愿移民搬迁,彻底解决了特殊贫困地区的贫困问题;"以工代赈"计划也取得了减少贫困的显著效果,重点建设了贫困地区道路交通、水利灌溉、人畜饮水、电力等方面的基础设施,在大大改善贫困地区和贫困人口的生产生活条件的同时,也为贫困地区社会经济发展奠定了基础。

最后,扶贫开发工作的社会参与度有所扩大。在部门定点扶贫过程中,针对实际情况有关部门分别制定了本部门、本系统的扶贫开发具体实施方案,提出了一系列优惠政策,直接推动了贫困地区发展和贫困人口脱贫;民间组织也积极参与扶贫行动,如中国青少年发展基金会和中国儿童少年基金会于1989年分别发起并组织实施的"希望工程"和"春蕾计划"、中国计划生育协会发起并组织实施的"幸福工程"等。

"七五"时期的扶贫工作目标虽然已基本实现,但同时也存在一些问题。和工作实际的要求相比,对扶贫政策的研究和讨论显得很不够。① 同时,由于我国贫困问题存在的长久性、普遍性以及差异性,"七五"期末我国的贫困形势依然严峻,存在的问题主要表现在以下几个方面。

第一,解决温饱问题不平衡、不稳定,而且标准很低。到1989年年底,全国大多数贫困地区群众温饱问题基本解决后,仍有一小部分地区不能完全彻底解决温饱问题。这些地区主要集中在西南、西北自然条件恶劣、社会发育程度低、工作难度较大的少数民族地区和深山区、多灾地区、库区、人畜饮水困难地区、地方病高发区。同时,已经解决了温饱问题的贫困地区也很不稳定,一遇自然灾害,仍有10%—20%的贫困人口饱而复饥、暖而复寒。此外,在物价不断变动的情况下,即使人均收入达到200元,维持温饱也很困难,只能进行低水平的简单再生产,缺乏扩大再生产的能力。

第二,贫困地区的生产、生活条件很差,落后面貌没有根本改变。即使是已经解决温饱的地区,基本生产条件也并没有发生根本性的改变,抵御自然灾害能力低,返贫率高。截至1989年,全国贫困地区仍有1300多万人、700多万牲畜饮水困难;文盲、半文盲率高达35%,少数民族贫困地区文盲率在60%左右;贫困山区一半以上的村不通公路,近一半的农户用不上电;97%的贫困县不同程度地流行地方病。几乎所有贫困地区的乡村集体经济都十分薄弱,地方财政非常困难。83%的贫困县要依赖国家财政补贴,自我发展能力较弱。②

第三,"七五"时期贫困地区的各项经济发展指标虽不断提高,但与全国平均发展水平的差距却在继续扩大。1985—1988年,国家重点扶持的328个贫困县农村人均社会总产值由402.3元上升到663.6元,但与全国平均水平相比,差距每年扩大6.3个百分点。1985—1988年的3年间,全国贫困县人均纯收入与全国平均水平相比,平均每年以20元的差距在扩大。③

---

① 周彬彬:《我国扶贫政策中几个值得探讨的问题》,《农业经济问题》1991年第10期。
② 国务院批转国务院贫困地区经济开发领导小组:《关于九十年代进一步加强扶贫开发工作请示的通知》(1990年2月23日),http://www.lawyee.net/act/act_display.asp?rid=79419。
③ 同上。

二 "八五"扶贫工作目标评估（1991—1995）

（一）扶贫目标

在"七五"期间，大多数贫困地区群众温饱问题得以解决，而后扶贫开发工作进入一个新阶段。"八五"期间（1991—1995），扶贫工作面临的基本形势是：东部地区贫困状况明显改善，中部地区有所缓解，西部一些地区依然严重；平原区、丘陵区、浅山区扶贫开发工作进展快、效果好，深山区、石山区、高寒山区、少数民族地区以及库区、地方病高发区任务重、难度大。即使是已经解决温饱的地区，基本生产条件也并没有发生根本性的改变，抵御自然灾害能力低，返贫率高。标准低、差别大、不稳定是该时期扶贫工作的主要问题。

针对扶贫工作面临的问题，"八五"期间制定了扶贫开发工作的两个基本目标：一是加强基本农田建设，提高粮食产量，使贫困地区的多数农户有稳定解决温饱问题的基础；二是发展多种经营，进行资源开发，建立区域性支柱产业，使贫困户有稳定的经济收入来源，为争取到20世纪末贫困地区多数农户过上比较宽裕的生活创造条件。

（二）扶贫措施

"八五"期间，国家进一步调整扶贫措施，加大扶贫工作力度。国务院贫困地区经济开发领导小组要求："各地特别是贫困面较大的省、区政府，要把扶贫开发工作作为重点纳入工作议程，列入国民经济和社会发展计划。"同时，要求适当加强各级扶贫开发机构的建设，并允许地方可在编制总规模不变的前提下，把扶贫开发机构纳入政府行政序列，以解决扶贫任务的长期性同扶贫机构的临时性之间的矛盾，提高综合协调能力。[①] "八五"期间还要求，1989年农村人均纯收入低于300元的非省、区扶持的贫困县应列入省、区扶持的贫困县范围。

在"八五"期间，国家确定的主要扶贫措施包括以下几方面（具体扶贫政策文件参见表6-3）。

[①] 《国务院办公厅转发国务院贫困地区经济开发领导小组关于"八五"期间扶贫开发工作部署报告的通知》（国办发［1991］24号）。

表6-3　　　　　　　　　实现"八五"目标采取的主要政策措施

时间	主要措施
1991年1月	在湖北省孝感市召开了"第五次大别山贫困地区经济开发区工作暨表彰大会",总结了"七五"时期大别山区扶贫开发工作经验,确定了"八五"期间大别山脱贫奋斗目标、开发主要措施,表彰了在"七五"扶贫开发工作中作出突出贡献的先进集体和个人
1991年8月	从1991年开始,"八五"期间对"边境贫困农场扶贫贷款"每年增量计划1亿元,由人民银行安排专项计划和资金,农业银行具体组织发放和管理
1991年9月	国家科委与陕西省科委在陕西省延安市召开"陕北老区科技扶贫经济开发工作会议"。会上制定了陕北老区"八五"科技扶贫和方针政策,特别是进一步明确了把今后扶贫工作的重点转移到依靠科技进步和提高农民素质的轨道上来
1991年10月	国务院批转国家计委《关于"八五"期间用粮食和工业品以工代赈安排意见报告的通知》,经国务院研究决定,5年内,国家推行粮食和工业品以工代赈;每年再专项安排价值20亿元的粮食和工业品,用以工代赈方式帮助灾区恢复生产、重建家园的决定,这次以工代赈的投向范围主要是遭受洪涝灾害比较严重的安徽、江苏、浙江、河南、湖北、湖南、四川、贵州等省份
1994年4月	国务院于1994年4月15日颁布实施《国家八七扶贫攻坚计划》,从1994年起,用7年时间,到2000年实现基本解决8000万贫困人口温饱问题的目标。国家确定了592个重点扶持贫困县,对少数民族地区给予特殊照顾,提高扶持标准,扩大少数民族地区的扶持范围
1994年10月	国家科委印发《关于我委确定重点帮扶贫困县情况的报告》,确定国家科委定点帮扶湖北英山、河南信阳、安徽金寨、江西永新、湖南平江、陕北安塞6个国家级贫困县,继续联系帮扶大别山区、井冈山区、陕北老区的38个"八七扶贫攻坚"贫困县共44个贫困县
1995年6月	国务院扶贫开发领导小组下发《关于印发〈国务院扶贫开发领导小组关于扶贫攻坚形势和建议的汇报提纲〉的通知》,会议要求各地、各部门要加大扶贫工作力度。扶贫资金主要用于基础设施建设和农田基本建设,重点抓好种植业、养殖业的发展

资料来源:《中国农村贫困监测报告》(2009)。

第一,明确全面开发、综合治理的方针。针对扶贫工作面临的问题及确立的目标,国家制定了坚持救济与开发、生产与生活、生产性扶持与改善生态环境、经济开发与解决社会问题相结合的工作方针,力争在更大范围、更深层次缓解我国的贫困状况。

第二,进一步瞄准贫困地区,加大资金投入力度。鉴于"七五"期间瞄准贫困县取了较大成功,"八五"计划期间又新增236个贫困县,使国家实施重点扶贫的贫困县达到567个。在此期间，国家每年增加5亿元专项扶贫贴息贷款，根据贫困人口和贫困程度全部切块到省、区，集中用于1989年农村人均纯收入低于300元的非国家重点扶持的贫困县。另外，国家决定将"三西"农业建设计划再延长10年，重点解决好"两个稳定"的问题，[1]同时，国家每年再专项安排价值20亿元的粮食和工业品，用以工代赈方式帮助灾区恢复生产、重建家园。

在此期间，国务院于1994年颁布实施《国家八七扶贫攻坚计划》，进一步确定了592个重点扶持贫困县，[2]同时明确提出了对少数民族地区给予特殊照顾，提高扶持标准，扩大对少数民族地区扶持范围的工作方针。

第三，突出强调科技扶贫战略。"八五"期间，国家进一步明确要把今后扶贫工作的重点转移到依靠科技进步和提高贫困人口素质的轨道上来。科技扶贫工作的重点是围绕贫困地区进行区域性支柱产业的系列开发，引进和推广实用技术，加强干部培训和农民实用技术培训，不断提高农民的科学文化水平和生产技能。同时通过大力改善学校、医院等基础设施，从文化科技素质和身体素质两方面综合提高贫困人口的素质，从根本上摆脱贫困。

第四，继续动员国家机关和社会各界积极参与扶贫开发工作。在机关帮扶方面，要求各部门、各系统把扶贫开发工作纳入本部门、本系统的"八五"计划，充分考虑贫困地区的特殊困难，制定有利于贫困地区发展的优惠政策，帮助其解决社会经济发展过程中与本部门、本系统业务相关的问题，并在资金、物资、技术等方面予以帮助和支持。除机关帮扶外，继续组织东西对口帮扶和社会团体帮扶，组织经济发达地区对口帮助贫困落后地区。

第五，保证扶贫开发工作的连续性和稳定性。"八五"期间，国家继续执行在"七五"期间制定和实施的各项优惠政策，对"七五"期间确定的重点贫困县继续扶持，原有扶贫资金投入规模不减，"三西"农业建设

---

[1] "两个稳定"问题，即稳定解决贫困农户经济来源问题，稳定解决多数贫困农户的温饱问题。

[2] 考虑到物价指数的变化，我国政府首先重新划定了贫困县的标准，按照"四进七出"的原则进行了调整，即凡在1992年农村人均收入小于400元的县都纳入贫困县，凡在同年农村人均收入高于700元的县都退出贫困县。

专项资金在规定期限内保持不变。同时,针对"七五"期间扶贫开发工作进行的一系列重大改革和调整,"八五"期间继续坚持,并在此基础上不断深化改革,完善办法,提高效益。

(三)扶贫目标评估

第一,全国农村贫困人口数量继续下降,贫困人口收入明显提高。全国贫困人口由"八五"初期的8500万减少到"八五"末期的6500万,共减少2000万贫困人口,平均每年减少500万;国定贫困县农民人均纯收入由1991年的483.05元上升到1995年的824元,提高了70.6%,平均每年增加85.24元(参见表6-4)。

表6-4　　　1990—1995年全国农村贫困人口数量、人均收入及贫困发生率

年份	全国贫困人口（万人）	贫困发生率（%）	贫困线（元）	贫困县人均纯收入（元）
1990	8500	9.5	300	
1991	9400	10.4	304	483.05
1992	8000	8.8	317	
1993	7500	8.2	350	484
1994	7000	7.6	440	
1995	6500	7.1	530	824

资料来源:《中国农村贫困监测报告》;《2004年中国农村贫困状况检测公报》。

第二,贫困地区的生产生活条件有了较大改善。"八五"期间,在全面开发、综合治理的指导方针下,全国实现粮食、棉花产量稳步增长,总产量跃居世界第一,农业产值年均增长4.1%,新建铁路干线5800公里,公路新增10.5万公里,农村人均居住面积达20.5平方米。[①]截至1995年,以工代赈计划投入实物折合资金达169亿元。[②]同时,国家逐年加大中央财政扶贫投入力度,从1991年的63.5亿元增加到1995年的98.5亿元,使贫困人口大幅度减少。

第三,科技扶贫工作成效显著,贫困地区各项社会事业有了长足进

---

① 和讯新闻:http://news.hexun.com/2009-09-29/121241317.html,来源:新华网。
② 张岩松:《发展与中国农村反贫困》,中国财政经济出版社2004年版,第78页。

步。"八五"期间，国家科委、中国科学院、中国科协、中国农科院等相关部门利用人才优势、技术优势，通过遍布全国的科研机构，在贫困地区组织科技培训，开发和推广适用技术，帮助当地发展区域性支柱产业，为减少贫困、缩小地区差距作出了突出贡献。在教育方面，截至1995年，国家重点贫困县普通中学达14481个，教师达46.4万人，中学生人数达350万人，小学生达190372人，教师达114.7万人，小学生人数达1202万人。①在卫生方面，农村卫生费用总支出达74.1亿元，1995年乡镇卫生院诊疗人次达9.38亿，入院人数达1960万人，74万个村庄中设立村卫生室的达65.5万个，占总村数的88.5%。②

第四，社会扶贫参与力度逐步加大，参与广度逐步拓展。社会各界积极参与扶贫工作，针对我国贫困程度最深、脱贫难度最大的西南、西北贫困地区，中国扶贫基金会组织并实施了"贫困农户自立工程"项目，③资助他们从根本上稳定脱贫的农业生产基础条件，增强他们自力更生、脱贫致富的信心和能力。

总体上看，这一时期我国农村扶贫工作还是取得了一定的成效，全国贫困人口持续减少，贫困发生率继续下降，贫困人口收入明显提高，基本农田建设得到加强，粮食产量明显提高，贫困农户有了稳定的经济收入来源，基本实现了"八五"时期扶贫开发工作预期目标。

尽管"八五"计划期间国民经济得到了持续快速的增长，提前五年完成了国民生产总值比1980年翻两番的战略目标，是我国历次五年计划中经济增长最快、波动最小的五年计划。但是，我国的贫困问题依然存在并将长期存在，贫困人口减少的同时贫困特征也在不断发生变化，在贫困发生率较高的中西部地区，贫困形势依然严峻。

---

① 《中国农村贫困检测报告》（2007）。
② 同上。
③ 截至1999年，中国扶贫基金会确定并正在实施的"贫困农户自立工程"项目有三个：西南石山区搬石造地项目、西北干旱地区饮水项目和四川大凉山彝族住房改造项目。西南石山区项目主要是资助西南石山区的贫困农户通过工程方式，炸石垒埂，运土造地，在山上建造保水保土保肥的基本农田。已经改造农田2万亩，使3万人人均增加粮食50公斤，增加收入44元。西北饮水项目主要是资助西北干旱地区的贫困农户建造家庭用小型蓄水设施，通过收集雨水，储存雨水，解决人畜饮水问题。四川大凉山住房改造项目主要是资助四川大凉山彝族贫困农户改变人畜混居的状况。

三 "九五"扶贫工作目标评估（1996—2000）

（一）扶贫目标

国民经济的不断发展、农村改革的进一步深化以及国家扶贫开发力度的不断加大，有力地推动了我国扶贫开发工作的进程，随着我国的贫困人口逐年减少，贫困特征也发生了较大的变化，贫困人口分布逐渐呈现出明显的地缘性特征。主要表现在：贫困发生率向中西部倾斜，贫困人口集中分布在西南大石山区（缺土）、西北黄土高原区（严重缺水）、秦巴贫困地区（土地落差大、耕地少、交通状况恶劣、水土流失严重）以及青藏高寒区（积温严重不足）等几类地区。同时，剩下的贫困人口中，有一半左右年人均纯收入低于300元，离国家温饱线（1996年的贫困标准为580元/年）还有较大差距。

针对我国面临的贫困形势，1994年国务院公布实施了《国家八七扶贫攻坚计划》，明确提出要集中人力、物力、财力以及社会各界力量，力争用7年左右的时间，到2000年年底基本解决8000万农村贫困人口的温饱问题。"八七扶贫攻坚计划"的主要目标有：第一，按1990年不变价格，贫困户人均纯收入达到500元以上；第二，为贫困户创造稳定解决温饱的基础条件；第三，加强基础设施建设，基本解决人畜饮水困难，绝大多数贫困乡镇和有集贸市场、商品产地的地方通公路，消灭无电县，绝大多数贫困乡用上电；第四，改变文化教育落后状态，普及初等教育，开展职业技术教育和技术培训，改善医疗卫生条件，严格实行计划生育。由于"八七扶贫攻坚计划"的落实区间几乎全部在"九五"时期，因此，整个"九五"期间的扶贫工作都是紧紧围绕"八七扶贫攻坚计划"开展，扶贫攻坚目标也成了"九五"时期的扶贫目标。

（二）扶贫措施

为取得这场扶贫攻坚战的胜利，针对扶贫工作面临的新问题，《中华人民共和国国民经济和社会发展"九五"计划和2010年远景目标纲要》中明确提出了进一步加大扶贫工作的措施，具体包括：第一，切实落实国家扶贫攻坚计划，继续执行扶持贫困地区经济发展的各项优惠政策。第二，各级政府都要增加对扶贫开发的投入，搞好以工代赈，增加并管好用好各项扶贫资金。第三，广泛动员全社会关心和支持扶贫开发工作，加强发达地区对贫困地区的支援，继续巩固和发展各种形式的对口扶持。第四，坚持走开发式、开放式扶贫的路子，努力改善交通、通信、电力、人畜饮水以及教育、医疗卫生条件。

同时在"九五"计划的基础上，进一步制定了相应的保障措施（具体扶贫政策文件参见表6-5）。

表6-5　　　　　　　　　　"九五"计划中采取的主要政策措施

时间	主要措施
1995年6月	国务院扶贫开发领导小组下发《关于印发〈国务院扶贫开发领导小组关于扶贫攻坚形势和建设的汇报提纲〉的通知》，会议要求各地、各部门要加大扶贫工作力度。扶贫资金主要用于基础设施建设和农田基本建设，重点抓好种植业、养殖业的发展。要组织沿海发达省市对口扶贫，实行东西互助。要管好用好扶贫资金，坚决制止挪用、截留等错误做法
1996年2月	全国妇联与国务院扶贫开发领导小组共同下发了《关于实施"巾帼扶贫行动"的通知》。"巾帼扶贫行动"的目标是：到20世纪末，至少帮助100万贫困妇女脱贫
1996年7月	国家科委印发《1996—2000年全国科技扶贫纲要》和《关于进一步推动科技扶贫工作的意见》。《纲要》在分析研究我国扶贫工作现状和形势的基础上，从指导思想与基本原则、目标与任务、主要措施、资金筹措与管理、规划实施的组织与管理等方面进行了详细的阐述。《意见》则提出了进一步推动科技扶贫工作的10条意见
1996年10月	中共中央、国务院下发《关于尽快解决农村贫困人口温饱问题的决定》，《决定》提出了实现扶贫攻坚计划的基本方针、任务和要求，部署了打好扶贫攻坚战的主要措施，要求加强对扶贫开发工作的领导
1996年12月	国家科委扶贫办下发《关于加强贫困地区农村技术推广工作的意见》
1997年7月	根据《中共中央、国务院关于尽快解决农村贫困人口温饱问题的决定》和《国务院关于引发国家八七扶贫攻坚计划的通知》精神，为了切实加强对国家扶贫资金的管理，经国务院批准，扶贫办、财政部和农业银行联合下发了《国家扶贫资金管理办法》，以加强国家扶贫资金管理，提高扶贫资金使用效益
1997年7月	国家科委、中国科学院、中国科协联合发出《关于依靠科技进步加快扶贫攻坚进程的意见》

续表6-5

时间	主要措施
1997年12月	国务院扶贫开发领导小组第二次会议纪要,会议要求结合学习贯彻十五大精神,下一步扶贫开发要重点抓好改变贫困地区群众生产生活条件、抓重中之重贫中之贫、世行贷款扶贫项目建设和调研工作四个方面
1998年4月	国务院扶贫开发领导小组、中国人民银行、财政部、中国农业银行、中国残疾人联合会引发了关于《残疾人扶贫攻坚计划(1998—2000)》的通知
1998年6月	全国残疾人小额信贷现场会在陕西省岐山县召开,对全面推行残疾人小额信贷扶持到户进行再部署,确立了小额信贷扶贫方式在残疾人扶贫中的主导地位

资料来源:《中国农村贫困监测报告》(2009)。

第一,坚决落实扶贫工作责任制。进一步明确中央和地方各级政府的扶贫职责及权力,实行以省为主的党政"一把手"扶贫工作责任制。中央的各项扶贫资金在每年年初一次性下拨到各省、自治区、直辖市,实行扶贫资金、权力、任务、责任"四个到省(自治区、直辖市)",坚决杜绝滥用职权、违规操作、挪用、截留资金等现象的出现。

第二,继续加大扶贫资金投入力度,扶贫重点逐步向中西部贫困地区倾斜,进一步完善瞄准机制。1994年起,我国政府开始调整国家扶贫资金投放的地区结构:把用于沿海经济比较发达地区的中央扶贫信贷资金调整出来,集中用于中西部贫困状况严重的省、自治区;中央新增的财政扶贫资金只支持中西部贫困地区。同时,国家从全局着眼,制定优惠政策,积极推动东部地区与西部地区的横向联合和对口扶贫协作。由于贫困县并不是所有的农户都是贫困户,因此为进一步提高扶贫效果,开始实行扶贫到村到户,以使贫困农户真正受益。

第三,着力改善贫困地区的基本生产和生活条件,强调扶贫开发项目进村到户。以贫困乡、村为单位,加强基本农田、基础设施、环境改造和公共服务设施建设,重点实施针对解决贫困人口温饱问题、改善贫困人口生产和生活条件的项目。其中小额信贷是扶贫到户的关键措施之一,我国政府在借鉴其他国家和国际组织扶贫经验的基础上,积极组织小额信贷扶贫到户,帮助贫困人口发展经济,同时开发贫困人口的自身潜力。

第四,坚持实施科技扶贫战略。1996年国家科委印发《1996—2000年全国科技扶贫纲要》和《关于进一步推动科技扶贫工作的意见》,为进一步增强贫困地区脱贫致富的能力,我国政府专项安排科技扶贫资金,用于优良品种和先进实用技术的引进、试验、示范、推广，以及科技培训等。同时，动员大专院校、科研院所在贫困地区积极推广农业先进实用技术，组织科技人员到贫困地区挂职任教，组织科研单位到贫困乡村宣传普及农业技术。

第五，积极动员全社会参与，加强区域和国际合作。通过多种形式动员全社会的力量扶贫，包括政府机构定点帮扶、民主党派和社会团体的智力扶贫、东西合作和对口扶贫等，同时积极利用世界银行、国际农业发展基金会、联合国开发计划署以及国外政府的贷款和无偿援助。

第六，重视对特殊贫困群体的扶贫开发工作。少数民族、残疾人和妇女是我国农村贫困人口中的特殊贫困群体，我国政府非常重视这些特殊贫困群体的扶贫开发工作，相继出台相关政策，采取各种有效措施帮助他们与其他贫困人口同时脱贫。为加大对少数民族地区的扶持力度，不仅扶贫资金的分配重点向西藏等五个自治区以及云南、贵州、青海等少数民族人口较多的西部省份倾斜，而且还专门安排"少数民族发展资金"等专项资金，解决少数民族和民族地区的特殊困难和问题。[①]

第七，严格实行计划生育政策。计划生育政策作为我国一项长期的基本国策，有效地控制了人口数量增长过快的情况，人口的出生率和自然增长率明显下降，减少了人口过多对经济发展、资源分配和社会稳定带来的压力，尤其是对我国经济发展落后、自然环境恶劣、生产生活水平低下的贫困地区影响明显，为我国扶贫开发工作提供了强有力的支持。

（三）扶贫目标评估

第一，在扶贫资金投入方面，扶贫资金从1994年的97.85亿元增加到2000年的248.15亿元，累计投入中央扶贫资金1127亿元，相当于1986—1993年扶贫投入总量的3倍；[②]以工代赈资金原由财政部和中国人民银行两家按62%和38%的比例承担，现改由中央财政专项拨款，并扩大了资金规模；

---

① 据统计，从1994年到2000年，国家共向内蒙古、广西、西藏、宁夏、新疆五个自治区和贵州、云南、青海三个少数民族人口较多的省投入资金432.53亿元，占全国总投资的38.4%。其中，财政资金194.15亿元（含以工代赈资金127.22亿元），占全国的40%；信贷资金238.38亿元，占全国的37.8%。在西藏，近六年来，国家和地方政府先后投入资金12.2亿元，实施了多个扶贫开发建设项目。

② 温家宝：《在中央扶贫开发工作会议上的讲话》，来源于新华网。

按照中央扶贫开发工作会议要求，专项安排了"新增财政扶贫资金"，并逐年增加；扩大扶贫贷款贴息资金规模。到2000年，中央财政直接用于扶贫开发的预算内资金规模为95亿元，比1995年增长了近一倍，比1993年增加1.5倍，信贷扶贫资金规模也不断扩大，2000年新增扶贫贷款数量为150亿元，在"九五"计划时期，中央财政还专项安排"贫困地区九年制义务教育"资金、西部生态建设资金，在20世纪90年代后期实施积极的财政政策，安排一部分国债资金用于贫困地区基础设施建设等，贫困地区的投资强度逐步加大。[1]

第二，在改善贫困地区生产生活条件方面，实施"八七扶贫攻坚计划"期间，592个国定贫困县累计修建基本农田6012万亩，新增公路32万公里，架设输变电线路36万公里，解决了5351万人和4836万头牲畜的饮水问题，通电、通路、通邮、通电话的行政村分别达到95.5%、89%、69%、67.7%，其中部分指标已接近或达到全国平均水平。[2]贫困地区95%的行政村能够收听收看到广播电视节目，大多数贫困地区乡镇卫生院得到改造或重新建设，缺医少药的状况得到缓解；实行小额信贷措施成效显著，到1999年，全国投入的资金总量达30亿元，覆盖240多万贫困农户。[3]如陕西省商洛地区自1996年起实施小额信贷至1999年，全区使用小额信贷资金2.5亿元，覆盖贫困农户14.9万户、62.58万人，解决了41万贫困人口的温饱问题。[4]

第三，在科技教育方面，1995年以来，国家教委和财政部联合组织实施了"国家贫困地区义务教育工程"，投入资金超过100亿元，重点投向国定贫困县、部分省定贫困县、革命老区和少数民族地区，帮助这些地区普及九年义务教育。[5]"两基"工作成绩显著，592个国家重点扶持贫困县中有318个实现了"两基"目标，截至2000年，国家重点贫困县普通中学达13914个，教师达59.4万人，小学达162493个，教师达113.3万人，每万人口中在校中学生达507人，小学生达1202人。[6]职业教育和成人教育发展迅速，有效地提高了劳动者素质，同时开展了广泛的农业实用技术培训，形成了

---

[1] 张岩松：《发展与中国农村反贫困》，中国财政经济出版社2004年版，第70—71页。
[2] 温家宝：《在中央扶贫开发工作会议上的讲话》，来源于新华网。
[3] 中华人民共和国国务院新闻办公室：《中国的农村扶贫开发白皮书》，2001年。
[4] 张岩松：《发展与中国农村反贫困》，中国财政经济出版社2004年版，第85页。
[5] 中华人民共和国国务院新闻办公室：《中国的农村扶贫开发白皮书》，2001年。
[6] 《中国农村贫困监测报告》（2007）。

专职教师与兼职教师相结合的农业技术培训师资队伍，推广了一大批农业实用技术，农民科学种田的水平明显提高（参见表6-6）。这些措施有效地改变了贫困地区落后的生产方式，提高了土地的产出率，迅速增加了农民的收入。

表6-6　　　　　农村农民技术学校数及对农民技术培训统计

年度	技术学校数（万个）	培训农民（人次）	教职工数（万人）	专职教师数（万人）
1993	28.85	5281.46		
1994	33.25	6032.77	30.1	10.99
1995	38.55	7035.38	35.11	13.64
1996	43	8337.02	34.88	12.65
1997	44.11	8021.38	38.17	13.25
1998	45.49	8201.87	41.61	13.96
1999	52.29	6750.23	44.71	13.87
2000	47.49	8807.33	40.51	14.59

资料来源：《全国成人教育统计公报（1990—2000）》。

第四，在社会扶贫方面，1995—1999年，各地先后有4.6万名干部到贫困县、村挂职扶贫，直接投入资金和物资折合人民币达87.62亿元；帮助引进各类扶持资金103亿元，实施扶贫项目2万余个，帮助引进技术人才1.3万余名，引进技术近7000多项。[1]在东西合作方面，自1996年中央要求沿海9省、直辖市和4个计划单列市对口帮扶西部10个省、区后，整个"九五"期间，东部沿海13个省市政府和社会各界向中西部贫困地区捐款捐物折合人民币16.4亿元，签订协议项目4146个，实际投资58亿元，输出劳动力43万人。[2]到1999年年底，先后有138个中央国家机关的3147名国家干部奔赴特困地区。5年间通过定点帮扶的形式，贫困地区得到了总共150亿元的发展资金。[3]此外，各社会组织、民间团体和私营企业也积极开展"光彩事业"、"文化扶贫"、"幸福工程"、"青年志愿者支教扶贫接力计划"

---

[1] 中华人民共和国国务院新闻办公室：《中国的农村扶贫开发白皮书》，2001年。
[2] 张岩松：《发展与中国农村反贫困》，中国财政经济出版社2004年版，第86页。
[3] 《"九五"：扶贫攻坚计划基本实现》，《人民日报》2000年9月23日第1版。

等多种形式的扶贫活动。

第五，在扩大和开展扶贫领域的国际交流与合作方面，世界银行援助我国的西南、秦巴、西部三期扶贫贷款项目，援助总规模达6.1亿美元，覆盖9个省区、91个贫困县，800多万贫困人口。其中西南扶贫贷款项目是我国第一个跨省区、跨行业、综合性的扶贫开发项目，也是当时利用外资规模最大的扶贫项目。该项目于1995年7月开始在云南、贵州、广西三省(区)最贫困的35个国定贫困县实施，项目总投资42.3亿元，其中利用世行贷款2.475亿美元，国内相应的配套资金为21.8亿元。[①]项目建设主要包括大农业、基础设施建设、第二第三产业开发、劳务输出、教育卫生和贫困监测等方面。此外，一些国家、国际组织和非政府组织如欧盟、英国政府、荷兰政府、日本政府、德国技术合作公司、亚洲开发银行、福特基金会、日本凯尔、日本协力银行、世界宣明会、香港乐施会等也都在国内开展了扶贫开发项目，并取得了很好的成效。

第六，在特殊贫困群体的扶贫开发方面，八七扶贫攻坚期间，国家相继出台了针对特殊贫困群体的专项扶贫政策，经过几年的努力，实现了特殊贫困群体贫困人口大幅度减少，贫困发生率大幅度下降；贫困人口收入快速增长，生活条件得到改善；基础设施明显改善，基层扶贫服务体系逐步完善，教育、卫生等各项社会事业也都得到了较快的发展（参见表6-7）。

表6-7　　　　　　　　特殊贫困群体扶贫成效一览

贫困群体	扶贫成效		
	贫困人口	农民收入	基础设施建设
少数民族地区	据统计，全国5个自治区和3个少数民族人口较多的省，贫困人口由1995年的2086万人下降到1999年的1185万人，4年减少了901万人，贫困发生率由1995年的15.6%下降到1999年的8.7%，下降了6.9个百分点	据统计，全国5个自治区和3个少数民族人口较多的省的232个国家重点扶持贫困县，农民人均纯收入从1995年的630元增加到1998年的1189元，增长了88.7%，高于592个国家重点扶持贫困县平均增长水平28.7个百分点。从1994年到1999年，广西49个贫困县农民人均纯收入由606元上升到1836元，人均粮食产量由310公斤上升到380公斤，在全国民族地区率先实现"八七扶贫攻坚"目标	据不完全统计，从1994年到1999年，5个自治区和3个少数民族人口较多的省，共解决了2163.5万人、2934.7万头大牲畜的饮水困难问题；新增基本农田2626.5万亩，围栏草场672万亩；修建县、乡、村公路6.75万公里

---

① 中华人民共和国国务院新闻办公室：《中国的农村扶贫开发白皮书》，2001年。

续表6-7

贫困群体	扶贫成效		
	贫困人口	专项贷款	基层服务体系
残疾人	据调查测算，1992年全国有贫困残疾人约2000万人，在农村的贫困残疾人中，30%生活在592个国定贫困县。经过努力，我国贫困残疾人口数量明显减少，到2000年年底贫困残疾人口下降到979万人	从1992年起，国家设立康复扶贫专项贷款，对贫困残疾人予以扶持。到2000年，累计投放贷款26亿元。近年来，各地还大力推广小额信贷扶贫到户、到人，将小额信贷作为残疾人扶贫的主要方式。河南、贵州、内蒙古、云南、黑龙江等15个省（自治区、直辖市）在残疾人专项扶贫中，推行小额贷款的比例已超过70%	到2000年年底，全国已建立县级残疾人服务社2238个，占县（市、区）总数的80.2%；乡镇残疾人服务社28427个，占乡镇总数的60%，初步形成了农村基层残疾人扶贫服务体系，为残疾人扶贫工作提供了重要的组织保障

资料来源：中华人民共和国国务院新闻办公室：《中国的农村扶贫开发白皮书》，2001年。

截至2000年年底，除了少数社会保障对象和生活在自然环境恶劣地区的特困人口以及部分残疾人以外，全国农村贫困人口的温饱问题已经基本解决，贫困人口由"八七扶贫攻坚计划"实施初期的8000万人减少到3000万人左右，8年减少5000万人，贫困发生率由7.1%下降到3.4%，贫困线由440元增至625元。具体目标实现情况参见表6-8。

表6-8　　　　　　　　　八七扶贫攻坚计划目标落实情况评估

八七扶贫攻坚计划目标	目标实现情况
贫困户人均纯收入达到500元以上	国定贫困县农民人均纯收入由1994年的412.99元增长至2000年的1337元，实现预期目标
为贫困户创造稳定解决温饱的基础条件	592个国定贫困县累计修建基本农田6012万亩，粮食产量增长12.3%，年均增长1.9%
基本解决人畜饮水困难，绝大多数贫困乡镇和有集贸市场、商品产地的地方通公路，消灭无电县，绝大多数贫困乡用上电	新增公路32万公里，架设输变电线路36万公里，解决了5351万人和4836万头牲畜的饮水问题，通电、通路、通邮、通电话的行政村分别达到95.5%、89%、69%、67.7%，其中部分指标已接近或达到全国平均水平
改变文化教育落后状态，普及初等教育，开展职业技术教育和技术培训，改善医疗卫生条件，严格实行计划生育	义务教育办学条件明显改善，适龄儿童辍学率下降到6.5%；对贫困地区的乡镇卫生院进行了重新改造和建设，缺医少药的状况有所缓解；推广了一大批农业实用技术，农民科学种田水平明显提高；人口自然增长率下降至8.77‰。达到国家规定的自然增长范围

资料来源：《中国农村贫困监测报告》；中华人民共和国国务院新闻办公室：《中国的农村扶贫开发白皮书》，2001年；温家宝：《在中央扶贫开发工作会议上的讲话》，新华网。

但是，虽然目前尚未解决温饱的贫困人口数量不多，可是贫困工作面临的困难依然严峻。主要表现在：对于初步解决温饱问题的群众，由于生产生活条件尚未得到根本性的改变，他们的温饱还不稳定，巩固温饱成果的任务仍很艰巨；而对于基本解决温饱问题的贫困人口，其温饱的标准还很低，在这个基础上要想实现小康、进而过上比较宽裕的生活，还需要很长的奋斗过程。因此，要想从根本上改变贫困地区社会经济的落后状况，缩小地区差距，是一个更为长期、更为艰巨的历史性任务。

总体而言，"九五"期间除继续推行以往的扶贫措施、加大扶贫投入之外，在扶贫方面更加关注弱势群体的贫困问题（如残疾人贫困），更加重视扶贫与教育工作的结合，同时结合我国的实际，把扶贫工作与计划生育工作结合在一起，并扩大扶贫领域的国际合作与交流。在这些扶贫措施的作用下，"九五"计划结束后，我国贫困人口数量显著下降，大面积绝对贫困现象明显缓解，贫困点面积逐渐缩小，贫困地区经济和贫困人口收入持续增长，国家八七扶贫攻坚计划的奋斗目标基本实现。

四 "十五"扶贫工作目标评估（2001—2005）

（一）扶贫目标

进入21世纪，我国的扶贫开发工作又面临着新的形势。一方面，国民经济的持续发展和以往扶贫开发工作积累的经验、成果为21世纪的扶贫开发工作打下了一个坚实的基础，同时西部大开发战略以及经济结构的调整也为贫困地区带来了更多的发展机遇；另一方面，虽然我国贫困地区人口的收入有了明显的提高，但是与国家平均水平之间还存在一定的差距，而且受自然条件恶劣、社会发育程度低、贫困人口自身综合素质能力差以及社会保障体系薄弱等因素的制约，贫困地区社会、经济、文化落后的面貌没有得到质的改变，已经解决温饱问题的贫困人口还存在很大的脆弱性，返贫概率大。因此，21世纪的扶贫开发工作既面临着难得的历史机遇，同时也面临着严峻的挑战和突出的问题。

针对新的形势，党中央充分考虑贫困地区的实际情况，在认真调查研究的基础上，制定了《中国农村扶贫开发纲要（2001—2010）》，提出了今后10年我国农村扶贫开发的目标任务、指导思想、方针政策，明确了扶贫开发的对象和重点。并提出低收入标准,将扶贫开发的工作任务从解决温饱调整为解决温饱与巩固温饱并重,工作对象从绝对贫困人口调整为绝对贫困加低收入人口。《纲要》提出了我国2001—2010年扶贫开发总的奋斗目标是:尽快解决少数贫困人口温饱问题,进一步改善贫困地区的基本生产生活条件,巩固温饱成果,提高贫困人口的生活质量和综合素质,加强贫困乡村的基础设施建设,改善生态环境,逐步改变贫困地区经济、社会、文化的落后状况,为达到小康水平创造条件。可以说,整个"十五"和"十一五"期间的扶贫任务也主要是围绕着扶贫开发纲要的目标进行的。

为实现《纲要》目标,"十五"期间提出了以下具体扶贫工作目标:第一,要重点做好中西部的少数民族地区、革命老区、边疆地区和特困地区的扶贫工作,尽快使剩余贫困人口实现脱贫。第二,坚持开发式扶贫,加大对贫困地区的财政转移支付力度,多方面增加扶贫资金投入,提高资金使用效益。第三,扩大以工代赈规模,加强乡村道路、人畜饮水、基本农田、小型水利设施建设,改善贫困地区基本的生产和生活条件。同时,一些地方也制定了相应的地方"十五"扶贫目标,[1]在现行的政府目标责任制下,这些目标也基本上是围绕《纲要》目标进行的。

(二)扶贫措施

《纲要》确定了2001—2010年的扶贫措施,"十五"期间又针对该时期的具体情况,遵循《纲要》的基本精神,按照建立社会主义市场经济体制和公共财政支出框架的要求,不断增加扶贫资金投入,有力地支持了贫

---

[1] 例如,安徽省"十五"期间的扶贫目标包括:(1)脱贫目标。正常年景下,通过五年的努力,力争解决80%绝对贫困人口和返贫人口的温饱问题,增加低收入人口的收入,巩固温饱成果,达到"常年不缺粮,四季有衣裳,住能避风雨,就医就学有保障"。(2)基础设施和社会发展目标。到2005年,基本实现行政村通路、通电话、通广播电视,基本实现九年义务教育和初级卫生保健;更多的农户饮上卫生清洁水;人均旱涝保收田面积有所增加。通过退耕还林还草、建设经济林、小流域治理、节水灌溉等工程措施和生物措施,使贫困地区生态环境有较大的改善。(3)扶贫开发工作重点县、乡(镇)目标。GDP和地方财政收入的年均增长速度不低于全省平均水平,农民人均纯收入逐步提高;到2005年重点乡镇农民年人均纯收入显著增加,贫困发生率进一步降低。(4)工作到村、扶贫到户目标。全省确定一批重点村。到2005年,每村基本达到"六有",即有一定数量的适销产品,有较多的剩余劳动力得到转移,有10个左右经纪人或商贩,有集体收入,有水利排灌设施,有村部。贫困户基本上达到"四有",即有熟悉生产技术和经营常识的明白人,有维持家庭温饱的主导项目,有学上(义务教育),有医就(初级卫生保健)。

困地区社会经济发展，改善了贫困群众生产生活条件，提高了贫困群众收入水平。在增加投入的同时，合理安排资金使用结构，突出扶贫开发工作重点，具体扶贫政策措施包括以下几点（参见表6-9）。

表6-9　　　　　　　　2001—2010年扶贫开发主要政策措施

时间	主要政策措施
2001年6月	国务院颁布实施《中国农村扶贫开发纲要（2001—2010）》，决定从2001年到2010年，集中力量，加快贫困地区脱贫致富的进程，把我国扶贫开发事业推向一个新的阶段
2003年1月	国务院办公厅转发了卫生部、财政部、农业部《关于建立新型农村合作医疗制度的意见》，新型农村合作医疗制度是由政府组织、引导、支持，农民自愿参加，个人、集体和政府多方筹资，以大病统筹为主的农民医疗互助共济制度
2003年3月	国务院发布了《关于全面推进农村税费改革试点工作的意见》，提出当年工作的总体要求是：总结经验，完善政策；全面推进，分类指导；巩固改革成果，防止负担反弹
2004年12月	财政部会同国务院扶贫办下发了《关于做好扶贫资金及项目计划工作的通知》，要求建立起扶贫开发财政资金计划申报制度，着力解决资金到位不及时的问题
2005年3月	为了确保实现《中国农村扶贫开发纲要》的目标和任务，国务院扶贫办和中国农业银行联合下发了《关于印发〈关于大力支持国家扶贫龙头企业发展的意见〉的通知》（国开办[2005]19号）
2005年8月	国务院扶贫开发领导小组办公室、中央精神文明建设指导委员会办公室、教育部、科技部、交通部、水利部、农业部、卫生部、国家广播电影电视总局、国家林业局联合印发了《关于共同做好整村推进扶贫开发 构建和谐文明新村工作的意见》
2006年10月	科技部召开全国星火计划和科技扶贫总结表彰会，贯彻落实《国家中长期科学和技术发展规划纲要（2006—2020）》和《中共中央国务院关于推进社会主义新农村建设的若干意见》精神，总结星火科技和科技扶贫20年来取得的成就和经验，表彰为星火科技和科技扶贫作出突出贡献的先进集体和先进个人，研究新时期深入推进星火计划和科技扶贫的政策措施
2007年8月	财政部、民政部联合下发《关于加强农村最低生活保障资金管理有关问题的通知》，并首次下拨中央财政30亿元补助资金
2009年5月	国务院扶贫办、民政部、财政部、统计局、中国残疾人联合会五部门联合印发了《关于做好农村最低生活保障制度和扶贫开发政策有效衔接试点工作的指导意见》

资料来源：《中国农村贫困监测报告》（2009）。

第一，资金分配向西部地区倾斜。由于贫困人口主要集中于我国西部地区，因此在资金投入方面进一步向西部地区倾斜。2001—2005年，中央财政安排给西部省区的财政扶贫资金约占中央补助地方财政扶贫资金的64%，这充分体现了国家对扶贫重点地区的重点支持。

第二，突出扶贫重点内容。以贫困村基础设施建设、产业化扶贫、劳动力转移培训为投入重点，加快发展教育、文化、卫生事业。同时，扩大以工代赈规模，加强乡村道路、人畜饮水、基本农田、小型水利设施建设，综合提高贫困人口劳动素质和收入水平，改善生产生活环境和条件。

第三，关注、支持特殊困难群体，对返贫地区和人口继续给予支持。五年累计安排国有贫困农场扶贫资金7.93亿元，国有贫困林场扶贫资金5.3亿元，少数民族发展资金21.2亿元。

第四，坚持开发式扶贫，加大对贫困地区的财政转移支付力度，多方面增加扶贫资金投入，提高资金使用效益。

另外，在财政扶贫工作中，积极引入参与式扶贫方式，建立财政扶贫资金和项目公告公示制度，强化社会监督。

（三）扶贫目标评估

"十五"期间，中央财政累计投入扶贫资金572亿元，年平均增长6.47%。全国扶贫开发工作进展顺利，作为《纲要》实施的前半期，"十五"时期取得了阶段性成果：完成了4.51万个贫困村的整村推进扶贫开发规划；在全国认定了近800家扶贫培训基地，建成了国家、省、市、县四级贫困地区劳动力转移培训网络，培训了318万贫困农户劳动力并实现非农就业；支持了一大批扶贫龙头企业，带动结构调整和农户增收；对不具备生存条件地区的150多万贫困人口实行了易地搬迁扶贫。贫困人口继续减少，贫困地区农村经济社会发生了深刻的变化。

第一，全国农村贫困人口数量继续下降，但下降速度非常缓慢，贫困人口收入增速有所放缓。全国农村没有解决温饱的贫困人口由2001年年底的2927万减少到2005年年底的2365万，减少了562万人；低收入贫困人口从6102万减少到4067万，减少了2035万人。与"九五"期间相比，在"十五"期间年贫困人口下降的比率非常缓慢，仅下降了0.7%，贫困人口也仅减少了562万人，并且在2003年贫困人口反而增加了80万人，而2004年和2005年，贫困人口和低收入人口都有较大幅度的下降。在"十五"期间扶贫重点县农民人均纯收入由2001年的1277元增加到2005年的1723元，年均递增幅度略高于全国平均水平（参见图6-1）。表6-10也表明，"十五"期间，我国贫困人口的分布主要集中在中部和西部地区，2001年西部地区占全国的54.2%。

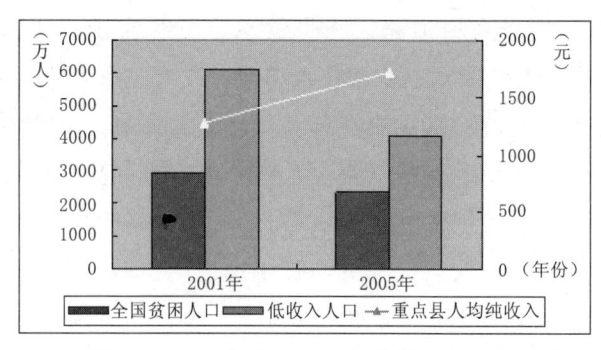

图6-1 2001年度、2005年度贫困人口收入对比

表6-10　　　　　　　2000—2005年农村贫困人口构成与分布

指标		2000年	2001年	2002年	2003年	2004年	2005年
贫困人口规模（万人）	全国	3209	2927	2820	2900	2610	2365
	东部	207	183	261	217	173	142
	中部	814	683	642	752	730	668
	西部	1944	1856	1742	1698	1552	1421
	东北	244	204	175	233	156	134
贫困发生率（%）	全国	3.5	3.2	3.0	3.1	2.8	2.5
	东部	0.7	0.6	0.8	0.7	0.5	0.4
	中部	2.9	2.5	2.3	2.7	2.6	2.4
	西部	6.9	6.6	6.2	6.0	5.5	5.0
	东北	4.4	3.6	3.1	4.1	2.7	2.4
占农村贫困人口比重（%）	东部	6.4	6.3	9.3	7.5	6.6	6.0
	中部	25.4	23.3	22.8	25.9	28.0	28.2
	西部	60.6	63.4	61.8	58.5	59.4	60.1
	东北	7.6	7.0	6.2	8.0	6.0	5.6

资料来源：鲜祖德：《中国农村贫困：最新结果与监测方法》。

第二，贫困地区的生产生活条件有了较大改善。"十五"期间，国家扶贫开发工作重点县修建基本农田2176万亩，贫困户的粮食亩产水平从209.2公斤增加到239公斤（同期全国粮食亩产从284公斤增加到308公斤）；共解决了2772万人、2392万头牲畜的饮水困难；新修公路及简易公路26万公里，使重点县公路总里程达到58.9万公里，比2001年增长了13.9%。到2005年年底，重点县通公路、通电和通广播电视的自然村分别为79%、95.8%和87.6%。

第三，贫困地区的各项社会事业有了长足进步。2005年，重点县行政村中，73.2%有了卫生室、74.6%有了合格卫生员、71.2%有了合格接生员，比2001年分别提高了53.3、8.2和20.8个百分点，是增长幅度最大的阶段。重点县农村劳动力中，初中及以上文化程度的劳动力比例由2001年的41.3%增加到52.2%，增加了10.9个百分点；文盲、半文盲比重由16.1%下降到12.7%，下降了3.4个百分点。

总之，"十五"时期扶贫开发取得的成就，不仅是解决了大多数贫困群体的温饱问题，更重要的是为国民经济持续健康发展，为缓解区域、城乡差距扩大趋势，为政治稳定、社会和谐、民族团结、边疆巩固发挥了重要作用。我国扶贫开发得到贫困地区广大干部群众的热烈拥护，同时为全球反贫困事业作出了贡献。2004年5月，世界银行与我国政府在上海联合举行全球扶贫大会，国际组织和其他发展中国家对我国政府大规模减贫经验给予了高度评价。联合国开发计划署在《2005年人类发展报告》中指出："中国在全球千年发展目标中所作的贡献，给予再高的评价也不过分。如果没有中国的进步，整个世界在减贫方面从总体上说是倒退了。"

从《纲要》实施五年来的情况看，我国扶贫工作已由"八七扶贫攻坚计划"期间以解决温饱为主转入解决温饱和巩固温饱并重的阶段。尽管我国扶贫开发取得了很大成绩，但今后的扶贫任务依然十分艰巨。具体体现在以下几个方面。

第一，当前需要扶持的贫困群体数量依然庞大，扶贫任务依然繁重。按照我国现行的年农民人均纯收入683元的贫困标准，2005年全国农村仍有2365万人没有解决温饱问题；还有4067万人属于年收入683—944元的低收入群体，两者合计6432万人，他们都是需要扶持的对象。

第二，贫困人口占有的自然资源和发展资本严重不足，加之自身素质不高，消除贫困的难度加大。首先，我国目前的贫困人口主要分布在自然灾害频繁、生产生活条件相对更差的地区。根据中国农村贫困监测数据，2005年绝对贫困人口居住在山区的占50%，而连续贫困的群体有76%居住在资源匮乏、环境恶劣的深山区、石山区、高寒山区、黄土高原地区，46%人均耕地不足1亩。2005年重点县有53.1%的行政村因自然灾害减产三成以上。其次，劳动力自身素质差，自我发展能力低。2005年，重点县劳动力文盲率高达12.7%；而在连续2年贫困的农户中，劳动力的文盲率达到28.1%。再次，贫困农户增收渠道狭窄，收入来源单一。2005年，全国农民人均工资性收入占纯收入的36.1%，而在重点县农民人均收入中只占32.5%，低3.6个百分点。重点县70.5%的农村劳动力从事第一产业，外出打工的只占16.6%。最后，贫困农户自身经济基础太过薄弱，难以维持家计。中国农村贫困监测的数据表明，贫困农户的54.1%、低收入农户的47.2%人均家庭生活消费支出超过收入水平，需要借债度日。贫困家庭物质资本一般只能维持简单再生产，遇到灾害、市场风险和家庭变故时就返贫。

第三，贫困群体的弱势地位明显突出，其收入与全国平均水平的差距日益扩大。2005年，重点县农民人均纯收入1723元，仅相当于全国平均水平3255元的52.9%。贫困农民收入上限与全国农民人均收入的差距从2001年的1：3.6上升到2005年的1：4.8。这种状况不仅不利于贫困群体的发展，而且会影响整个经济社会的健康发展。

第四，贫困地区的粮食安全没有得到根本解决，粮食供给状况没有得到彻底改善。中国农村贫困监测数据表明，贫困农户和低收入农户的粮食消费量依然停留在人均150公斤的警界水平上。中国粮食经济研究会的一个研究报告显示，全国592个重点县中，有332个县不同程度缺粮，涉及人口近1.3亿。山西、湖北、广西、重庆、陕西5省79个严重缺粮县，人均口粮只有195公斤原粮。而在国务院扶贫办重点调查的100个贫困村中，36.4%的农户不能满足基本口粮需求。随着退耕还林政策逐渐到期，缺粮问题有可能进一步凸显。

五 "十一五"扶贫工作目标评估（2006—2010）

（一）扶贫目标

进入"十一五"时期，我国扶贫开发工作凸显出四个特点：一是脱贫成本增加。由于解决和巩固温饱的难度加大，所以脱贫的总成本较之以前有明显提高。二是减贫速度有所放缓。20世纪80年代，全国农村贫困人口平均每年减少1350万,90年代平均每年减少530万。2002—2005年平均每年只减少140万。三是贫困人口分布呈现点(14.8万个贫困村)、片(特殊贫困片区)、线(沿边境贫困带)并存的特征。14.8万个贫困村的贫困人口和低收入人口占其总人口的比重为33%,青藏高原延伸区的甘孜、阿坝和凉山州比重达40%左右,41个沿边境的国家扶贫开发工作重点县比重超过40%,都远远高于全国平均水平。四是贫困群体呈现大进大出的态势。在没有解决温饱的贫困人口中,87%的人群在年际有进有出。以2003年为例,当年有1460万人脱贫,同时又有1540万人返贫,使当年贫困人口总量增加了80万人。

针对以上问题,国家制定了"十一五"时期扶贫工作的主要目标:基本解决农村贫困人口的温饱问题,并逐步增加他们的收入;按照建设社会主义新农村的要求,基本完成14.8万个贫困村的整村推进扶贫规划,即实现人均拥有基本农田南方0.5亩以上、北方1—2亩;每户有1个以上劳动力接受劳务输出技能培训或农业实用技术培训,并有一项稳定的增收项目;基本实现行政村通广播电视,自然村通电,具备条件的建制村通公路;继续解决人畜饮水困难,努力提高饮水安全水平;基本实现行政村有卫生室;全面普及九年义务教育。

(二)扶贫措施

为实现上述目标,我国确定了"十一五"期间扶贫工作的七条主要措施(具体政策文件参见表6-11)。

表6-11　　　　　　　2006—2010年扶贫开发主要政策措施

时间	主要政策措施
2006年10月	科技部召开全国星火计划和科技扶贫总结表彰会,贯彻落实《国家中长期科学和技术发展规划纲要(2006—2020)》和《中共中央国务院关于推进社会主义新农村建设的若干意见》精神,总结星火科技和科技扶贫20年来取得的成就和经验,表彰为星火科技和科技扶贫作出突出贡献的先进集体和先进个人,研究新时期深入推进星火计划和科技扶贫的政策措施
2007年8月	财政部、民政部联合下发《关于加强农村最低生活保障资金管理有关问题的通知》,并首次下拨中央财政30亿元补助资金
2009年5月	国务院扶贫办、民政部、财政部、统计局、中国残疾人联合会五部门联合印发了《关于做好农村最低生活保障制度和扶贫开发政策有效衔接试点工作的指导意见》

资料来源:《中国农村贫困监测报告》(2009)。

第一，瞄准贫困群体，对具有劳动能力的贫困人口，着力帮助提高自我发展能力；对丧失劳动能力的贫困人口，给予必要的救济、救助；财政扶贫资金重点向贫困户倾斜。

第二，因地制宜实施整村推进扶贫开发，力争"十一五"期间全面完成14.8万个贫困村的建设。

第三，坚持加大培训力度，提高劳动者素质，力争"十一五"期间每个贫困农户有一个劳动力接受培训。

第四，抓好产业化扶贫，力争"十一五"期间每个县有1—2个有带动力的龙头企业。

第五，继续加强扶贫资金管理，提高使用效益。改革和完善扶贫资金分配方式，健全、规范资金管理制度，加强审计和监督。

第六，动员社会各界积极参与扶贫开发。加大东部地区对中西部贫困地区对口帮扶力度，不断完善机关定点扶贫工作，鼓励和支持中介组织、民间组织参与扶贫项目的实施。

第七，切实加强对扶贫开发的领导，把扶贫开发纳入国民经济和社会发展的总体规划中。

（三）扶贫目标评估

首先，全国贫困人口规模持续下降。按照最新的贫困标准，截止到2008年年底，全国农村贫困人口从2006年的5698万人减少至4007万人，贫困发生率下降到4.2%；全国扶贫重点县农村贫困人口减少至2421万人，农村贫困人口贫困发生率下降到11.9%（参见表6-12）。[①]

表6-12　　　历年农村贫困人口、贫困发生率和扶贫重点县贫困比重

年份	全国农村贫困人口（万人）	全国贫困发生率(%)	扶贫重点县贫困人口（万人）	扶贫重点县占全国的比重(%)
2006	5698	6.0	3110	54.6
2007	4320	4.6	2620	60.6
2008	4007	4.2	2421	60.4

资料来源：国家贫困监测抽样调查。

---

① 数据来源：《中国农村贫困监测报告》（2009）。

其次，贫困地区农民收入持续增长。全国扶贫重点县农村居民人均纯收入由2000年的1337元增长至2008年的2611元，增长了95.2%。截止到2008年年底，扶贫重点县农民人均工资性收入达到888元，比2007年增加104元，增长13.3%；人均家庭经营纯收入达1467元，比2007年增加161元，增长12.3%；人均转移性收入达214元，比2007年增加78元，增长57%；人均纯收入与全国农民人均纯收入差距继续扩大，达到1∶1.82，高于2007年的1∶1.81的比例，但是在贫困县内部收入差距则逐渐缩小，按收入五等份分组，收入差距较大，最高收入组的农民人均纯收入达到5421.7元，最低收入组的农民人均纯收入为1007.5元，二者之比为5.4∶1，低于2007年6∶1的比例（参见表6-13）。[①]

表6-13　　扶贫重点县按五等份分组的农民人均纯收入（单位：元）

年份	20%低收入户	20%中低收入户	20%中等收入户	20%中上等收入户	20%高收入户
2002	519.3	903.4	1174.9	1522.5	2405.8
2003	501.4	934.2	1278.4	1725.4	2930.4
2004	567.4	1050.8	1446.2	1958.8	3354.4
2005	649.4	1172.1	1589.6	2106.1	3506.6
2006	734.4	1284.9	1746.8	2359.2	4048.0
2007	810.3	1504.8	2066.3	2785.2	4830.6
2008	1007.5	1761.4	2392.0	3218.2	5421.7

资料来源：国家贫困监测抽样调查。

再次，贫困地区的基础设施建设有了进一步改善，基本生产生活水平得到进一步提高。在国家扶贫政策和扶贫资金的大力支持下，2008年全国扶贫开发工作重点县基本农田达到74629万亩，人均耕地面积达到1.7亩，粮食产量达10814万吨，人均粮食总产量达到427.7公斤，比2001年增加了218.5公斤，农田有效灌溉面积达9348万亩，贫困县有38.1%的农户饮用到自来水；交通、通信和供电能力也明显提高，2008年新增公路里程6.8万公里，农村用电量人均达到142千瓦小时，比2007年相比增加了13千瓦小时，增长了9.8%，到2008年年底，重点县通公路、通电和能接收电视节目的自然村比重分别达到84.4%、96.8%、92.9%，比2005年分别增长了5.4、1.0、

[①] 数据来源：《中国农村贫困监测报告》（2009）。

5.3个百分点；住房面积扩大，房屋质量提高，2008年人均住房面积达到23.6平方米，从住房结构看，居住高质量住房的农户比例增加，居住低质量住房的农户比例下降。①

最后，贫困地区的各项社会事业有了长足进步。农村医疗卫生条件得到改善，2008年，国家扶贫开发工作重点县医院、卫生院床位达40.9万张，比2001年增加了9.8万张，行政村中的77.4%拥有卫生室，77.4%拥有合格卫生员，73.7%拥有合格接生员，比2005年分别提高了4.2、2.8、2.5个百分点，比2001年分别提高了57.5、11.0、23.3个百分点。农村合作医疗的覆盖范围也明显扩大，2008年扶贫重点县参加农村新型合作医疗的农户比例达到87.4%，比2007年提高了5.7个百分点，分地区情况如表6-14所示；青壮年劳动力文化素质有所提高，重点贫困县的劳动力中，初中及以上文化程度的劳动力比例由2001年的41.3%增加到55.6%，增加了14.3个百分点，文盲、半文盲比重由2001年的16.1%下降到11.1%，下降了5.0个百分点。2008年国家扶贫资金中用于技术培训的资金达到4.5亿元，参加技术培训的劳动力达到1147万人次，接受过技能培训的劳动力比重达到15.1%，比2007年提高了0.8个百分点。②

表6-14　　　　　　　国家扶贫重点县参加新型合作医疗的农户比重

地区	2007年（%）	2008年（%）	2008年比2007年增加（%）
东部地区	98.3	99.4	1.2
中部地区	69.4	79.9	10.6
西部地区	85.7	89.8	4.1
东北地区	72.0	77.5	5.5
合计	81.7	87.4	5.7

资料来源：国家贫困监测抽样调查。

我国新阶段扶贫开发取得的成就，不仅解决了大多数贫困群体的温饱问题，更重要的是为国民经济持续健康发展，为缓解区域、城乡差距扩大趋势，为政治稳定、社会和谐、民族团结、边疆巩固发挥了重要作用。

尽管我国新阶段扶贫开发工作取得了很大的成绩，但是当前我国的贫

---

① 数据来源：《中国农村贫困监测报告》（2009）。

② 同上。

困问题依然存在：我国需要扶持的贫困群体数量依然庞大；劳务输出比重下降，外出务工劳动力因各种情况返乡比例上升；贫困群体的弱势地位凸显，收入差距逐步扩大；农村医疗卫生基础设施建设增加缓慢；妇女的就业比例和社会参与程度低于男性且改善缓慢；饮水困难虽然逐步缓解，但是问题依然存在。

因此，我国今后的扶贫任务仍然十分艰巨，实现小康还需要一个长期奋斗的过程，我们必须树立长期作战的思想，坚定不移地把扶贫开发工作做好、做到底，最终实现消灭贫困。

六 主要结论

改革开放之初，我国农村还有2.5亿极端贫困人口。农村家庭承包经营制度的建立、农产品价格的逐步放开以及乡镇企业的迅猛发展使农村贫困问题得到大面积缓解。1986年，我国在全国范围内开展了有计划、有组织、大规模的扶贫开发，即从"七五"时期开始，在各级政府的五年计划中都有一个明确的扶贫开发目标。纵观改革开放30多年扶贫历程，全国扶贫总目标都基本实现或超预期实现，特别是在农村地区，贫困人口数量在大幅减少，由1978年的2.5亿人减少到2009年的3597万人；贫困地区人口的素质得到明显提高，国定贫困县劳动力的文盲或半文盲比重明显降低，初中及以上文化程度比重不断上升；贫困地区农民的生产生活条件得到明显改善；贫困发生率明显下降，由1978年的30.7%下降到2009年的3.6%。我国扶贫目标的实现也得到了国际社会的认可和赞誉，过去25年全球脱贫事业67%的贡献来自中国；中国已提前实现了使绝对贫困人口和饥饿人口比例减半的目标，其他7项指标也进展顺利。

"七五"时期的扶贫总目标是解决大多数贫困地区人口的温饱问题。1986年5月，国务院贫困地区经济开发领导小组及其办公室成立。此后全国各省、地、县三级也都陆续成立了专门的扶贫机构，确立了相应的扶贫职能。自上而下的政府扶贫组织体系初步形成，政府开始为消除贫困逐步铺开各项准备工作。

"八五"时期的扶贫总目标是重点解决贫困面较大地区人口的温饱问题和巩固"七五"时期扶贫成果。贫困面较大的省、区政府陆续把扶贫开发工作作为重点纳入工作议程，列入国民经济和社会发展计划。同时，各级扶贫开发机构建设步伐加快，扶贫开发机构和人员纳入政府行政序列，在一定程度上较好地解决了扶贫目标任务长期性同扶贫机构临时性的矛盾，提高了政府扶贫能力。

"九五"时期的扶贫总目标是围绕着《国家八七扶贫攻坚计划》而展开的。《国家八七扶贫攻坚计划》是我国扶贫开发历史上第一个有明确目标、明确对象、明确措施和明确期限的扶贫开发行动纲领。扶贫工作正式被纳入政绩考核，各级政府投入1561亿元资金开始了大规模的造血扶贫，扶贫开发进入攻坚阶段。经过7年的扶贫攻坚，全国农村贫困人口的温饱问题已经基本解决，中央确定的扶贫攻坚目标基本实现。

"十五"时期和"十一五"时期的扶贫总目标是围绕《中国农村扶贫开发纲要（2001—2010）》而展开的。我国扶贫标准进一步细化，扶贫开发的工作目标从解决温饱调整为解决温饱与巩固温饱并重，目标对象从绝对贫困人口调整为绝对贫困加低收入人口。经过10年努力，在"以工促农，以城带乡"的基本方针指引下，通过实施城乡统筹战略促进扶贫工作，目前已形成一个集行业政策、区域政策和社会政策于一体的"大扶贫"格局。

通过对各个时期的扶贫工作的梳理，我国政府扶贫目标主要呈现以下特点：

（1）扶贫目标指向更为清晰明确。"七五"时期，政府扶贫目标指向广大的农村地区；"八五"时期，政府扶贫目标开始集聚于某些贫困面较大的地区；"九五"时期后，政府扶贫目标主要聚焦于"老、少、边、穷"地区和特定贫困人群。

（2）扶贫目标措施更为因地制宜。30多年间，政府连续出台了十个中央"一号文件"，不断强化了中央扶贫政策的连续性，同时注重扶贫管理的精细化，允许不同地区各级政府依据当地贫困状况分别采取相应的措施，多种途径反贫困取得较好效果。

（3）扶贫目标标准更为量化规范。政府扶贫工作通过规范化定量测量，更精准地瞄准贫困人口，动态监测贫困状况，保证政府扶贫措施的针对性，同时也促使各级政府务实扶贫、注重成效。

（4）扶贫目标实施主体更为多元化。我国扶贫主体逐渐从政府"包办"向市场参与、"政府—非政府组织"合作发生转变,政府、非政府组织和企业三类部门共同推进我国扶贫事业。

总之,我国实施大规模扶贫开发以来,一方面使贫困人口分享到了改革开放和国家社会主义现代化建设的成果,切身感受到了社会主义制度的优越性,切身感受到了党和政府的关怀;另一方面,促进了贫困地区农业增效、农民增收和农村发展,为贫困地区建设社会主义新农村、全面建设小康社会、构建和谐社会奠定了坚实基础。

实践证明,我国扶贫开发是贯彻"三个代表"重要思想、落实科学发展观的具体行动,是缩小差距、构建和谐社会的有效战略举措,是建设中国特色社会主义事业、构建社会主义和谐社会的一项重要内容。

尽管我国前一时期减贫目标全部实现,但要实现中共十七届三中全会提出的2020年"绝对贫困现象基本消除"的扶贫开发目标仍然面临诸多挑战:扶贫开发目标群体分布散乱,不易于集中扶贫;扶贫开发目标测量方法需要随着扶贫形势的发展而进一步更新;扶贫开发目标措施面临着政策刺激边际效用递减的困境;扶贫开发目标参与主体积极性有待提高等。同时,在我们在评估中也发现,部分政府扶贫目标有些模糊,无法设定具体的衡量指标;还有一些虽然可以设定目标进行衡量,但又很难取得相关的数据资料,这也在一定程度上影响扶贫目标的评估及下一部扶贫目标的制定。因此,今后我国在继续优化扶贫环境,集聚扶贫目标群体,努力促成区域、行业和社会政策进一步向贫困地区、贫困人口倾斜的基础上,还应进一步把扶贫目标尽可能地量化,扶贫数据资料统计也需要进一步完善并公开,这既有利于政府及各评估主体参与扶贫绩效评价,也有利于政府制定更加有针对性的扶贫工作目标。

第七章 政府扶贫开发对象受益评估

对于政府扶贫开发的两大利益相关主体：政府和贫困群体，上一章我们从政府扶贫开发的实施者所制定的扶贫开发目标的实现状况进行了评估，结果为基本实现了各个时期扶贫开发目标。考虑到仅从政府扶贫开发目标角度评估政府扶贫开发绩效存在诸多局限，本章将通过另一个政府扶贫开发的利益相关主体——贫困群体，即受益群体的经济社会福利的改善方面对政府扶贫开发的绩效进行评估。

从贫困人群层面对政府扶贫开发绩效进行评估的主要优点有两个：一是贫困人群是政府开发扶贫的对象和主要受益者，其经济社会福利的改善情况直接反映政府扶贫开发的绩效水平；二是从贫困群体进行评估，也更有助于从需求的角度发现政府扶贫开发过程中存在的问题。基于这种考虑，本部分利用关键绩效指标法（KPI）[①]，设计了评估贫困人群受益状况的主要指标体系：贫困程度、基本生活、生产生活保障、社会保障和市场参与程度等几个关键指标，这几个维度既反映了贫困群体经济社会地位的改善状况，同时也反映了其生存发展能力的提升情况。本部分利用这些关键指标，设计可评估的具体指标，然后利用定性和定量相结合的方法对政府扶贫开发绩效进行评估。

---

① 本部分利用关键绩效指标法，基本思想是把政府扶贫开发的宏观战略目标经过层层分解，得到贫困人口层面应该达到的主要目标，把这些目标形成可评估的主要指标就是本部分所要的关键指标。

一 贫困程度评估

贫困程度直接反映贫困人口的贫困状况，其改善程度也直接反映政府扶贫开发的绩效。在贫困程度维度，具体评估指标包括：（1）贫困人口规模和贫困发生率。贫困人口的规模和贫困发生率作为衡量贫困状况的两个基本指标，其变化情况能够直接反映扶贫工作的绩效。（2）贫困的深度和强度。对于特殊群体不仅要看他们是否贫困，而且还要看他们有多么贫困，即贫困深度和贫困强度。这两个指标不仅直接反映了扶贫投入效应，关系到能否正确认识社会潜在冲突的严重性，因而应引起更多的关注。

（一）贫困人口规模

贫困人口规模是指在一定时期我国或某个地区贫困人口的数量，该指标从总体上反映了我国的贫困程度，减少贫困人口数量也一直是我国政府扶贫开发的主要工作目标之一。

第一，贫困人口规模呈现稳定下降趋势。从1978年到2007年，按绝对贫困标准，我国贫困人口规模从25000万减少到1479万，减少了23521万，减少了94.08%，平均每年减少811万；贫困发生率从1978年的30.7%减少到2007年的1.6%，减少了28.5个百分点，平均每年减少1.43个百分点。按调整后的贫困标准（含低收入人口），[①]从1978年到2008年，我国贫困人口规模从25000万减少到4007万，减少了20993万，平均每年减少699.77万；贫困发生率从30.7%减少到4.2%，减少了26.5个百分点，平均每年减少0.85个百分点（参见表7-1和图7-1）。由图表可知，即使调整了贫困标准，我国贫困发生率也是呈逐年下降趋势的。总之，通过30年的扶贫努力，我国贫困人口规模实现了大幅度下降，取得了显著成效。

进一步分析可知，如果按照扶贫政策的变化，我国贫困人口规模下降的过程可分为四个阶段，并且每个阶段的政府扶贫开发绩效是存在差别的。

[①] 2008年，国家调整了扶贫统计口径，2008年数据中不再区别绝对贫困和低收入人口，而是统一纳入贫困人口统计。

表7-1　　　　　　　全国农村贫困标准、人口规模和贫困发生率

年份	绝对贫穷 标准（元）	绝对贫穷 人口规模（万）	绝对贫穷 贫困发生率（%）	低收入 标准（元）	低收入 人口规模（万）	低收入 贫困发生率（%）	贫困 标准（元）	贫困 人口规模（万）	贫困 贫困发生率（%）
1978	100	25000	30.7				100	25000	30.7
1984	200	12800	15.1				200	12800	15.1
1985	206	12500	14.8				206	12500	14.8
1986	213	13100	15.5				213	13100	15.5
1987	227	12200	14.3				227	12200	14.3
1988	236	9600	11.1				236	9600	11.1
1989	259	10600	12.1				259	10600	12.1
1990	300	8500	9.4				300	8500	9.4
1991	304	9400	10.4				304	9400	10.4
1992	317	8000	8.8				317	8000	8.8
1993	350	7500	8.2				350	7500	8.2
1994	440	7000	7.7				440	7000	7.7
1995	530	6500	7.1				530	6500	7.1
1996	580	5800	6.3				580	5800	6.3
1997	640	4962	5.4				640	4962	5.4
1998	635	4210	4.6				635	4210	4.6
1999	625	3412	3.7				625	3412	3.7
2000	625	3209	3.4	865	6213	6.7	865	9422	10.2
2001	630	2927	3.2	872	6102	6.6	872	9030	9.8
2002	627	2820	3.0	869	5825	6.2	869	8645	9.2
2003	637	2900	3.1	882	5617	6.0	882	8517	9.1
2004	668	2610	2.8	924	4977	5.3	924	7587	8.1
2005	683	2365	2.5	944	4067	4.3	944	6432	6.8
2006	693	2148	2.3	958	3550	3.7	958	5698	6.0
2007	785	1479	1.6	1067	2841	3.0	1067	4320	4.6
2008							1196	4007	4.2

资料来源：1978年和1985年数据来自杨钊《中国消除贫困的形势与对策》，《中国贫困地区》，1995（1）：18；根据国家统计局2000—2009年《中国农村贫困监测报告》整理而成。

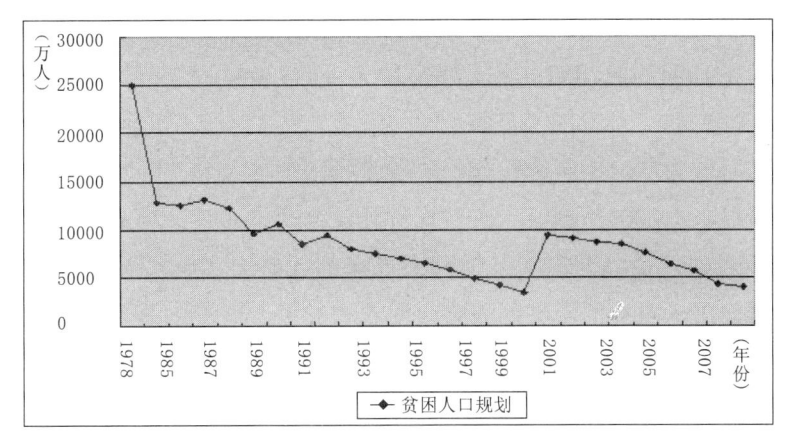

图7-1　1978—2007年中国贫困人口

资料来源：数据根据《中国扶贫监测报告》整理。

注：图中显示的贫困人口在2000年时突然增加，是由于按照调整后的贫困标准，把原来的贫困人口和低收入人口都纳入贫困人口的原因。

第一阶段为1978—1985年。这一阶段主要通过以家庭联产承包责任制为中心的改革，激发农民摆脱贫困的积极性和创造性，使农民人均纯收入的年均增长率高达16.5%。我国政府扶贫济困的主要形式是通过民政部门和集体经济组织，对农村的贫困群体给予救助，其基本功能是保障生存。根据我国的贫困线标准，农村贫困人口从1978年的2.5亿人快速减少到1985年的1.25亿人，平均每年降低近1800万人。这是我国贫困人口规模下降速度最快的时期。

第二阶段为1986—1993年。在这一阶段，针对农村发展不平衡、部分地区发展相对滞后、相当数量贫困人口尚未解决温饱的基本国情，我国政府成立了专门的扶贫工作机构，安排专项资金，在全国范围内开展有组织、有计划、大规模的"开发式扶贫"，取得预期成效。到1993年，我国农村贫困人口进一步减少到7500万人，平均每年减少800万人。相对于第一阶段，贫困人口减少速度下降。

第三阶段为1994—2000年。以1994年《国家八七扶贫攻坚计划》的公布实施为标志，我国进入反贫困的攻坚阶段。我国政府将扶贫开发上升为国家战略，建立国务院扶贫开发领导小组及办公室，省地县各级也成立了相应的机构，国家制定了贫困标准，确定了国家重点扶持的贫困县；安排专项扶贫资金，并制定有利于贫困地区和贫困人口的优惠政策；明确提出开发式扶贫方针。在这一阶段，我国政府大幅度增加反贫困投入，使农村贫困人口由1994年的7000万人下降到2000年的3209万人，平均每年减少630万人。

第四阶段为2001年至今。这一阶段是我国统筹城乡、区域发展的重要政策转型阶段。以2001年制定《农村扶贫开发纲要（2001—2010）》为起点，并随着新农村建设、西部大开发和中部崛起战略的实施，形成了以统筹城乡、区域发展为重点的反贫困战略，使农村贫困人口持续下降，贫困人口从2001年的2927万人下降到2007年的1479万人，平均每年减少240万人。

可以看出，尽管从时间维度上我国贫困人口规模下降较大，但是在不同的扶贫阶段，下降速度呈现逐渐递减趋势，即扶贫投入在贫困人口规模下降方面呈现出边际效益下降趋势。

第二，低收入贫困人口逐年稳定下降。低收入人口是指在生活能力及所处环境方面不足以使他们稳定摆脱贫困约束，一旦发生生活波动很可能使他们加入贫困人口队伍。[1]根据国家统计局提供的数据显示，2000—2007年，低收入贫困人口占全国人口的比重依次为6.7%、6.6%、6.2%、6.0%、5.3%、4.3%、3.7%和3.0%，低收入人口规模从2000年的6213万下降至2007年的2841万，下降了2.18倍（参见表7-1）。低收入人口大部分分布在扶贫工作重点县，2002—2008年分别有56%、55%、55%、56%、55%、61%和60%的低收入贫困人口分布在国家扶贫开发工作重点县（参见表7-2）。我国低收入人口呈逐年稳定下降趋势，这进一步说明我国政府在扶贫开发减少贫困人口规模方面成效显著。

但是，扶贫开发绩效存在着不平衡现象，扶贫开发重点县的扶贫绩效相对更高，实际上我国大部分贫困人口都分布在扶贫工作重点县，低收入贫困人口仍然主要集中在中、西部地区，但西部地区的低收入贫困人口无论是数量还是比例都稳步地逐年减少，而中、东部地区的低收入贫困人口比例却有所增加。[2]

---

[1] 自2000年，国家在贫困人口统计中确定了两条贫困线，把贫困人口分为"绝对贫困人口"和"低收入人口"。例如，2007年，把人均年收入低于786元的人口称为"绝对贫困人口"，到2007年年底，绝对贫困人口的数量为1497万；人均年收入位于786—1067元之间的称为"相对贫困人口"，又称为"低收入人口"，到2007年年底，低收入人口的数量为2841万。

[2] 龚冰：《中国新阶段农村扶贫开发的主要策略与效果评价》，《学术论坛》2007年第11期。

表7-2　　　　　　　　全国和扶贫工作重点县贫困人口规模

年份	全国（万）	重点县（万）	重点县所占比例（%）
2002	8645	4828	56
2003	8517	4709	55
2004	7587	4193	55
2005	6432	3612	56
2006	5698	3110	55
2007	4320	2620	61
2008	4007	2421	60

资料来源：根据国家统计局2000—2009年《中国农村贫困监测报告》整理而成。

（二）贫困发生率

贫困发生率为贫困人口占全部人口的比例，是表示一国或一地区贫困人口的覆盖面指标，贫困发生率越大，表明贫困人口越多，该国或该地区的贫困程度越严重。如果农村贫困发生率指标逐年增大意味着扶贫开发工作不仅没有降低反而增加了农村人口中贫困人口的比例，也就是说其绩效为负；如果这一指标逐年减少，也就是说扶贫开发工作有效降低了农村贫困人口的比例，扶贫产生了积极的效果。

从图7-2可以看出，无论是把低收入人口纳入贫困人口计算的贫困发生率，还是按绝对贫困标准计算的贫困发生率，以及仅低收入人口的贫困发生率，都呈现出逐年下降的趋势。这说明，改革开放至今我国农村贫困发生率呈现出稳定下降的趋势。但是把低收入人口纳入贫困人口时，我国贫困人口发生率在2000年呈现出一种"反弹"现象，这说明我国根据贫困人口的实际情况调整了贫困标准后，贫困发生率远高于原来的绝对贫困标准计算的贫困发生率，我国扶贫工作仍面临非常艰巨的任务。

进一步研究发现，这一下降过程呈现不平衡的特征，大致可以划分为五个阶段，且与政府"国民经济和社会发展五年计划"基本对应。无论是从贫困发生率还是从贫困人口的数量来看，在第六个、第八个和第十个五年计划期间，贫困的减少最为迅速；第七个五年计划期间的贫困人口实际上还有所增加，第九个五年计划期间贫困发生率只是略有减少。

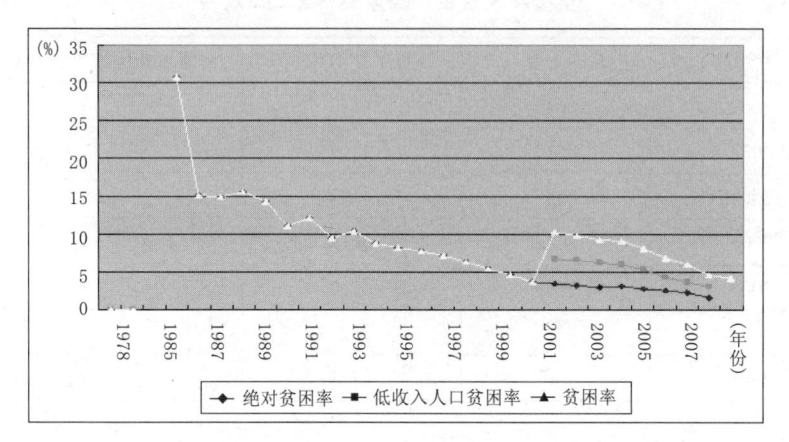

图7-2 全国农村贫困发生率变化趋势

资料来源：①RATIO表示调整了贫困标准把低收入人口纳入贫困人口后计算的贫困发生率；FRATIO表示绝对贫困人口占总人口的比重；LRATIO是低收入人口占总人口的比重。②1978年和1985年数据来自杨钊《中国消除贫困的形势与对策》，《中国贫困地区》，1995（1）：18；其他数据根据国家统计局2000—2009年《中国农村贫困监测报告》整理而成。

总之，改革开放以来的我国贫困人口规模和贫困发生率显著下降。按照国际上平均每人每天1.25美元的新贫困标准（按中国2005年的购买力评价）计算，我国的贫困水平会高一些，但是自1981年以来，贫困的下降幅度依然显著，从1981年的85%下降到2004年的27%，不过引用旧标准对同一时期的测算结果却是从65%下降到10%，减少效果更为显著。但是，一个不能忽视的问题是，在中国，贫困标准的变化对贫困人口和贫困发生率会产生明显影响。以贫困发生率为例，按照2008年1196元的贫困标准线，我国贫困人口规模为4007万，贫困发生率为4.2%。但是，这一贫困标准与世界银行规定的1天1美元的贫困标准还有一定距离，按世行的贫困标准和2008年的人民币与美元汇率（6.95），凡是年收入低于2537元的人都应是贫困人口，那么我国的贫困人口和贫困发生率将会发生明显变化。

（三）贫困深度和强度

上面所使用的贫困发生率指标简单明了，可直接反映生活在贫困线以下人口占总人口的比重。但是，在贫困人口比重一定的情况下，贫困人口的贫困程度可能有高有低，贫困程度的差异也可能很大。有学者指出贫困的典型特征具有广度（贫困发生率）、深度和强度三维特性，这三维的表现可能是一致的，也可能是背离的，因而要评估贫困程度就需要用其他的指标进行补充。通常用的指标有以下三个：（1）贫困距，即贫困人口人均收入与贫困线间的差距，贫困距越大，表示贫困人口的平均收入偏离贫困线的距离越远，贫困程度越高，贫困缺口越大；（2）贫困距比例，即贫困距与贫困线之比，比值越大则贫困程度越高；（3）贫困深度指数，即基于贫困人口相对于贫困线的累加的贫困差距，它建立在贫困人口相对于贫困线的距离基础之上。根据所有贫困人口实际收入与贫困线的差距计算一个国家或地区全体贫困人口平均收入与贫困线的差距，有助于理解贫困人口总体的贫困程度，但还不能揭示贫困人口内部的收入分布差距；（4）贫困强度指数，是所有贫困人口实际收入与贫困线的差距的平方和，更突出地揭示了贫困人口内部的收入差距。考察贫困深度指数，可以帮助人们注重降低贫困人口的贫困程度而不是单纯注重减少贫困人口的数量；而考察贫困强度指数，更有助于人们关注收入最低人群的福利。[①]

由于缺少贫困人群收入的具体数据，在计算上述指标方面存在困难，为此，本文主要采用已有的研究结果，分析我国的贫困深度和严重性。

表7-3是世界银行等按照每天1美元消费线和基本需要线，分别从消费和收入角度计算了我国的贫困发生率、深度指数和严重性指数。该表数据表明，测量贫困程度的所有数据结果都呈现出了相似的趋势，即从1981年到2001年出现大幅度下降，消费测量的贫困深度从1981年的23.9%下降到2001年的3.7%，严重性（贫困强度指数）从1981年的11.1%下降到2001年的1.3%。

表7-3　　　　　　　　1981—2001年贫困发生率、深度及其严重性

年份	消费			收入		
	发生率	深度	严重性	发生率	深度	严重性
1981	65.2	23.9	11.1	53.9	16.5	7
1984	42.7	12.3	4.9	25.1	6.1	2.1
1987	30.2	8.7	3.5	17.6	4.3	1.5
1990	35	9.4	3.5	23.4	6	2.2

---

① 世界银行、东亚及太平洋地区扶贫与经济管理局：《从贫困地区到贫困人群：中国扶贫议程的演进——中国贫困和不平等问题评估》，2009年，第5页。

续表7-3

年份	消费			收入		
	发生率	深度	严重性	发生率	深度	严重性
1993	30.3	7.8	2.9	21.3	6.1	2.4
1996	18.7	4.1	1.2	10.5	2.7	1.1
1999	19.9	4.7	1.5	8.5	2	0.7
2001	15.6	3.7	1.3	9.3	2.5	0.9

资料来源：世界银行、东亚及太平洋地区扶贫与经济管理局：《从贫困地区到贫困人群：中国扶贫议程的演进——中国贫困和不平等问题评估》，2009年，第5页。表中所指的贫困严重性与本研究中定义的贫困强度指数一致。

国内对于贫困深度与严重性的研究目前还不是很多。陈光金采用2006年中国社会科学院社会学所"社会和谐稳定问题全国抽样调查"课题组在全国综合社会调查中的数据，对我国贫困的深度与强度指数进行分析，结果参见表7-4，可以看出，表中是分别采用国定贫困线、1美元贫困线、国定低收入贫困线、2美元贫困线和收入均值的一半计算了贫困距、贫困差率、贫困强度与深度指数。陈光金在研究中发现，农村收入贫困程度对贫困标准的变化有一定的敏感性，各种指数都随着贫困标准的提高而增长。如果不考虑2美元及以上贫困标准，则贫困距、贫困差率和Sen指数对低收入线比较敏感，表明贫困标准提高之后，较多的新增贫困人口集中在1美元线附近；而Sen指数、贫困深度指数和贫困强度指数对1美元线更敏感一些，表明收入处于国定贫困线与1美元线之间的贫困人口比处于1美元线到国定低收入线之间的贫困人口脱贫更难一些。并且发现，国定贫困线以下的贫困人口的贫困深度和强度都是最大的，脱贫难度也最大。

与世行结论不一致的是：陈光金认为我国农村贫困的深度和强度都有提高的趋势。这是他把自己研究的结论与王祖祥的评价进行对比分析后得出的结论。王祖祥基于国定贫困线和统计数据计算的结果是：1995年的贫困差率为0.2805，Sen指数为0.0243，贫困深度指数为0.0168，贫困强度指数为0.0078。[1]与此相比，同样基于国定贫困线，表7-4中的这四个指数分别上升了19.5%、36.2%、41.1%和51.3%。同时，贫困人口内部的收入分配状况也有所恶化，贫困人口收入分配基尼系数提高了14.7%。

---

[1] 王祖祥：《中国农村贫困评估研究》，《管理世界》2006年第3期。

表7-4　　　　　　　　　　　农村住户人口贫困程度分析

指标	国定贫困线	1美元线	国定低收入线	2美元线	收入均值一半
贫困标准（元）	683	830	944	1660	2283
贫困户头发生率（%）	7.1	10.0	11.4	28.4	41.7
贫困人口发生率（%）	8.8	12.0	14.0	32.2	46.2
农村贫困人口（万人）	6560	8945	10436	24078	34439
贫困人口收入基尼系数	0.1962	0.2002	0.2035	0.2267	0.2498
贫困距（元）	229	285	358	674	987
贫困差率	0.3353	0.3434	0.3792	0.4060	0.4323
Sen指数（P）	0.0331	0.0475	0.0576	0.1535	0.2394
贫困深度指数（FGT_1）	0.0237	0.0344	0.0435	0.1150	0.1802
贫困强度指数（FGT_2）	0.0118	0.0174	0.0223	0.0625	0.1034
扶贫力度（亿元）	150.2	254.9	373.6	1622.9	3399.1

资料来源：陈光金《我国农村贫困的程度、特征与影响因素分析》，《中国农村经济》2008年第9期。

注：①Sen指数P=H［I+(1-I)G］。其中，P是贫困度量，H是贫困人口比率，I是收入缺口比率（贫困人口收入与贫困标准线的差额与贫困标准之比），G是穷人之间收入分配的基尼系数。

②贫困差率指贫困人口收入与贫困标准的差额与贫困标准的比率，也可用百分比表示，即贫困距相当于贫困标准的百分比。

③本表计算农村贫困人口总数和扶贫力度指数时使用贫困人口发生率，而计算其他贫困指数时则使用贫困户头发生率。

与陈光金的结论几乎一致，罗楚亮采用中国城乡劳动力流动调查在2007年和2008年针对9个省(市)（河北、江苏、浙江、安徽、河南、湖北、广东、重庆和四川）所做的农村住户调查数据，分析结果发现，根据不同的贫困标准，2008年的贫困发生率比2007年有了进一步的下降，但多数贫困深度指标有所上升。①其实，这些研究都是从公平角度或者是贫困人口的相对经济地位角度

---

① 罗楚亮：《农村贫困的动态变化》，《经济研究》2010年第5期。

判断的，分析结果也印证了目前理论和实践所关注的相对贫困加重的担忧。

实际上如果根据贫困人口收入与农村人均收入和城镇人均收入的差距进行比较，即相对贫困指标，也能说明贫困的严重性问题，图7-3给出我国贫困标准与农村人均收入和城镇人均收入差距的变化趋势。以我国所确定的贫困标准（贫困标准实际上是贫困人口的最高收入），贫困人口都是低于贫困标准的人群，如果把贫困标准看做贫困人口的最高收入，分析贫困人口收入与农村和城镇人均收入差距的变化趋势，可以看出，无论是与农村人均收入相比还是与城镇人均收入相比，贫困人口与他们的收入差距都呈现扩大趋势，特别是与城镇人均收入的差距增大趋势更为明显，这说明我国相对贫困问题更为严重，这一现象应该引起足够的关注。

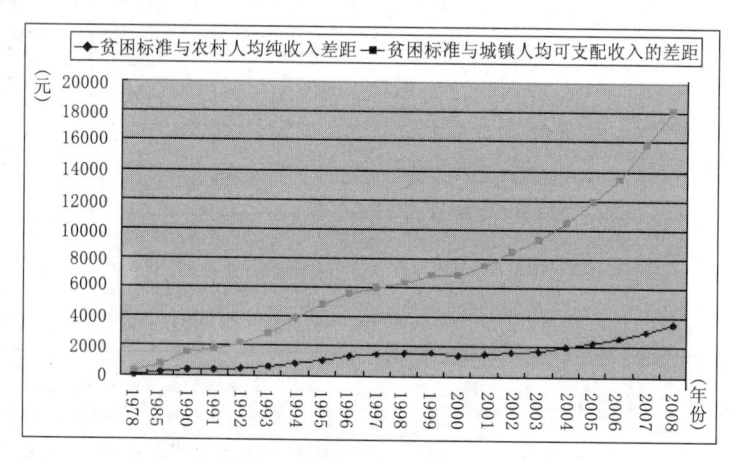

图7-3　相对贫困线变化

资料来源：历年《中国农村贫困监测报告》和《中国统计年鉴》（2009）。

从以上分析可以看出，从时间维度上，对贫困人口规模和贫困发生率的变化情况进行分析的结果表明，我国贫困程度大幅度下降，但是从贫困的深度和强度方面，国内外研究存在争议。在相对贫困方面，可以确定贫困人口人均收入与农村特别是城市人均收入的差距有扩大趋势，即相对贫困问题有加重趋势，应该引起政府扶贫工作的高度重视。

二 贫困群体基本生活评估

贫困人口基本生活条件的改善情况是评估我国扶贫开发工作成效最直观的标准,本文对贫困人口生活改善情况的评估主要参照以下几个指标:收入水平、消费水平和生活质量。其中,收入水平和消费水平是测定贫困线的两个常用维度,也是测量贫困人口福利水平的重要指标,而生活质量可以在一定程度上说明贫困的深度和严重性,更进一步说明贫困人口的生活福利水平。

(一)收入水平

改革开放30多年来,随着国民经济的持续快速发展,国家变得日益强盛,人民生活水平日益提高,国内生产总值持续增长,从1978年的3645.2亿元增长到2009年的33.5万亿元,人均国内生产总值从1978年的381元增长到2008年的22698元。与此同时,城镇居民家庭人均可支配收入从1978年的343.4元增加到2008年的15780.76元,农村居民家庭人均纯收入从133.6元增加到4760.62元。国民经济的持续快速发展,带动了人均GDP的增长,同时也提高了我国农村居民包括贫困地区人口的人均收入,从表7-5可以看出自1978年以来,农民收入持续增长,特别是2004年以来,农村居民家庭人均纯收入连续五年增收,五年来共增收近2000元。

表7-5　　　　　　　　　　收入水平指标

年份	国内生产总值 绝对数(亿元)	国内生产总值 指数(1978=100)	人均国内生产总值(元)	城镇居民家庭人均可支配收入 绝对数(元)	城镇居民家庭人均可支配收入 指数(1978=100)	农村居民家庭人均纯收入 绝对数(元)	农村居民家庭人均纯收入 指数(1978=100)
1978	3645.2	100.0	381	343.4	100	133.6	100
1980	4545.6	116.0	463	477.6	127	191.3	139
1985	9040.7	193.4	858	739.1	160.4	397.6	268.9
1990	18718.3	282.5	1644	1510.2	198.1	686.3	311.2

续表7-5

年份	国内生产总值 绝对数(亿元)	国内生产总值 指数(1978=100)	人均国内生产总值(元)	城镇居民家庭人均可支配收入 绝对数(元)	城镇居民家庭人均可支配收入 指数(1978=100)	农村居民家庭人均纯收入 绝对数(元)	农村居民家庭人均纯收入 指数(1978=100)
1991	21826.2	308.2	1893	1700.6	212.4	708.6	317.4
1992	26937.3	351.5	2311	2026.6	232.9	784	336.2
1993	35260.0	399.6	2998	2577.4	255.1	921.6	346.9
1994	48108.5	452.0	4044	3496.2	276.8	1221	364.3
1995	59810.5	494.2	5046	4283	290.3	1577.7	383.6
1996	70142.5	544.5	5846	4838.9	301.6	1926.1	418.1
1997	78060.8	596.9	6420	5160.3	311.9	2090.1	437.3
1998	83024.3	640.6	6796	5425.1	329.9	2162	456.1
1999	88479.2	691.5	7159	5854.02	360.6	2210.3	473.5
2000	98000.5	750.6	7858	6280	383.7	2253.4	483.4
2001	108068.2	811.1	8622	6859.6	416.3	2366.4	503.7
2002	119095.7	888.5	9398	7702.8	472.1309	2475.6	527.9
2003	135174.0	983.1	10542	8472.2	514.6	2622.2	550.6
2004	159586.7	1085.4	12336	9421.6	554.2	2936.4	588
2005	184088.6	1206.5	14053	10493	607.4	3254.9	624.5
2006	213131.7	1348.3	16165	11759.5	670.7	3587	670.7
2007	259258.9	1527.0	19524	13785.8	752.5	4140.4	734.4
2008	302853.4	1663.1	22698	15780.76	815.7	4760.62	793.152

资料来源：《中国统计年鉴》（2009）。

但从增长率来看（指数），城镇居民的人均可支配收入和农村居民家庭人均纯收入增长率一直以来都低于国内生产总值（GNP）的增长速度，同时城镇居民可支配收入的增长率从2006年后高于农村居民家庭人均纯收入增长率，这进一步说明城乡差距继续扩大。实际上，城乡收入差距进一步扩大，会加重农村低收入群体在社会收入中的不利地位，同时也增加了扶贫工作的难度。

表7-6给出了我国贫困人口、低收入人口和扶贫重点县人均收入近年来

的绝对值与增加幅度，可以看出，无论是农村居民还是贫困人口、低收入人口和扶贫重点县的人均纯收入在近年来都呈现增加趋势。特别是国家扶贫重点县农村居民人均收入持续增长，由2006年的1928元增长到2008年的2611元，2006年和2007年同比增长幅度均高于全国水平，但2008年增长幅度略低于全国农村水平，也低于2007年的增长幅度，与低收入人口的增长幅度相比，则呈现出不稳定的趋势。但对贫困人口人均纯收入的增长幅度却呈现逐年下降的趋势，从2006年的11.2%下降到2008年的6.5%，都低于农村居民人均纯收入增长幅度。在前面本研究已经指出实际农村人均收入的增长速度小于城镇人均可支配收入的增长速度。

表7-6　　　2006—2008年全国及扶贫工作重点县人均纯收入（单位：元）

指标	2006年	增幅	2007年	增幅	2008年	增幅
农村居民人均纯收入	3587.0	7.4%	4140.4	9.5%	4761.0	8.0%
贫困人口人均纯收入	613.8	11.2%	652.6	6.3%	988.8	6.5%
低收入人口人均纯收入	869.0	1.1%	977.3	12.4%	—	—
扶贫重点县人均纯收入	1928.0	10.2%	2278.0	11.5%	2611	7.6%

资料来源：《中国农村贫困监测报告》（2007，2008，2009）。增幅均为扣除当年价格上涨因素后的实际增幅。

虽然农民的收入在持续增长，但是农村贫困人口和低收入人口收入水平与全国人均水平的差距却在扩大，2007年贫困人口人均纯收入652.6元，仅相当于全国平均水平的15.7%，比2006年的17.1%有所下降；同时，低收入人口人均纯收入977.3元，仅相当于全国平均水平的23.6%，比2006年的24.2%还要低。从表7-6可以看到，2008年全国农民人均纯收入与扶贫重点县农民人均纯收入之比为1.82∶1，高于2007年的1.81∶1，扶贫重点县农民的人均纯收入与全国人均收入的差距有继续扩大趋势。

不可忽视的是，还有一部分人处于极度贫困状态。2008年时，贫困人口中人均收入在500元以下的占了7.2%，500—800元的占18%。还有近1/4的贫困人口的收入远低于贫困线，他们缺乏稳定的收入来源，脱贫的难度很大。表7-7中的数据统计显示，在扶贫工作重点县中高收入户农民人均纯收入的增长幅度明显大于低收入户农民人均纯收入的增长幅度，收入高低与收入增长幅度呈正相关的关系（参见图7-4）。这也从一个侧面显示出了解决相对贫困问题的难度。

表7-7　　　　扶贫重点县按五等份分组的农民人均纯收入（单位：元）

年份	20%低收入户	20%中低收入户	20%中等收入户	20%中上等收入户	20%高收入户
2002	519.3	903.4	1174.9	1522.5	2405.8
2003	501.4	934.2	1278.4	1725.4	2930.4
2004	567.4	1050.8	1446.2	1958.8	3354.4
2005	649.4	1172.1	1589.6	2106.1	3506.6
2006	734.4	1284.9	1746.8	2359.2	4048.0
2007	810.3	1504.8	2066.3	2785.2	4830.6
2008	1007.5	1761.4	2392.0	3218.2	5421.7

资料来源：《中国农村贫困监测报告》（2009）。

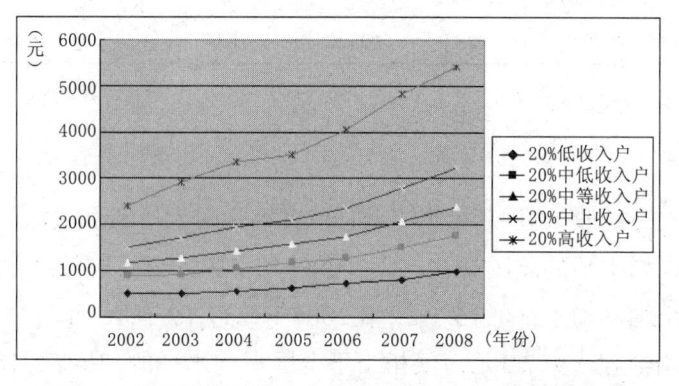

图7-4　扶贫重点县按五等份分组的农民人均纯收入变化

从各项收入指标来看，农民收入的较快增长有力地推动了贫困人口减少，增强了农民的自身经济实力，加强了贫困地区农民脱贫和防止返贫的能力。同时，贫困人口的收入也呈现增长趋势，但是收入增长幅度低于农民收入和城镇居民收入增长速度。并且，相对全国来说，贫困地区农民人均纯收入的增长速度还普遍较低，与全国农民收入差距仍在继续扩大。

综合以上比较分析的结果可以得出以下结论：一是我国城乡收入差距

在不断扩大；二是我国农村内部收入差距也在不断扩大。由于目前扶贫工作不仅要解决绝对贫困问题，也要重视相对贫困问题，而这两类"扩大"的结果都增加了相对贫困的程度，不利于我国贫困人口摆脱贫困，也增加了扶贫工作的难度，不利于解决长期以来困扰我国的收入差距过大的问题。

（二）消费水平

社会中居民基本生活的维持，既要有一定的收入，同时也要有相应的消费。如果说农民收入水平的提高能从正面反映出农民基本生活的改善情况，那么农民消费水平的提高则从侧面反映出了农民生活条件的改善。除收入水平外，测算和衡量消费水平和支出结构情况，则有助于评估贫困人口的贫困深度。对贫困人口消费水平改善情况的评估，主要选取恩格尔系数和消费支出及其构成两个指标。

1.恩格尔系数

恩格尔系数(Engel's Coefficient)是食品支出总额占个人消费支出总额的比重。19世纪德国统计学家恩格尔根据统计资料得出消费结构变化的规律：一个家庭收入越少，家庭收入中（或总支出中）用来购买食物的支出所占的比例就越大；随着家庭收入的增加，家庭收入中（或总支出中）用来购买食物的支出比例会下降。

据统计，我国城镇居民的恩格尔系数从1978年的57.5%下降到了2008年的37.9%，相应的农村居民的恩格尔系数从67.7%下降到了43.7%，而扶贫工作重点县农民的恩格尔系数在2008年时仍然为51.7%。如果按收入五等份划分，2008年时低收入户、中低收入户、中等收入户、中高收入户和高收入户的恩格尔系数分别为50.7%、48.8%、46.5%、43.3%和36.8%，而在2004年时这一指标分别为55.6%、53.2%、49.6%、47.5%和39.1%，分别下降了4.9、4.2、3.1、4.2和2.3个百分点。[①]

根据恩格尔系数的大小，联合国对世界各国的生活水平制定划分标准，一个国家平均家庭恩格尔系数大于60%为贫穷；50%—60%为温饱；40%—50%为小康；30%—40%属于相对富裕；20%—30%为富裕；20%

---

① 以上数据根据2005年和2009年的《中国统计年鉴》中按收入等级分农户平均每人生活消费支出数据中食品消费支出占生活总支出的比例计算所得。

以下为极其富裕。如果根据这一标准，到2008年我国基本上解决了温饱问题，但也可看出，还有相当一部分人口包括低收入户和中低收入户还都仅处在温饱线上下，特别是低收入农户仅仅是解决温饱问题而已，任何对生活产生冲击的风险都可能让他们再次受困于温饱问题，这部分人口也是我国扶贫最应该照顾的人口。

2. 消费支出及其构成

表7-8是近年来全国及扶贫重点县农民人均生活消费支出的情况。可以看出，2007年低收入人口生活消费支出人均990.3元，比2006年增长9.7%，但仅为全国平均水平的30.7%。2007年我国农村居民人均生活消费支出3224元，比2006年增加395元，增长14%，扣除价格因素影响，实际增长8.1%。2008年我国农村居民人均生活消费支出3660.7元，比2007年增加437元，增长13.6%，扣除价格因素影响，实际增长6.6%，增速下降1.5个百分点。

贫困人口人均生活消费支出人均737.3元，比2006年增长10.9%，但仅为全国平均水平的22.9%；2008年我国农村贫困人口人均生活消费支出1020.4元，比2007年增加112.8元，增长12.4%，扣除价格因素影响，实际增长5.4%。尽管贫困人口的生活消费实现稳步增长，但人均消费支出仍不足全国水平的1/3。

2007年扶贫重点县农民人均生活消费支出1931元，比2006年增加252元，扣除价格因素的影响，实际增长8.5%。[1]2008年国家扶贫重点县农民人均消费支出2200元，比2007年增加269元，增长13.9%，扣除物价影响，实际增长7%，增长幅度比2007年回落1.5个百分点。[2]

就消费支出构成方面，第一，近年来，从全国农民来看，食品消费总支出（恩格尔系数）在下降，但扶贫重点县农民的食品消费支出自2006年以来却呈现上升趋势。而全国和扶贫重点县农民在外饮食支出的比重都呈现下降趋势，衣着消费支出也呈现相同趋势。这与2007年后受经济危机的影响收入下降有关，也与物价上涨使一些人减少了这方面的支出有关。并且，可以判断贫困人群的生活消费更易受物价和收入因素变动的影响。第二，居住消费支出、家庭设备及服务消费支出所占比重都呈现上涨趋势，这一方面与近年来住房及物价上升有关，同时也与人们更加注重提高生活

---

[1] 《中国农村贫困监测报告》（2008）。
[2] 《中国农村贫困监测报告》（2009）。

质量有关。第三，文化教育、娱乐用品及服务全国消费所占比例由2006年到2008年经历了先升后降的过程，但扶贫工作重点县所占比例自2006年后却呈现出下降的趋势。第四，在医疗保健支出方面，全国消费所占比例呈现下降趋势，但扶贫重点县自2007年下降后2008年又上升了。第五，其他商品支出方面，全国的趋势不明显，但扶贫重点县呈现出下降的趋势。这可能与近年来物价上涨，生活成本上升，致使贫困人口尽量减少其他方面的支出有关。

表7-8　　　　全国和扶贫重点县农民人均消费支出及构成（单位：元；%）

指标	2006年 全国	2006年 重点县	2007年 全国	2007年 重点县	2008年 全国	2008年 重点县
生活消费支出总额	2829.0	1679.7	3223.9	1931.3	3660.7	2200.3
1. 食品消费支出	1217.0	840.3	1389.0	980.1	1598.7	1137.2
其中：在外饮食支出	164.4	61.3	189.8	71.9	209.4	83.2
2. 衣着消费支出	168.0	95.8	193.5	111.8	211.8	123.3
3. 居住消费支出	469.0	242.1	573.8	289.3	678.8	343.7
4. 家庭设备及服务消费	126.6	67.5	149.1	79.8	174.0	92.0
5. 交通通信支出	305.1	135.4	210.2	161.5	360.2	176.6
6. 文化教育、娱乐用品及服务	191.5	168.4	328.4	160.6	314.5	159.1
7. 医疗保健支出	288.8	100.8	305.7	114.4	246.0	133.7
8. 其他商品及服务支出	63.1	29.4	74.2	33.7	76.7	34.6
生活消费支出构成						
1. 食品消费支出	43.0	50.0	43.1	50.8	43.7	51.7
其中：在外饮食支出	5.8	3.6	5.9	3.7	5.7	3.8
2. 衣着消费支出	5.9	5.7	6.0	5.8	5.8	5.6
3. 居住消费支出	16.6	14.4	17.8	15.0	18.5	15.6
4. 家庭设备及服务消费	4.5	4.0	4.6	4.1	4.8	4.2
5. 交通通信支出	10.8	8.1	6.5	8.4	9.8	8.0
6. 文化教育、娱乐用品及服务	6.8	10.0	10.2	8.3	8.6	7.2
7. 医疗保健支出	10.2	6.0	9.5	5.9	6.7	6.1
8. 其他商品及服务支出	2.2	1.8	2.3	1.7	2.1	1.6

资料来源：《中国农村贫困监测报告》（2007，2008，2009）。

总之，近年来我国农村居民在消费支出数量上均有较快增长；贫困人口在消费水平上虽然有所增长，但是与全国平均水平相比还有较大的差距，并且结构上也不尽合理。从消费支出的基本构成变化趋势可以判断，贫困人口在短时间内更易受物价因素和收入水平变化的影响。

为进一步分析贫困人口的生活消费水平变化情况，本研究试图通过其食品消费的构成进行分析。表7-8已表明，在农民生活消费支出构成中，食品消费支出占的比重最大。表7-9表明在扶贫工作重点县人均食品消费支出中，粮食支出仍然是主要组成部分，而肉类、家禽、蛋类、奶类、奶制品和水产品的消费数量很少，并且肉类、家禽、奶类、奶制品和水产品的消费数量到2008年时都比2007年更少，蔬菜、薯类及制品、豆类及制品的消费数量也是如此。总体而言，自2006年以来，扶贫重点县多项消费指标均呈现出负增长或者微弱增长现象，而个别消费指标则出现较大浮动。造成这种现象的主要原因有两个：一是国家扶贫重点县农民的人均纯收入与全国水平之间的差距在继续扩大，这必然给贫困地区农民的消费带来更大的压力；二是物价上涨等因素导致个别消费指标，诸如水果消费、蛋类消费、奶类及奶制品消费和水产品消费等指标变化浮动较大。对基本消费品而言，其消费水平如此容易受物价水平的影响，更进一步说明贫困人口抗击各类风险的能力有限，他们的消费能力仍然处在较低的水平上。

表7-9　　　　　　　　　国家扶贫重点县人均食物消费量

指标名称	2006年（公斤）	2007年（公斤）	2008年（公斤）	2007年比2006年增长（%）	2008年比2007年增长（%）
1. 粮食消费	203.1	196.8	198.0	-3.1	0.6
其中：谷物及制品消费	193.7	187.7	189.2	-3.1	0.8
薯类及制品消费	5.5	5.3	5.0	-4.4	-4.3
豆类及制品消费	4.0	3.8	3.7	-4.7	-1.6
2. 食用油消费	4.4	4.4	4.5	1.9	1.1
3. 蔬菜及制品消费	86.9	87.3	84.7	0.5	-3.0
4. 水果消费	7.0	8.0	8.0	13.7	0.4
5. 肉类、家禽消费	20.0	19.6	18.3	-2.3	-6.2
6. 蛋类消费	2.3	2.2	2.7	-3.2	19.9
7. 奶类及奶制品消费	1.7	1.8	1.8	11.4	-2.1
8. 水产品消费	1.4	1.6	1.6	15.0	-2.1

资料来源：《中国农村贫困监测报告》（2008，2009）。

（三）生活质量

前面我们通过收入水平和消费水平两个指标评估了贫困人口基本生活

改善的情况，这两项指标可以看做贫困人口基本生活改善的直接体现，而贫困人口生活质量的提高则是其基本生活改善效果的最直观体现。下面我们就从贫困地区农户居住质量（包括农户人均住房面积、钢筋混凝土结构和砖木结构住房比重、农户饮用自来水、农户使用清洁能源、农户享有卫生厕所5个子指标）、耐用消费品的拥有量（包括洗衣机、电冰箱、摩托车、固定电话机、移动电话机、彩色电视机、黑白电视机、家用计算机）等方面来评估贫困人口生活质量改善的情况。

第一，表7-10给出近年来（2005—2008）我国农村及贫困地区农村居民居住质量情况，可以看出除2006年人均住房面积和人均住房价值指标稍有回落外，其余年份各项指标量均呈现逐年上升趋势，这说明我国农村包括贫困地区居民居住条件在逐步改善，农民生活质量在逐步提高。但是我们也发现，贫困地区农民在居住条件、生活设施等方面与全国平均水平相比，还是存在相当的差距，平均每项指标比全国平均水平低10—15个百分点。

表7-10　　　　　　　2005—2008年农户居住质量情况

指标名称 / 年份		人均住房面积（平方米）	钢筋混凝土和砖木结构住房面积比重（%）	人均住房价值（元）	有自来水或深井水的农户比重（%）	水冲式厕所的农户比重（%）
全国	2005	29.7	85.2	71.5	13.1	15.4
	2006	30.7	86.0	73.3	14.7	16.6
	2007	31.6	86.4	74.2	16.4	—
	2008	32.4	87.3	75.6	17.5	28.9
贫困农户	2005	18.1	56.6	58.7	1.4	3.9
	2006	18.0	58.7	56.3	1.8	5.4
	2007	18.9	61.8	57.8	2.8	—
	2008	20.1	65.7	60.5	3.8	13.9
低收入户	2005	19.3	63.7	60.5	1.7	4.3
	2006	19.8	62.1	57.9	2.5	4.5
	2007	20.1	65.3	59.0	3.2	—
	2008	—	—	—	—	—

资料来源：《中国农村贫困监测报告》（2007，2008，2009）。

第二，表7-11给出近年来贫困农户主要耐用消费品的拥有量及与全国和低收入户的对比情况，可以看出，主要耐用消费品拥有量在农村的普及率在逐年提高，农村信息化的步伐正在加快。而且，近年来移动电话、家用计算机等高端技术产品拥有量的增长速度明显快于其他低端技术产品拥有量的增长速度，这也从一个侧面反映出农村信息化程度正在快速扩大。但是，在贫困农户这些耐用消费品拥有量的增长速度和比重明显低于全国平均水平，低收入户的各项指标显著稍微高于贫困农户，但是与全国平均水平的差距却很大。由于耐用消费品的拥有量取决于家庭可支出水平，即购买能力，从这方面来看，贫困农户包括低收入农户的家庭购买力与全国农户平均购买力水平相比，仍然存在较大的差距。

表7-11 平均每百户年末主要耐用消费品拥有量（单位：台/百户）

	年份	洗衣机	电冰箱	摩托车	固定电话机	移动电话机	彩色电视机	黑白电视机	家用计算机
全国	2005	40.2	20.1	40.7	58.3	50.2	69.6	24.1	—
	2006	43.0	22.5	44.6	64.1	62.1	89.4	17.4	—
	2007	45.9	26.1	48.5	68.4	77.8	94.4	12.1	2.7
	2008	49.1	30.2	52.5	67.0	96.1	99.2	—	3.4
贫困农户	2005	17.3	6.0	19.3	26.3	22.4	54.1	26.6	—
	2006	21.7	5.9	21.6	34.9	28.9	62.9	20.9	—
	2007	23.4	8.9	25.8	42.7	42.7	76.7	17.5	0.04
	2008	29.0	10.4	31.0	45.1	55.8	81.2	—	0.1
低收入户	2005	20.4	5.5	21.6	33.2	23.1	60.9	27.6	—
	2006	23.8	7.4	25.2	38.5	32.5	69.6	24.1	—
	2007	29.2	8.0	28.1	44.4	45.5	77.6	17.3	—
	2008	—	—	—	—	—	—	—	—

资料来源：《中国农村贫困监测报告》（2007，2008，2009）。

第三，在食品消费方面，选取人类生活所必须依靠的热量、蛋白质和脂肪消耗指标来评估贫困人口生活质量的改善情况，参见表7-12，我国扶贫重点县农村居民的能量和蛋白质摄入量仅处于基本满足人体生理需求的阶段，某些年份由于受到物价等因素影响，肉类、家禽类、蛋类等消费下降，使贫困农户的蛋白质摄取量减少，已处于营养缺乏的边缘状态。

表7-12　　　国家扶贫重点县农户热量、蛋白质及脂肪消耗量

年份	热量（千卡/人/天）	蛋白质（克/人/天）	脂肪（克/人/天）
2001	2488.2	64.0	46.7
2002	2653.6	67.7	54.1
2003	2507.9	64.6	48.8
2004	2400.3	61.9	48.5
2005	2415.0	62.1	50.7
2006	2366.0	61.5	48.8
2007	2351.0	60.4	51.8

资料来源：《中国农村贫困监测报告》（2008）。

总之，从整体上看，我国贫困人口的人均纯收入和消费水平、生活质量不断提高，从而改善了贫困人口的基本生活，增强了脱贫的能力，提高了基本生活质量。但由于贫困问题已经不仅仅是基本生活的维持，即绝对贫困问题，还应包括社会群体间的差距问题。分析发现：（1）我国城乡和农村内部人均收入之间差距呈现不断扩大趋势，从而增加了相对贫困的程度，不仅影响扶贫的绩效，也增加了扶贫工作的难度。（2）我国农村居民在消费支出上均有较快增长，有力地推动了贫困人口的大幅减少；贫困人口虽然在消费水平上有所增长，但是与全国平均水平相比还有较大的差距，并且结构上也不尽合理。从消费支出的基本构成变化趋势可以判断，贫困人口在短时间内更易受物价因素和收入水平变化的影响。（3）通过对农户居住质量、耐用消费品拥有量和食品消费等指标对贫困人口的生活质量进行评估发现，贫困人口生活质量有显著改善，但是由于各方面的原因，与全国平均水平和城镇居民的差距较大。因此，继续加强农村最低生活保障制度、提高贫困人口基本生活能力应是以后扶贫工作的重点。

三 贫困群体的生产生活保障评估

对于企业而言，生产能力是反映企业生产可能性的一个重要指标，企业生产能力的大小取决于其生产组织条件、投资规模、技术水平及生产效率。对个人而言，生产能力决定了个人的收入水平和生产水平，而个人生产能力的高低取决于其人力资本的存量，诸如受教育程度、身体素质、心理素质和劳动技能等。针对贫困人口，康晓光指出贫困人口的贫困根源于不利的生存背景、缺乏教育和训练、营养品不足和缺医少药。[①]政府开发式扶贫的一个重要目标就是改善贫困地区的基础设施和与此相关的生产生活条件，为贫困农户创收活动创造更好的条件。因此，本文对贫困地区生产生活保障维度的评估研究主要从提高贫困人口基本生活能力的基础设施、知识技能水平及社会保障体系等方面进行，包括以下几个指标：基础设施覆盖率、教育和培训水平以及医疗卫生条件等。

（一）基础设施

基础设施状况直接影响一个地方经济发展的能力与便利条件，这在地理经济学里是一个重要的影响因素。贫困地区基础设施条件直接影响当地居民生产生活条件、农业产业化发展环境，进而影响经济发展和脱贫的速度。为此，自实施开发式扶贫以来，国家十分重视贫困地区的基础设施建设，投入大量资金用于改善贫困地区的道路和通信等基础设施。目前，贫困地区的基础设施总体而言得到明显改善（参见表7-13），从2000年以来，通电、通路、通电话和接收电视节目等方面的基础设施不断改善，已经达到一定水平，为贫困地区当地农户，特别是贫困农户创收活动打下了良好的基础。

[①] 康晓光：《中国贫困与反贫困理论》，广西人民出版社1995年版。

表7-13　　　　　　　　农村基础设施改善情况（单位：%）

指标名称	2000年 全国	2000年 贫困农户	2000年 低收入户	2006年 全国	2006年 贫困农户	2006年 低收入户	2007年 全国	2007年 贫困农户	2007年 低收入户	2008年 全国	2008年 贫困农户	2008年 低收入户
所在村通公路的比重	95.0	90.1	91.3	97.8	93.9	95.9	98.7	95.1	97.2	98.7	—	97.2
所在村通电的比重	97.8	95.0	96.0	99.6	97.8	98.9	99.8	99.1	99.3	99.5	—	99.3
所在村通电话的比重	87.0	68.6	77.8	98.3	94.6	95.1	98.8	95.5	96.5	98.9	96.5	96.5
所在村能接收电视节目的比重	98.1	95.3	95.6	98.7	93.4	96.5	99.0	95.5	96.6	99.2	97.6	96.6

资料来源：全国农村住户抽样调查；鲜祖德：《中国农村贫困：最新结果和监测方法》。

以2007年为例，贫困农户所在村通公路、通电、通电话和接收电视节目的比重分别达到95.1%、99.1%、95.5%和95.5%。2008年，有97.6%的贫困农户可以接收电视节目，96.5%的贫困农户可以通电话，略低于全国比例。贫困县的相应指标近年来也在不断改善（参见表7-14），到2008年，国家扶贫开发工作重点县通公路、通电、通电话、能接收电视的自然村的比例分别达到84.4%、96.8%、87.5%和92.9%。交通条件也有所改善，2008年扶贫开发重点县新增公路里程6.8万公里，比2007年增长了8.8%。尽管成绩显著，但与全国平均水平相比仍存在较大差距，例如2007年，国家扶贫开发重点县通公路、通电、通电话、能接收电视节目的村所占比重分别比全国贫困户平均水平低12.3%、2.6%、9.4%和13.3%，与全国平均水平相比则低得更多。

表7-14　　　国家扶贫开发重点县自然村基础设施情况（单位：%）

指标名称	2006年	2007年	2008年
通公路的自然村比重	81.2	82.8	84.4
通电的自然村比重	95.8	96.5	96.8
通电话的自然村比重	80.0	85.2	87.5
能接收电视节目的自然村比重	89.1	92.2	92.9

资料来源：国家贫困监测抽样调查。

同时，扶贫开发重点县平均水平相似，在特殊贫困地区，如少数民族地区、革命老区和边境地区，虽然基础设施情况也不断改善，但是相对于全国范围来说，其基础设施较为落后（参见表7-15、7-16、7-17）。例如，2008年，在全国村庄基本实现通公路、通电、接收电视节目、通电话的情况下，少数民族扶贫开发重点县自然村通公路和通电话的比重仅占81%，接收电视节目的比重仅为90%，通电的比重相对较高，为95%，但都低于全国贫困农户所在村的平均水平（99%）。革命老区和边境地区扶贫开发重点县的自然村的相应指标也与全国贫困农户的平均水平有较大差距，与全国农户的平均水平相差更大。

表7-15　少数民族扶贫开发重点县自然村基础设施情况（单位：%）

指标名称	2006年	2007年	2008年
通公路的自然村比重	81.2	82.8	84.4
通电的自然村比重	95.8	96.5	96.8
通电话的自然村比重	80.0	85.2	87.5
能接收电视节目的自然村比重	89.1	92.2	92.9

资料来源：国家贫困监测抽样调查。

表7-16　革命老区扶贫开发重点县自然村基础设施情况（单位：%）

指标名称	2006年	2007年	2008年
通公路的自然村比重	80.1	81.6	83.8
通电的自然村比重	97.6	97.7	97.6
通电话的自然村比重	87.6	88.8	89.2
能接收电视节目的自然村比重	90.9	92.7	93.2

资料来源：国家贫困监测抽样调查。

表7-17　边境地区扶贫开发重点县自然村基础设施情况（单位：%）

指标名称	2006年	2007年	2008年
通公路的自然村比重	84.1	84.0	86.0
通电的自然村比重	89.4	91.0	93.1
通电话的自然村比重	65.3	76.9	80.7
能接收电视节目的自然村比重	78.1	85.6	89.9

资料来源：国家贫困监测抽样调查。

在基础设施的其他方面，如农田水利建设，1994—2005年，592个国家扶贫开发工作重点县累计修建基本农田8188万亩，新修公路及简易公路58万公里，解决了8123万人和7228万头牲畜的饮水问题。[①]2001—2005年，国家扶贫开发工作重点县修建基本农田2176万亩，贫困户的粮食亩产水平从209.2公斤增加到239公斤（同期全国粮食亩产从284公斤增加到308公斤）。[②]2010年，温家宝总理在政府工作报告中指出：（2009年）农村饮水安全工程使6069万农民受益，新增510万沼气用户，新建和改造农村公路38万公里、农村电网线路26.6万公里，80万户农村危房得到改造，9.2万户游牧民实现了定居，贫困地区的生产生活条件得到明显改善。

总之，虽然目前贫困地区的基本设施建设取得了显著的成绩，基本设施条件得到了很大改善，但还有一部分贫困农户仍然不能正常用电、电话和接收电视节目等，从而影响了他们与外界的联系。与全国农户的平均水平相比，也存在较大的差距。此外，由于大部分贫困农户居住在偏僻地方，因此他们使用这些基本设施的便利性受到影响。据统计，2008年贫困户距离最近县城在10公里以内的比例为14%（全国农户为19.8%），距离最近码头在10公里以内的比例为73.5%（全国为83.1%），距离最近邮电所在10公里以内的比例为78%（全国为87.7%）。

（二）教育培训

我国主要通过两个途径来改善贫困人群的教育情况：普及初等教育和开展职业培训。为普及初等教育，国家利用财政拨款，在贫困农户地区修建校舍，添置教学设备，发放民办教师的工资补贴，减免贫困农户上学儿童的学杂费，给贫困农户的上学儿童提供食品补贴。为开展职业培训，国家利用财政拨款和贴息贷款，在贫困地区建立职业培训基地，聘请教师，资助贫困农户的青壮年劳动力接受职业培训。本部分主要从教育和培训两项指标对贫困人口教育状况的改善进行评估。

---

① 《中国农村扶贫开发纲要（2001—2010）》。
② 《中国农村扶贫开发纲要（2001—2010）中期评估政策报告》。

1. 教育评估

第一，劳动力受教育水平。劳动力受教育水平直接影响其与就业相关的谋生能力，也决定了其收入水平，表7-18给出我国农村贫困户劳动力受教育情况在时间维度上的变化，可以看出，贫困户劳动力平均受教育年限从2001年的6.7年增加到2008年的7.2年，初中及以上文化程度所占比重从2003年的43.6%上升至2008年的54.1%，而文盲率或半文盲率与仅接受小学及以下教育的比例分别从2003年的17%和39.4%下降到2008年的11.6%和34.3%。从这些指标来看，我国农村贫困户受教育水平已有较大提高，这与近年来实行义务教育以及贫困农户对教育的重视程度提高有很大的关系。但也可以看出，贫困农户的平均受教育年限一直在较低的水平上，在全国基本上普及九年制义务教育的背景下，到2008年其平均受教育年限也仅为7.2年，即初中一年级的水平，远没有完成义务教育。

表7-19给出近年来贫困农户与全国农户相比的基本情况，2008年时，平均受教育年限全国农户和贫困农户分别为8.2年和7.2年，文盲率和半文盲率分别为6.1%和11.1%，小学文化程度所占比重分别为25.3%和33.4%，初中文化程度所占比重分别为52.8%和45.2%，高中文化程度所占比重分别为11.4%和7.7%，中专文化程度所占比重分别为2.7%和1.8%，大专以上文化程度所占比重分别为1.7%和0.9%。可以看出，与全国农户相比，贫困农户的文盲率和半文盲率及小学教育水平比例偏高，但是受教育年限以及初中以上文化水平所占比例偏低。

表7-18　　　　　　农村贫困户劳动力文化程度情况

年份	平均受教育年限（年）	文盲率或半文盲率（%）	小学及以下（%）	初中及以上（%）
2001	6.7	—	—	—
2003	6.5	17	39.4	43.6
2005	6.5	16.8	38.2	45.1
2006	6.8	13.8	38.5	47.7
2007	7	12.6	35.2	52.2
2008	7.2	11.6	34.3	54.1

资料来源：各年度的《中国农村贫困监测报告》。

表7-19　　　　　　　　　　　农村劳动力文化程度情况

指标名称	2007年		2008年	
	全国农户	贫困农户	全国农户	贫困农户
平均受教育年限（年）	8.2	7.0	8.2	7.2
文盲或半文盲（%）	6.3	12.6	6.1	11.1
小学（%）	25.8	35.2	25.3	33.4
初中（%）	52.9	45.5	52.8	45.2
高中（%）	11.0	5.1	11.4	7.7
中专（%）	2.5	1.1	2.7	1.8
大专及以上（%）	1.4	0.5	1.7	0.9

资料来源：全国农村住户调查；国家农村贫困监测调查。

世界银行的研究指出，如果一个家庭的成年劳动力接收过高中教育，那么，这个家庭几乎不会陷入贫困；即使只是受过初中教育，家庭陷入贫困的可能也微乎其微。经过多年的努力，我国贫困农户户主文化程度不断得到提升，贫困发生率也在逐渐降低。但图7-5也表明，目前我国贫困农户户主的教育程度主要以初中与小学为主，其中小学教育程度的占近39.8%，初中教育程度的也将近42%；文盲和文盲率仍然远远高于全国平均水平，达9.4%左右；高中以上文化程度的比例有了较大的提高，但都只是全国平均水平的大约一半。从图7-5还可以看出，户主文化程度与贫困发生率呈现明显的负相关。户主文化程度越高，贫困发生率越低；户主文化程度越低，贫困发生率越高。这一方面说明，教育水平的提高有利于降低贫困发生率，提升其参与社会生产的能力，从而增加其家庭总体收入水平，降低贫困发生的可能性；另一方面也说明提高农村贫困户教育水平的必要性和迫切性。

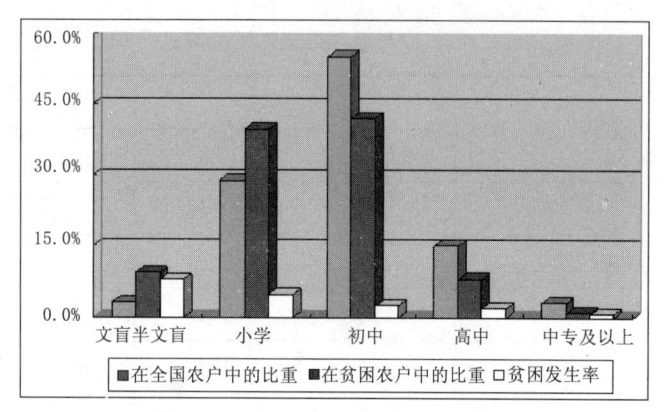

图7-5　2008年户主文化程度与贫困发生率

资料来源：《中国农村贫困监测报告》（2009）。

第二，儿童在校率和成人文盲率。表7-20进一步以不同年龄段说明我国贫困农户成员的教育状况，包括青少年的在校率、成人文盲率和青年文盲率，并与全国农户相应指标进行对比。虽然与全国平均水平有一定差距，但总体而言，青少年的在校率从2000年至2008年呈现出上升趋势，成人和青年文盲率呈下降趋势，这既与国家增加教育投资有关，也与贫困农户本身意识的改善有很大关系。同样存在的问题是，与全国农户相比，贫困农户和低收入农户的儿童在校率偏低，而成人和青年文盲率却偏高。

表7-20　7—15岁儿童在校率和成人文盲率（单位：%）

指标名称	2000年 全国农户	2000年 贫困农户	2000年 低收入户	2006年 全国农户	2006年 贫困农户	2006年 低收入户	2007年 全国农户	2007年 贫困农户	2007年 低收入户	2008年 全国农户	2008年 贫困农户	2008年 低收入户
7—12岁儿童的在校率	94.1	85.0	90.7	98.3	95.0	96.1	98.0	94.8	96.5	97.8	96.4	—
7—15岁儿童的在校率	96.4	88.4	94.0	99.2	96.9	97.5	98.2	95.6	96.7	97.2	96.5	—
13—15岁儿童的在校率	90.6	78.6	94.5	97.3	91.7	93.5	97.7	93.5	96.1	98.0	96.3	—
成人文盲率	11.5	25.5	18.8	9.3	18.9	17.2	8.8	17.1	16.5	8.5	16.1	—
青年文盲率	2.5	11.9	6.5	1.1	3.8	2.9	1.1	4.3	4.1	1.0	3.0	—

资料来源：全国农村住户抽样调查；鲜祖德著《中国农村贫困：最新结果和监测方法》。

总之，全国贫困农户受教育的程度有了较大的改善，平均受教育年限增加，文盲率和半文盲率显著下降，初中及以上受教育水平所占的比重明显上升，各年龄阶段的儿童在校率上升，这表明近年来我国贫困农户的教育绩效明显，但是与全国农户平均水平相比，还存在一定的差距。如果与城镇居民的教育水平相比，差距则应更为明显。这表明对于剩余贫困农户的教育投资是一项长期工程。

2. 培训评估

培训既是提高贫困农户文化水平的方法，又是提高其基本技能、增加谋生能力的重要手段。因此，我国政府在增加基础教育投资、提高贫困农户基本素质的同时，加大了对他们的专业培训投入，开展了广泛的农业实用技术培训，形成了专职教师与兼职教师相结合的农业技术培训师资队伍，如表7—21所示，1993—2000年期间，无论是我国农村农民技术学校的个数和教职工人数，还是培训农民的次数都显著提高。农村农民技术学校推广了一大批农业实用技术，农民科学种田的水平明显提高，受益于专业培训的贫困农户逐年增加。

同时，随着向城市转移人口的不断增多，新的减贫措施目标之一集中于让农村贫困人群更容易获得城镇中的工作机会，为此，2004年扶贫领导小组办公室发布了《加强贫困地区转移劳动培训》，贫困劳动力培训项目正式展开。到2005年，领导小组办公室在全国各地建立了32个示范培训基地，来自中西部的14个省市数据显示，截至2005年全国已有大约1500个地方建立了转移劳动力培训基地。[1]

表7-21　　　　　　农村农民技术学校数及对农民技术培训统计

年度	技术学校数（万个）	培训农民（人次）	教职工数（万人）	专职教师数（万人）
1993	28.85	5281.46	—	—
1994	33.25	6032.77	30.1	10.99
1995	38.55	7035.38	35.11	13.64
1996	43	8337.02	34.88	12.65
1997	44.11	8021.38	38.17	13.25

---

[1] 世界银行、东亚及太平洋地区扶贫与经济管理局：《从贫困地区到贫困人群：中国扶贫议程的演进——中国贫困和不平等问题评估》，2009年3月，第84页。

续表7-21

年度	技术学校数（万个）	培训农民（人次）	教职工数（万人）	专职教师数（万人）
1998	45.49	8201.87	41.61	13.96
1999	52.29	6750.23	44.71	13.87
2000	47.49	8807.33	40.51	14.59

资料来源：《全国成人教育统计公报（1990—2000）》。

据统计，2008年，贫困农户中接受过专业技能培训的比重为15.7%（全国为23.9%）。同时，国家出台了有关加强农村贫困户劳动力转移培训工作的要求，针对贫困县贫困情况开展了有重点和针对性的培训工作，从而达到"培训一人，输出一人，稳定一人，脱贫一户"的目的。各省也制订了有关贫困户劳动力转移培训的计划，保障了贫困户培训工作的开展。表7-22显示了黑龙江省2004年贫困户劳动力转移培训情况。

但实际上，目前接受培训的贫困劳动力数量相对还较少，主要原因有两点：第一，贫困家庭的劳动力往往难以负担培训的食宿和其他费用。一般情况下，培训持续1—6个月，每名参加者根据时间的长短接受600—1200元的学费补贴，大多数情况下参加者食宿自理，每人大约为1000元。[①]第二，由于在贫困农户的甄选方面，由乡里或村的领导协助，从而存在任人唯亲和索取好处的现象，使得到补贴的往往不是贫困农户家的劳动力。

表7-22　　　　黑龙江省2004年贫困户劳动力转移培训计划

县（市）	培训贫困户劳动力数量（人）	县（市）	培训贫困户劳动力数量（人）	县（市）	培训贫困户劳动力数量（人）
国家重点县	19100	省重点县	5800	非重点县	4100
延寿县	1000	通河县	600	依安县	700
甘南县	2200	龙江县	1000	海伦市	600
拜泉县	2500	富裕县	600	望奎县	600
泰来县	1500	克东县	800	讷河市	300
抚远县	700	肇源县	900	肇州县	600
汤原县	1100	明水县	900	五大连池市	300

① 世界银行、东亚及太平洋地区扶贫与经济管理局：《从贫困地区到贫困人群：中国扶贫议程的演进——中国贫困和不平等问题评估》，2009年3月，第85页。

续表7-22

县（市）	培训贫困户劳动力数量（人）	县（市）	培训贫困户劳动力数量（人）	县（市）	培训贫困户劳动力数量（人）
同江市	900	青冈县	1000	宝清县	200
桦南县	2000			木兰县	200
桦川县	1100			巴彦县	300
绥滨县	800			宾　县	300
饶河县	1000				
杜蒙县	1000				
林甸县	1300				
兰西县	2000			全省合计	30000

资料来源：黑龙江扶贫开发信息网，http://fupin.hljagri.gov.cn/jsp/xiangxi.jsp?moulid=1&nrid=15615。

总之，我国实行的贫困农户劳动力培训项目，在提高贫困户劳动力的技术水平和生产能力方面具有重要意义，对于贫困户及时转移、提高谋生能力、增加收入起到较大作用。但由于各种限制，接受培训的贫困农户还很有限，还有更多的劳动力需要这样的培训，因此还需要国家加大这方面的投入，给贫困家庭的劳动力更多的补助。

（三）医疗卫生

自20世纪80年代以来，我国公共卫生资源分配的不公平、卫生立法和强制执行的不足，以及卫生系统的体制性缺陷已经损害了卫生服务的公平性，而这种不公平性加剧了现有的收入不平等，使贫困人群更多地受到可预防和可治愈疾病的困扰。在我国的广大贫困地区，"贫"与"病"往往互为因果、相伴相生，由于贫困，许多人生病了却没钱去看病；即使有一定的经济实力，医疗设施简陋、医生水平不高等问题也使他们得不到及时有效的治疗。反过来，疾病的发生又对贫困家庭的经济状况造成沉重的打击，使贫者更贫，最终造成"因贫致病，因病致（返）贫"的恶性循环，严重危害着贫困地区人民的身体健康，极度制约着贫困地区的经济发展和社会进步。1998年全国卫生服务调查资料显示，有37.7%的人因经济困难而患病未就诊，应住院未住院者中有63.7%是因为经济困难。在农村最贫困的农户（约占4%）中50%左右属于因病致贫或因病返贫。[1]中国社会科学院社

---

[1] 朱俊生等：《论建立多层次农村医疗保障体系》，《人口与经济》2002年第2期。

会研究所（2006）对12村的定性评估也发现，生病是农村家庭最重要的致贫原因。

针对这些问题，国家也采取了相应的举措。一方面，国家加大医疗保健费用支出，扩大农村合作医疗覆盖范围。①在医疗保健支出方面，2008年国家扶贫重点县农民人均医疗保健支出达到134元，比2007年增长16.8%，增速比2007年提高了3.3个百分点。其中药品支出52元，增长9.6%；治疗费用80元，增长22.3%。地区之间的差距主要表现为西部地区的扶贫重点县较低，而东北和东部地区较高，特别是东北地区比西部地区高出37元（参见表7-23）。①2008年全国城镇居民家庭平均医疗保健支出达786.2元，农村居民家庭平均医疗保健支出达246.0元，由此可见，虽然贫困县农民人均医疗保健支出在逐年增加，但是与全国水平相比还存在相当大的差距，而且城乡人均占有卫生资源和医疗保健支出差距明显。②在农村合作医疗覆盖范围方面，根据卫生部组织的全国性调查，1998我国各类医疗保险覆盖的人口仅占城乡居民总数的27%。这其中城市人口覆盖率达55.9%，而农村人口的覆盖率仅为12.7%。②2003年国家开始试验并推广新型合作医疗制度，到2007年，国家扶贫重点县参加农村新型合作医疗的农户比例达81.7%，比2006年提高了44个百分点。新型合作医疗覆盖率的迅速提高，极大地帮助了贫困农户及时就医，2007年扶贫重点县农民有病就能及时就医的比例提高到89.4%，比2006年上升了2.3个百分点（分地区情况参见表7-24）。③

表7-23　　　　　　　国家扶贫重点县农民人均医疗保健支出

地区	2007年（元）	2008年（元）	2008年比2007年增减（%）
东部地区	120	137	14.4
中部地区	117	136	16.1
西部地区	111	129	16.2
东北地区	148	205	38.2
合计	114	134	16.8

资料来源：《中国农村贫困监测报告》（2008，2009）。

---

① 《中国农村贫困监测报告》（2009）。
② 孙立平：《再谈农村医疗》，《经济观察报》2003年7月28日。
③ 《中国农村贫困监测报告》（2008）。

表7-24　　　　国家扶贫重点县参加新型合作医疗的农户比重（单位：%）

地区	2006年	2007年	2007年比2006年增减
东部地区	19.6	98.3	78.7
中部地区	36.8	69.4	32.5
西部地区	40.6	85.7	45.1
东北地区	35.9	72.0	36.0
合计	37.7	81.7	43.9

资料来源：国家贫困监测抽样调查。

另一方面，国家加大力度改善医疗卫生条件。在国家的扶持帮助下，贫困地区医疗条件得到较大改善，到2008年，国家扶贫开发工作重点县医院、卫生院床位达40.9万张，比2001年增加了9.8万张，行政村中的77.4%拥有卫生室，77.4%拥有合格卫生员，73.7%拥有合格接生员，比2005年分别提高了4.2、2.8、2.5个百分点，比2001年分别提高了57.5、11.0、23.3个百分点；全国扶贫重点县农户的卫生设施条件略有改善，到2008年，有卫生设备农户的比重达到86.8%，比2007年提高了0.4个百分点。例如，2008年，有水冲式厕所的农户比重为4.7%，比上年提高0.9个百分点；有旱厕的农户比重为82.1%，比上年下降0.5个百分点；没有厕所的农户比重为13.2%。分地区来看，西部地区有1/6的农户仍没有厕所（参见表7-25）。

总之，由于国家对农村医疗卫生工作高度重视，农村医疗卫生事业得到了稳定的发展，农村医疗卫生政策逐步完善，医疗卫生经费投入比重也在不断提高，贫困地区的医疗卫生条件整体上有了比较大的改善，但是改善速度比较缓慢，城乡人均卫生资源仍然存在较大的差距。特别是新型医疗合作制度，在降低农户医疗卫生支出、提高其效率方面还需要相应的措施予以保障。

表7-25　　　　国家扶贫重点县分地区农户卫生设施构成（单位：%）

地区	水冲式厕所		旱厕		无厕所	
	2007年	2008年	2007年	2008年	2007年	2008年
东部地区	4.8	5.0	90.8	91.1	4.3	3.9
中部地区	3.2	5.0	91.1	89.7	5.7	5.3

续表7-25

地区	水冲式厕所		旱厕		无厕所	
	2007年	2008年	2007年	2008年	2007年	2008年
西部地区	4.2	4.8	76.9	76.5	18.9	18.7
东北地区	0.2	0.2	96.6	96.7	3.2	3.0
合计	3.8	4.7	82.6	82.1	13.5	13.2

资料来源：国家贫困监测抽样调查。

总体而言，经过20多年的艰苦努力，我国扶贫式开发工作还是取得了显著的成效，贫困人口的生产生活保障得到了很大改善，基础设施建设不断完善、教育培训水平不断提高、医疗卫生条件不断改善、社会保障程度不断提高。但在评估中也发现，相对而言，贫困地区基础设施建设水平依然不能满足需要，教育培训水平需要提高，医疗卫生条件还不能满足需要，社会保障方面还有大量的工作要做，可以说，在贫困人口生产生活保障方面，我国扶贫开发工作的任务依然艰巨。

四 贫困群体的社会保障评估

从国际经验来看，扶贫需要从制度安排上解决贫困人口有效利用其劳动力资源获得发展机会的问题和抗御自然、市场和其他意外风险能力低的问题。社会保障直接关系着全国亿万百姓的切身利益，是全面建设小康社会的重要内容。同时，社会保障问题又是一个很重要的社会问题，关系到民生以及社会的稳定和发展。党的十七大报告中指出：要以社会保险、社会救助、社会福利为基础，以基本养老、基本医疗、最低生活保障制度为重点，以慈善事业、商业保险为补充，加快完善社会保障体系。促进企业、机关、事业单位基本养老保险制度改革，探索建立农村养老保险制度。全面推进城镇职工基本医疗保险、城镇居民基本医疗保险、新型农村合作医疗制度建设。

农村的基本社会保障体系包括农村五保供养、农村特困救助、新型农村合作医疗、农村最低生活保障、农民工基本医疗保险和工伤保险等。为评估贫困地区的社会保障发展绩效，本研究从相关政策、社会保障资金规模、覆盖面和保障水平等方面进行评估。

（一）社会保障政策

我国扶贫开发工作实施以来，国家出台了一系列的政策，逐步完善社会保障体系，促进贫困地区发展，增加贫困地区群众收入，具体体现在以下几个方面。

第一，实施农村税费改革，推进建立新型农村五保供养制度和农村低保制度。农村税费改革是继土地改革、家庭联产承包责任制之后我国农村分配关系的又一次重大变革。2000年，国家在安徽省开始实行税费改革试点。2003年，全国所有省区全部开展税费改革试点工作。2006年，在我国历史上绵延2600年的农业税正式终结。[1]为适应农村税费改革形势，国家积极调整相关政策，千方百计解决农村贫困群众的基本生活问题（参见表7-26）。

农村税费改革后，五保对象从"集体的人"转变为"国家的人"，供养责任主体上升为国家，村集体的角色从供养服务的提供者变成了传送者。至此，农村五保供养由农村集体福利事业向现代社会保障制度转型，新型农村五保供养制度得以全面建立和实施。

农村低保制度[2]是对农村特困户生活救助制度的完善和发展，也是对我国扶贫开发工作的有效补充。同时，扶贫开发工作也是缓解低保压力、稳定脱贫的有效手段，可以为低保提供更多的资金来源，为低保制度的执行创造更有利的条件。随着农村低保制度的全面建立，我国扶贫开发工作的目标也由解决贫困人口温饱问题转变为着力促进贫困人口收入增加，二者相辅相成、互相补充，在保证贫困地区人口温饱的条件下，逐步增加贫困地区群众收入，促进贫困地区发展，最终实现贫困地区均衡发展，实现共同富裕。

第二，出台并实施贫困地区"两补"政策。[3]"两补"政策出台和实施

---

[1] 农业税是我国一种古老的税种，如果从春秋时期鲁宣公十五年（公元前594年）的"初税亩"算起，我国农业税的历史有2600年，如果从公元前21世纪的"禹帝制九州"、"任土作贡"、"按等征赋"作为农业税的雏形算起，则有4000多年的历史。参见《温家宝在全国农村税费改革试点工作会议上的讲话》。

[2] 农村最低生活保障制度是指"对家庭人均纯收入低于当地最低生活保障标准的家庭，按最低生活保障标准给予救助的制度，是在农村特困群众定期定量生活救济制度的基础上逐步发展和完善的一项社会救助制度"。参见民政部有关资料。

[3] "两补"政策，即国家在全国范围内对农民种粮提供直接补贴，并在重点产区对种植的部分作物采用优良品种的农民提供补贴。

以来，据不完全统计，中央财政通过将粮食风险金转为直接补贴等方式，为全国农民累计提供了700亿元的粮食直接补贴，另外累计提供了超过200亿元的良种补贴。"两补"政策的实施，增加了受益农民的转移性收入，从而对减缓扶贫重点县农村贫困和收入不平等产生了积极的影响，同时，对于减缓贫困地区贫困发生率、改善贫困人口的收入水平和分配状况，都产生了积极重要的作用。

表7-26　　　　2002年以来国家有关农村社会救助的政策规定

序号	文件	发文时间	内容
1	党的十六大报告	2002年	有条件的地方，探索建立农村养老、医疗保险和最低生活保障制度
2	中共中央关于完善社会主义市场经济体制若干问题的意见	2003年	有条件的地方探索建立农村最低生活保障制度
3	2004年政府工作报告	2004年	继续完善社会救助制度，切实帮助特殊困难家庭解决就医看病、子女上学、住房、冬季取暖等实际困难。完善农村"五保户"生活保障制度，确保供养资金
4	2005年政府工作报告	2005年	有条件的地方可探索建立农村居民最低生活保障制度，完善农村"五保户"供养制度
5	中共中央国务院关于推进社会主义新农村建设的若干意见	2005年	进一步完善农村"五保户"供养、特困户生活救助、灾民补助等社会救助体系。有条件的地方，要积极探索建立农村最低生活保障制度
6	2006年政府报告	2006年	完善"五保户"供养、特困户救助、灾民救济等制度，增加资金支持并适当提高救助标准
7	中共中央关于构建社会主义和谐社会若干重大问题的决定	2006年	逐步建立农村最低生活保障制度，加强对困难群众的救助，完善农村五保供养、特困户救助、灾民救助等制度
8	2007年政府报告	2007年	完善城乡社会救助体系，今年要在全国范围建立农村最低生活保障制度，这是加强"三农"工作、构建和谐社会的又一重大举措
9	中共十七大报告	2007年	完善城乡居民最低生活保障制度，逐步提高保障水平，健全社会救助体系
10	2008年政府报告	2008年	健全社会救助体系。重点完善城乡居民最低生活保障制度，建立与经济增长和物价水平相适应的救助标准调整机制
11	中共中央关于推进农村改革发展若干重大问题的决定	2008年	到2020年，农村基本生活保障、基本医疗卫生制度更加健全。完善农村最低生活保障制度，加大中央和省级财政补助力度，做到应保尽保，不断提高保障标准和补助水平。全面落实农村五保供养政策

资料来源：《中国农村贫困监测报告》(2008)。

第三，重视残疾人就业与生活保障。我国有残疾人6000万人，其中70%的残疾人生活在非国定贫困县，缺少国家的特别扶持，解决部分贫困残疾人的温饱问题是扶贫攻坚的薄弱点。针对残疾人这一特殊的贫困群体，国务院扶贫开发领导小组结合中国残疾人联合会等有关组织机构，先后制定了《中国残疾人事业"八五"计划纲要》、《中国残疾人事业"九五"计划纲要》、《中国残疾人事业"十五"计划纲要》和扶贫配套实施方案，实施《残疾人扶贫攻坚计划（1998—2000）》、《农村残疾人扶贫开发实施办法（1998—2000）》，设立康复扶贫专项贷款等一系列有力措施对贫困残疾人予以支持。

第四，完善农村养老保险制度。我国农村养老保险制度是建立在"家庭保障"和"集体保障"基础之上的，但随着农村计划生育政策的有效实施，农村家庭结构发生了很大的变化，农村老人对家庭经济的控制能力开始下降，加之贫困地区集体经济薄弱，以"家庭保障"和"集体保障"为主要形式的农村养老保险制度暴露出的弊端越来越大。针对新的形势，1991年1月国务院决定由民政部负责开展农村社会养老保险工作，在总结经验的基础上，民政部深入农村进行调查研究，制定了《县级农村社会养老保险基本方案（试行）》，提出了"坚持资金个人交纳为主，集体补助为辅，国家予以政策扶持；坚持自助为主、互济为辅；坚持社会养老保险与家庭养老相结合"的发展农村养老保险的基本方针。

（二）资金规模

众所周知，我国是一个自然灾害频发的国家，自然灾害也是部分人口返贫的主要原因，为减少自然灾害带来的损失和生活冲击，国家也非常重视灾害救济。据统计，2003—2008年，中央财政共安排自然灾害生活救助资金425亿元（不含2008年汶川地震期间使用灾后重建基金安排的倒损农户住房重建支出290亿元和使用彩票公益金安排的救灾支出20亿元），用于特大自然灾害受灾群众紧急转移安置、临时生活救助、农户倒损住房恢复重建、受灾群众冬春临时生活困难救助、救灾专用物资采购以及中央级救灾储备物资管理费等，帮助地方重点解决特大自然灾害受灾群众基本生活保障问题，切实保障受灾群众有饭吃、有衣穿、有住处、有干净水喝、有病能医、全力维护灾区社会秩序稳定。

在农村低保支出方面，2008年中央财政投入农村低保补助资金93.65亿元，全国共支出农村低保资金228.7亿元。全国支出医疗救助资金39.2亿元，其中用于困难群众参加新型农村合作医疗6.1亿元，民政部门直接救助33.1亿元。直接救助对象人均门诊救助141元、人均住院救助1181元。

其他方面，2006—2008年，"霞光计划"民政部本级投入福利彩票公益金4亿元，拉动地方投入37.4亿元，共新建、改建、扩建农村五保供养服务设施建设项目2035个。①

（三）社会保障覆盖面

考察社会保障的覆盖面，我们主要从社会救助项目和社会保险项目两个维度来进行。其中，社会救助项目主要包括五保供养、农村特困户救助、农村低保、医疗救助和自然灾害救济。社会保险项目主要包括农村医疗保险、农村养老保险制度两个方面。

根据官方估计，截至2008年12月，全国共有548.6万人纳入五保供养，比2005年增加了320.6万人，基本实现"应保尽保"。其中155.6万人在当地的敬老院等农村五保供养服务机构集中供养，供养标准为每人每年2176元；393万人在家分散供养，分散供养标准为每人每年1624元。2008年全国累计支出供养资金76.7亿元。全国共有五保供养服务机构30368家，总职工13.3万人，全国农村敬老院的床位数193.1万张，扣除为优抚对象提供的房间和收养自费养老床位后，实际为五保户提供的床位数为175万张。②

截止到2007年年底，全国31个省（自治区、直辖市）均已出台农村低保政策文件，全国2777个涉农县（市、区、旗）已全部建立和实施了农村低保制度（参见表7-27、表7-28）。截至2008年12月，全国有农村低保对象4305.5万人，占全国农业人口总数的4.9%，正在向"应保尽保"迈进。随着全国范围农村低保项目的推广，农村的特困户救助目前已经纳入低保制度中，截至2007年年底，特困户救助的人数已经急剧下降到大约30万人。③

---

① 《中国农村贫困监测报告》（2009）。

② 同上。

③ 世界银行：《从贫困地区到贫困人群：中国扶贫议程的演进——中国贫困和不平等问题评估》，2009年3月。

表7-27　　　农村税费改革以来农村最低生活保障制度建制情况

年份	建制省份（个别省份为改革原资金渠道，继续实施低保制度）
2003	北京、上海、天津、浙江、广东
2004	江苏、福建、辽宁
2005	河北、陕西、海南、四川、吉林
2006	内蒙古、黑龙江、山西、河南、江西、山东、甘肃、湖南、重庆、青海、广西、安徽
2007	湖北、贵州、云南、西藏、宁夏、新疆

资料来源：民政部统计年鉴（相应年度）。

到2003年年底，全国31个省（自治区、直辖市）的1870个县（市、区）不同程度地开展了农村养老保险工作，5428万农村参保，积累基金260亿元，198万参保人开始领取养老金。[①]

截至2007年年底，有2451个县（占全国的86%）建立了新型合作医疗制度，覆盖了约7.3亿农村居民。[②]到2008年，农村医疗救助共救助群众4344万人次，其中资助3747万人参加新型农村合作医疗，民政部门直接救助597.6万人次。[③]

表7-28　　　2004—2007年中国社会救助项目的受益人数（单位：百万人）

年份	2004	2005	2007
五保供养人数（百万）	4.53	4.18	5.30
分散供养人数	3.94	3.50	4.20
集中供养人数	0.59	0.68	1.20
特困户数	9.14	10.67	0.30
最低生活保障人数	4.88	8.25	34.52
医疗救助人数		11.71	29.09
新型合作医疗保险救助人数		8.67	23.06
其他		3.04	6.03

资料来源：国家统计局《中国统计年鉴》（2006，2007）和民政部统计年鉴（2007）。

---

① 王国良：《中国扶贫政策——趋势与挑战》，社会科学文献出版社2005年版，第188页。

② 世界银行：《从贫困地区到贫困人群：中国扶贫议程的演进——中国贫困和不平等问题评估》，2009年3月。

③ 《中国农村贫困监测报告》（2009）。

（四）保障水平

对农村社会保障水平的评估，我们也从农村社会救助项目和社会保险项目两个维度进行。首先，我们必须肯定农村社会保障工作所取得的成绩，在社会救助项目中，尤其是农村低保和医疗救助项目，自2005年至2007年，低保的受益人数增长了4倍以上，达到约3450万人，而医疗救助计划的覆盖人数也增长了接近3倍，达到约2900万人。[1]全国农村低保平均标准为每人每年988元，月人均补差50.4元。[2]然而，尽管农村的贫困率有所下降，社会救助范围也在扩大，但截至2009年，农村还有3597万人处于贫困状态，另外还有更多的人处在容易致贫和返贫的边缘。

在自然灾害救济方面，由于我国是一个自然灾害频发的国家，地震、洪水、干旱、泥石流、台风等自然灾害造成的重大人员和财产损失都是国家重要的关注点。据估计，2007年自然灾害影响到全国30%以上的耕地（参见表7-29），其中受水旱灾害影响的面积占全部受灾面积的70%。通过统计数据，我们可以发现，虽然政府给予的总体救助绝对数额巨大，但是还不及灾害直接经济损失的3%，因此，我国的灾害救助水平相对于灾害损失来说还非常有限，还需要更多的政府投入。

表7-29　　　　　　　关于中国自然灾害和灾害救济的官方统计

年份	2004	2005	2006	2007
水灾和旱灾成灾面积（千公顷）	24567	26960	28741	
受水灾和旱灾影响的可耕地面积比例（%）	16.0	17.3	18.3	
自然灾害成灾面积（千公顷）	37106	38818	41091	48993
受自然灾害影响的可耕地面积比例（%）	24.2	25.0	26.2	31.2
直接经济损失（10亿元）	160.2	204.2	252.8	236.3
各级政府灾害救济（10亿元）	3.2	5.29	5.93	6.56
政府救济占直接经济损失的比例（%）		2.6	2.3	2.8

资料来源：国家统计局《中国统计年鉴》（2006）和民政部网站。

---

[1] 世界银行：《从贫困地区到贫困人群：中国扶贫议程的演进——中国贫困和不平等问题评估》，2009年3月。

[2] 《中国农村贫困监测报告》（2009）。

在社会保险方面，农村新型合作医疗制度自2003年试验推广开始，覆盖面快速扩大，取得了令人赞叹的成绩，向着全民健康保险的目标前进了一大步，但仍存在一些挑战，比如合作医疗保险报销额度比较低、报销手续比较烦琐等；农村养老保险制度自20世纪90年代初开始推广以来，尽管规模较小，但是也取得了一定的成绩（参见表7-30）。通过数据统计，我们发现在经历了一个起步期之后，由于现行制度覆盖面有限且不平均、配套政策不到位、农村缴费能力有限、基金运营困难等因素的制约，整个项目的进度开始放缓，近年来其参与人数一直处于徘徊状态，大约为5400万人，占农村劳动力总数的10%—11%。因此，该项目的大力扩展还需要政府更大程度的参与和补贴。

表7-30　　　　　　　　1997—2007年农村养老保险制度成效

年　份	1997	2002	2003	2004	2005	2006	2007
贡献者							
农村劳动力贡献人数（百万）	75.42	54.62	54.28	53.78	54.42	53.74	51.71
农村劳动力人数（百万）	462.34	485.27	489.71	496.95	503.87	510.89	518.00
农村劳动力贡献比例（%）	16.3	11.3	11.1	10.8	10.8	10.5	10.0
受益者							
受益者人数（百万）		1.23	1.98	2.05	3.02	3.551	3.92
农村60岁及以上老年人口数（百万）		86.07	87.61	89.34	92.37	92.98	93.60
得到养老金的农村老年人比例（%）		1.4	2.3	2.3	3.3	3.8	4.2

资料来源：国家统计局《中国统计年鉴》和中国人口统计年鉴（历年）。

在针对贫困残疾人的救助方面，经过10年的努力，已使1000多万贫困残疾人基本解决了温饱，贫困残疾人的数量也由1992年的2000万人下降到了2000年的979万人。到2000年年底，全国已建立县级残疾人服务社2238个，占县（市、区）总数的80.2%；乡镇残疾人服务社28427个，占乡镇总数的60%，初步形成了农村基层残疾人扶贫服务体系，为残疾人扶贫工作提供了重要的组织保障。[1]

总之，我国农村的社会保障体系取得了显著的进步，其长期存在的落后面貌也得到了改善，社会救助和社会保险中的主要项目（特别是农村低

---

[1] 中华人民共和国国务院新闻办公室：《中国的农村扶贫开发白皮书》，2001年。

保、农村医疗保险和医疗救助项目）的覆盖面也取得了快速增长。但是，目前我国大多数农村社会保障项目的救助水平过低，还有一些项目的覆盖面比较有限，保障收益水平只及同类城市保障项目水平的一小部分。因此，为了健全和完善农村社会保障体系，还需要中央和省级政府更多的资金投入以及资源承诺。

五　贫困群体的市场参与程度评估

市场参与程度是衡量贫困人口市场参与的重要指标，同时也是衡量政府扶贫绩效的一个重要指标，作为经济人，贫困人口只有广泛地参与市场经济活动，才能享受改革开放和市场经济发展的成果，才有机会增加收入，早日摆脱贫困，走上富裕的道路。当然，贫困人口市场参与的能力和意愿，有赖于教育水平提高、出行方便、社会保障有一定基础，在我们对这些指标已经评估的基础上，本节将重点评估贫困人口市场参与的程度。

全国农户抽样调查的结果显示，随着我国经济改革的深入和社会经济的发展，农户越来越多地参与社会分工和市场交易活动，被调查农户的市场参与程度总体呈现上升趋势（参见表7-31）。

表7-31　　样本农户的市场参与程度变化趋势（单位：%）

年份	2000	2001	2002	2003	2004
均值	90.78	92.61	92.68	94.69	94.82
标准差	6.45	5.94	6.46	4.37	5.15

资料来源：全国农村用户抽样调查。

表7-32分别提供了贫困和非贫困农户的市场参与程度的平均值，从中可以看出，在所有的年份里，非贫困农户都比贫困农户参与市场程度更高；非贫困农户的市场参与程度在所有的年份里都稳定上升，而贫困农户在两个年份里的市场参与程度出现了下降趋势，在2001年甚至大幅度下降，这表明在市场化过程中，贫困农户的市场参与程度并没有像非贫困农户那样保持稳定的上升态势。[1]

---

[1] 章元等：《参与市场与农村贫困：一个微观分析的视角》，《世界经济》2009年第9期。

表7-32　　　　　　　贫困与非贫困农户的市场参与程度（单位：%）

年份	2000	2001	2002	2003	2004
贫困农户	84.99	68.98	88.60	93.15	92.15
非贫困农户	90.92	92.17	92.84	94.72	94.98

资料来源：全国农村用户抽样调查。

为进一步评估贫困农户市场参与的程度，本节主要从劳动力外出务工比重、人均纯收入中工资性收入比重、现金收入比重、主要农产品商品化率及多种市场参与程度五个指标进行评估分析。

（一）外出务工

加快推进农村富余劳动力转移是现阶段增加农民收入最直接有效的途径，是统筹城乡社会经济发展的重要举措。随着市场经济的发展，农村劳动力外出务工比重呈逐年上升趋势。《中国贫困农村监测报告》（2000）统计数据显示，1999年，国定贫困县去外地打工的劳动力占被调查劳动力总人数的10.9%，外出务工的三类产业分布参见图7-6，主要以第二产业和第三产业为主，并且第二产业主要分布在建筑业等劳动强度比较高的产业，第三产业主要分布在餐饮服务业等技术含量低的产业，这与劳动力的文化程度有直接关系。参见图7-7，1999年劳动力文化程度分布比例中，初中以上文化程度的只占40%，而文盲和半文盲占17%，文化程度决定了他们所从事工作的技术含量与工资水平。

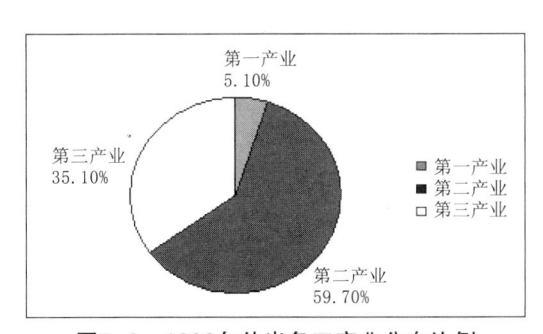

图7-6　1999年外出务工产业分布比例

第一产业 5.10%
第二产业 59.70%
第三产业 35.10%

资料来源：《中国农村扶贫监测报告》（2000）。

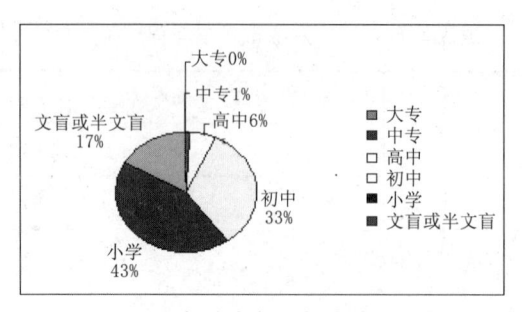

图7-7　1999年外出务工劳动力的文化程度

资料来源：《中国农村扶贫监测报告》（2000）。

图7-8为2000年以来扶贫重点县劳动力外出务工比例，可以看出，扶贫重点县劳动力外出务工的比例从2000年的10.6%增加到2008年的19.7%，这与近年来政府加大贫困地区外出务工的教育培训投入等各项措施有很大关系。但也可以看到，这种增长不是平滑的，个别年份有所下降，最近的2008年的下降就与世界金融危机、受此影响外资部分撤出或削减在我国的投资，以及国内产业结构调整等有很大关系。综合2000年以来的经济发展路程，2001年受世界经济和贸易量增速明显减缓的影响，GDP增长率为7.3%，比1999年下降0.7个百分点；2003年GDP增速虽然是1997年以来最快的，但经济快速发展的同时，产业结构调整也呈现加快的势头，对劳动力素质提出了更高的要求。虽然全国农村外出务工的比例比2002年增加了2.7个百分点，但是监测到的扶贫重点县的劳动力外出务工比例却比2002年下降了0.1个百分点；2008年受国际金融危机的影响，外资企业调整在全球调整投资布局，在我国的投资下降，同时内资企业产业结构，这一系列经济因素的影响，使得全国外出务工比例和数量打破自2005年以来的持续增长的势头，其中扶贫重点县劳动力外出务工比例比2007年下降了0.8个百分点。

同时，对于近年来农村劳动力外出务工比例下降的解释，也有人认为除经济波动和产业结构调整的因素外，是"回流"现象不断增多致使2008年外出务工人员略有下降。[①] 随着地方政府一系列惠农政策的实施，以及城乡一体化改革进程的加快，这种"回流"现象会不断增加。

---

① 罗静、李伯华：《外出务工农户回流意愿及其影响因素分析——以武汉市新洲区为例》，《华中农业大学学报》(社会科学版)2008年第6期。

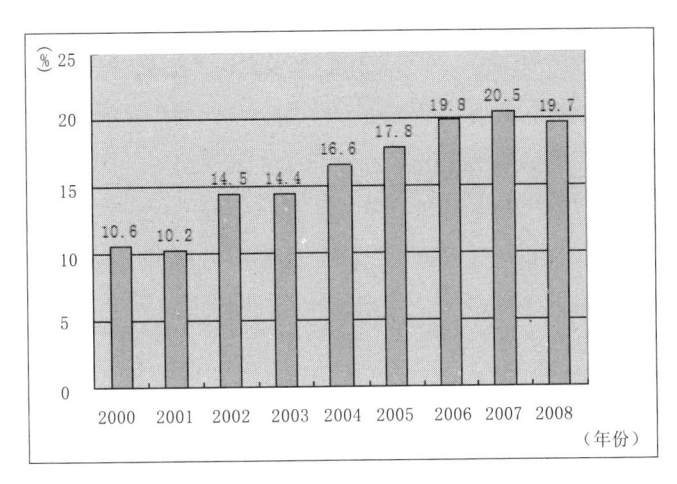

图7-8　扶贫重点县劳动力外出情况

资料来源：《中国农村扶贫监测报告》（2000—2009年）。

（二）工资性收入

如果仅仅靠种植业收入，贫困人口很难真正摆脱贫困。可喜的是，由于我国经济社会的发展以及政府对农民就业给予多方面的支持，近年来我国农村就业结构发生了巨大变化，农村居民收入不再单单依靠种植业，出现了多元化发展的趋向。全国总工会曾经做过的一项调查结果显示，1990年我国农民人均纯收入有约20%来自工资性收入，到1999年这一比例提高到30%，其中东部地区近50%，已成为农民的主要收入来源。如果平均每个农民工每年给家庭寄2000元钱，那么全国农民家庭每年单外出务工收入就在1600亿元以上，远远高于政府各类扶贫项目对农村的投入。[①]

据统计，2008年，我国农民人均纯收入为4760.6元，其中工资性收入为1853.7元，在工资收入中的外出务工收入为762.1元，分别占人均纯收入的38.9%和16%（参见图7-9）。其实，自1997年以来，农民外出务工收入一直呈两位数增长，在工资性收入中占突出地位。例如，2001年，农民外出务工收入占工资性收入的比重达到36.5%，2002年达47.5%，比上年提高11个百分点；2003年进一步上升到61.4%，比上年提高13.9个百分点。2004年，外出务工收入比上年增加52元，增长14.9%，对工资性收入增长的贡

---

① 新华网：http://www.sina.com.cn。2003年1月13日。

献率为70%。①2005年，贫困和低收入人口的人均工资性收入分别为148元和233元，占纯收入的比重为26.9%和27.1%，分别比上年提高了7.0和4.4个百分点。2006年贫困和低收入人口的人均工资性收入分别是169.5元和255.4元，占纯收入的比重分别为27.6%和29.7%。2007年农村居民人均工资性收入为1596.2元，占人均纯收入的38.6%，比上年提高0.3个百分点。其中，贫困和低收入农户人均工资性收入分别为180.2元和289.3元，占纯收入比重分别为27.6%和29.6%。

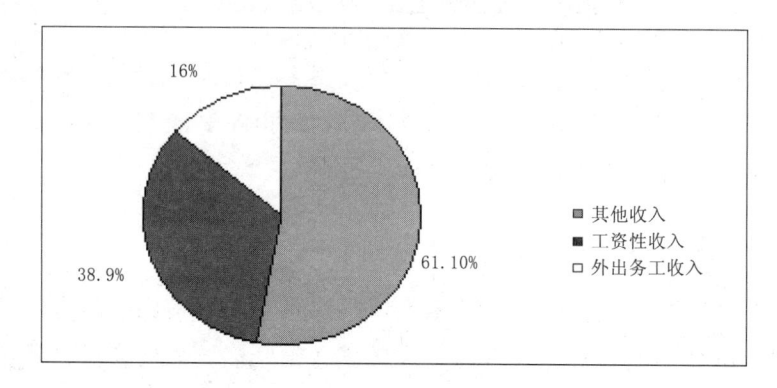

图7-9 2008年我国农民人均收入构成

在扶贫工作重点县，如表7-33所示，全年人均纯收入从2001年的1277元增加到2008年的2611元，其中工资收入从383元增加到887.7元（参见图7-10）。总体而言，工资收入占总收入的比例有上升趋势，但在某些年间还有下降趋势，如从2002年到2004的三年里，扶贫重点县农民工资收入所占比例呈下降趋势。2005年扶贫重点县农民人均纯收入中工资性收入为560元，比上年增长14.5%，是2003年以来最快的增长速度。工资性收入恢复高速增长的原因有两点：一是国家鼓励农民工进城的各项措施对外出务工产生了推动和引导作用；二是第一产业增收乏力，更多农民寻求外出打工。此后，在这些政策的推动下，除因国际金融危机，2007年有小幅波动外，基本上呈上升趋势，这有利于增加农民收入，尽快脱贫致富。

---

① 宋洪远：《中国农村改革三十年》，中国农业出版社2008年版，第360页。

表7-33　　　　　　　2001—2008年扶贫重点县农民纯收入（单位：元）

年份	2001	2002	2003	2004	2005	2006	2007	2008
全年人均纯收入	1277.0	1305.2	1406.3	1584.3	1723	1928.4	2278	2610.8
工资性收入	383	436	451.4	489	560	644.2	783.6	887.7
外出务工收入			241.9	257		330.8	403.1	445.7

资料来源：《中国农村扶贫监测报告》（2000—2009）。

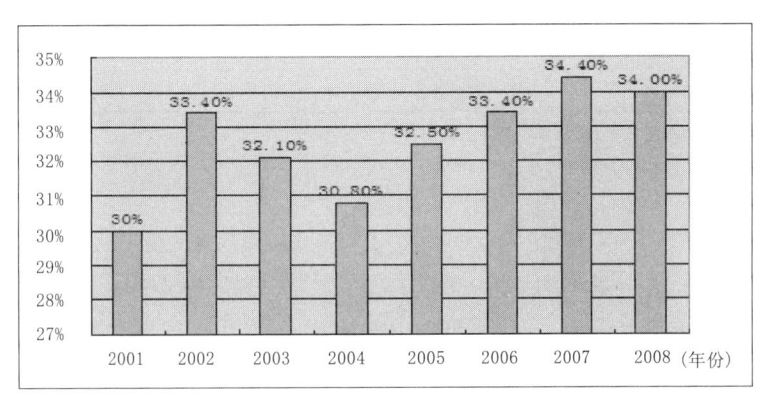

图7-10　2001—2008年度工资性收入比例

总之，由于经济的发展和国家政策的支持，贫困人口工资性收入逐年增加，占人均纯收入的比重在总体上也呈现上升趋势，但是其知识技能水平导致这种增加非常缓慢。

（三）现金纯收入

随着农村劳动力外出务工人员的增多，以及国家对"三农"问题的重视，农村外出务工人员的平均工资水平不断提升，进而其现金纯收入比重不断提高。

从表7-34可以看出，在扶贫工作重点县，总收入中现金收入比重从2000年的66.8%增加到2008年的73.3%，纯收入中现金收入比重从65%增加到71.6%。其中，2008年扶贫重点县农民人均现金收入为2716元，占全年人均总收入的73.3%，比2007年下降了2.3个百分点；农民人均现金收入为1870元，占全年人均纯收入的71.6%，比2007年下降了4.6个百分点。

表7-34　　　　扶贫重点县农民人均现金收入占总收入的比重（单位：%）

年份	总收入中现金收入比重	纯收入中现金收入比重
2000	66.8	65
2001	63	60.7
2002	64.6	63.8
2003	67.5	63
2004	66.9	61.6
2005	71.5	66.2
2006	73.2	73.1
2007	75.6	76.2
2008	73.3	71.6

资料来源：根据各年度《中国农村扶贫监测报告》整理。

（四）农产品商品化率

以农户家庭为基本生产单位的主要农产品商品化程度是决定农户市场化程度的一个重要因素。农户生产出的农产品商品化程度越高，农户的生产行为也越多地渗透有市场化的因素。定义农产品的商品化率＝农村居民家庭平均每人出售农产品数量/农村居民家庭平均每人农产品生产数量。

参见表7-35，与2000年相比，各主要农产品的商品率已全面提高。2004年农户生产的粮食商品率为41.1%，比2000年提高2.3个百分点；油料为55.1%，比2000年提高6.6个百分点；蔬菜为59.2%，比2000年提高15.1个百分点；水果为78.8%，比2000年提高2.3个百分点；棉花为78%，比2000年提高1.4个百分点。

表7-35　　　　主要农产品商品率（2000年和2004年）（单位：%）

项别	2004年 全国	2004年 贫困农户	2004年 低收入户	2000年 全国	2000年 贫困农户	2000年 低收入户
粮食	41.1	28.7	30.4	38.8	31.9	33.9
棉花	78.0	84.1	77.8	76.6	87.8	82.3
油料	55.1	45.9	45.6	48.5	48.2	48.7
蔬菜	59.2	29.8	34.0	44.1	29.7	28.0
水果	78.8	55.0	64.5	68.9	55.1	65.8
畜禽	82.1	55.6	57.9			

资料来源：全国农村住户抽样调查。

2007年农村居民多数主要农产品商品率变化不大（参见表7-36），其中粮食商品率为51.5%，比上年下降0.7个百分点；油料商品率为60.5%，比上年下降0.9个百分点；蔬菜商品率为65.6%，比上年提高了1个百分点；畜禽商品率为86.3%，比上年提高0.3个百分点。[①]

表7-36　　　　　　　　2007年主要农产品商品化率（单位：%）

指标名称	全国	贫困农户	低收入户
粮食	51.5	30.5	31
油料	60.5	40.3	50
蔬菜	65.6	36.9	50.3
水果	88.1	72.8	78.2
畜禽	86.3	68.4	63

资料来源：《中国农村贫困监测报告》（2008）。

2008年农村居民多数主要农产品商品化率有不同程度下降，其中粮食商品率55.5%，比上年上升4个百分点；油料商品率45.8%，比上年下降14.7个百分点；蔬菜商品率67.6%，比上年提高了1.9个百分点；畜禽商品率84.7%，比上年下降1.6个百分点（参见表7-37）。

表7-37　　　　　　　　2008年主要农产品商品化率（单位：%）

指标名称	全国	贫困农户
粮食	55.5	29.8
油料	45.8	35.1
蔬菜	67.6	40.6
水果	85.0	67.8
畜禽	84.7	61.2

资料来源：《中国农村贫困监测报告》（2009）。

由此可见，尽管2008年农村居民多数主要农产品商品化率有不同程度下降，但仍然不能否定近年来农村居民多数主要农产品商品化率一直呈

[①] 资料来源：《中国农村贫困监测报告》（2007，2008，2009）。

上升态势，其原因主要是政府一系列惠农政策的执行、市场监管的完善，以及农村居民市场意识的提升。有研究也指出，与全国平均水平相比，贫困和低收入农户主要农产品商品率（出售量除以生产量）相对较低，但粮食、油料、畜禽等的商品率比上年有所提高。[①]

（五）金融市场参与度

金融市场参与主要是指农户参与信贷市场的情况。增加农村家庭参与金融市场的机会，让金融为广大农村家庭服务，这对改善其资源配置、解决农村金融抑制、帮助贫困农户脱贫致富具有重要的作用。

2000年以来农户参与信贷市场的能力日益提升，参与信贷的农户由少到多，贷款的金额也日益增多，与此同时，农户的按时偿还能力也逐渐提高。2000年贫困地区参与信贷市场的农户每户平均借贷5046.6元，其中正规信贷所占的比重为38.45%。2000—2005年期间，农业贷款占全部贷款的比重呈上升趋势，从2000年的5.19%到2005年的6.1%，平均每年上升0.2%。但是农户借贷水平和规模仍维持较低的水平。2005年年底，垄断了全国50%左右存款的工商银行、中国银行和建设银行对农户和乡镇企业贷款总计不到50亿元，不到三行全部贷款余额的0.05%，也不到全部金融机构农村贷款的0.3%。[②]2007年，从农户当年借贷情况来看，无论是当年借贷还是年末余额，农户借贷仍维持在较低的水平，2007年扶贫重点县农户年末人均借贷余额206元，比上年减少4元，下降1.9%。另外，农户还款的比例增加，逾期未还的比例下降。到2007年年底，逾期未还的占年末借贷余额的比重为58.7%，比上年下降了4.1个百分点。

随着农村信用社改革取得重要进展和效果，资金支持基本落实到位。2008年年末，农村信用社贷款为3.7万亿元，占金融机构贷款总额的比例由改革之初的10.6%提高到12.3%。与此同时，受金融危机的影响，金融机构的贷款增长速度明显放缓。从正规金融机构得到贷款的贫困农户占全部农户的3.3%，比上年下降了0.9个百分点，户均贷款额度8322元，比上年增加了

[①] 曹阳、王春超：《中国小农市场化：理论与计量研究》，《华中师范大学学报》（人文社会科学版）2009年第6期。

[②] 向继芳：《中国农村信贷市场的问题和发展方向》，《经济金融观察》2009年第5期。

2708元，增长了48.2%。以贫困县为例，扶贫重点县农户借贷规模都有了很大的突破，农户年末人均借贷余额223元，比上年增加了17元，增长8.5%。①

由此可见，随着农村金融市场环境的改善，贫困农户金融市场的参与程度不断提高，但是由于农户自身的经济状况及所从事的产业，导致其还贷能力低下，进而影响其在金融市场的进一步参与。同时由于贫困人口和低收入人口无法及时分享资源和信息，从而导致其参与信贷市场的水平较低。因此，为解决贫困地区农户对消费信贷需求不断增加的问题，应从改善贫困人口信贷市场环境的角度出发，在现有政策背景下，改革农村金融机构，完善农村金融制度，进一步规范非正规金融机构的借贷程序，提高贫困人口和低收入人口的金融市场参与度。②

六　主要结论

我们从贫困群体的层面对政府扶贫开发的绩效进行了评估，主要结论如下。

第一，在对贫困程度的评估中发现，与国际上对我国扶贫绩效的评估结论一致，自实施扶贫开发以来，我国的贫困程度大幅度下降。具体指标方面：（1）利用统计数据分析发现，自扶贫开发以来，无论是贫困人口规模还是贫困发生率都大幅度降低，我国政府扶贫绩效显著。（2）在贫困的深度和强度方面，虽然评估结论存在争议，但在相对贫困方面认识基本一致，相对贫困问题有加重的趋势，应该引起相关政府部门的高度重视。

第二，利用收入水平、消费水平和生活质量三个指标对贫困人口基本生活改善进行评估发现：（1）在收入方面，改革开放以来，我国农村居民收入不断增长，增强了农民的自身经济实力，加强了贫困地区农民脱贫和防止返贫的能力。贫困人口的收入也呈现增长趋势，但是收入增长幅度低于全国农民收入和城镇居民收入增长速度。并且，相对全国而言，贫困地区农民人均纯收入的增长速度普遍较低，与全国农民收入差距仍在继续扩大。这种城乡差距和农村内部收入差距的不断扩大，都增加了相对贫困的

---

① 资料来源：《中国农村贫困监测报告》（2008，2009）。
② 汪三贵、李文：《中国农村贫困问题研究》，中国财政经济出版社2005年版，第251页。

程度，加大了扶贫工作的难度。自2006年以来，农村居民收入增长慢于城镇居民收入增长，进一步加大了城乡差距，也使相对贫困问题更加严重。（2）在消费水平方面，我国扶贫工作绩效显著，但还存在一些问题。首先，我国基本上解决了所有人口的温饱问题，但还有相当一部分人口在温饱线上下徘徊，这部分人群消费支出结构很不合理，并且极易受收入波动和物价上涨的影响，返贫和陷入极度贫困的风险较大。（3）在生活质量方面，我国农村和贫困地区居民的居住条件逐步改善，主要日用消费品拥有量的普及率逐年提高，信息化步伐加快，在食品消费上对热量、蛋白质和脂肪的消费也不断增加；但研究中也发现，与全国平均水平相比，在这几个方面贫困人口的增长速度都小于全国水平，更进一步说明，相对贫困进一步加大。总之，通过对贫困人口基本生活的改善评估发现，虽然贫困人口的基本生活有了较大的改善，但是相对全国及城镇居民而言，相对贫困问题更加严重，这应该引起扶贫工作的高度重视。

第三，利用基础设施、教育培训、医疗卫生和社会保障指标对贫困人口生产生活保障方面的绩效进行评估发现：（1）在基础设施方面，目前贫困地区的基础设施建设已取得显著的成绩，通公路、通电、通电话和能接收电视节目的自然村的比重比十年前有明显的提高，但是在一些特殊地区，如少数民族地区、革命老区、边境地区，和贫困地区相比，更加落后于全国农户的平均水平。（2）在教育和培训方面，全国贫困农户受教育程度有了较大的改善，平均受教育年限增加，文盲率和半文盲率显著下降，初中及以上教育水平所占的比重明显上升，各年龄阶段的儿童在校率上升，这表明近年来我国贫困农户的教育绩效明显，但是与全国农户平均水平相比还存在一定的差距；如果与城镇居民的教育水平相比，差距则更为明显。这表明对于剩余贫困农户的教育投资将是一个艰巨的工程。（3）在医疗卫生方面，由于国家对农村医疗卫生工作的高度重视，农村医疗卫生政策逐步完善，医疗卫生经费投入比重也在不断提高，贫困地区的医疗卫生条件整体上有了比较大的改善，但是改善速度比较缓慢，城乡人均卫生资源仍然存在较大的差距。

第四，利用社保政策、资金规模、社会保障覆盖率和保障水平指标对贫困群体的社会保障水平进行评估发现：（1）国家出台了一系列的政策，使贫困人口社会保障体系逐步完善。（2）资金投入规模逐年增加，提高了保障能力。(3)社会保障覆盖面和保障水平逐年提高。总体而言，经过20多年的艰苦努力，我国扶贫式开发工作取得了显著的成效，贫困人口的生产生活保障水平得到了很大的提高。但是，目前我国大多数农村社会保障项目的救助水平过低，还有一些项目的覆盖面比较有限，保障收益水平只及同类城市保障项目水平的一小部分。因此，在贫困人口社会保障方面，任务依然艰巨。

第五，在市场参与程度方面，总体而言，贫困农户的市场参与不断扩大。在具体指标方面：(1)劳动力外出务工比例呈增加趋势，但这种增长趋势很不稳定，由于所从事的工作技术含量低，更易受经济形势、产业波动和宏观政策的影响。(2)由于经济的发展和国家政策的支持，贫困人口工资性收入逐年增加，占人均纯收入的比重在总体上也呈现上升趋势，但是由于其知识技能水平低，导致这种增加非常缓慢。(3)在现金收入占总收入比重方面，虽然有些年份有所波动，但总体上呈现出上升趋势。(4)在主要农产品商品化率方面，由于政府一系列惠农政策的执行、市场监管的完善以及农村居民市场意识的提升，近年来农村居民主要农产品商品化率一直呈上升态势，但是贫困农户主要农产品的商品化率与全国农户平均水平相比还比较低。(5)在金融市场参与方面，随着农村金融市场环境的改善，贫困农户金融市场的参与程度不断提高，但是由于农户自身的经济状况及所从事的产业，其还贷能力低下，进而影响其金融市场的进一步参与。

第八章　政府扶贫开发资金绩效评估

我国自1986年实施有组织、有计划的政府主导式扶贫以来，政府投入了大量的扶贫资金。第六章和第七章的分析表明，我国政府扶贫开发总体绩效显著，但也存在一些问题，需要进行某些方面的变革才能进一步提高扶贫开发绩效水平。在影响我国政府扶贫开发绩效的诸多因素中，扶贫资金投入是最为重要的因素之一，但扶贫资金对政府扶贫开发绩效的贡献程度到底有多大？财政发展资金、贴息贷款和以工代赈这三类主要的财政扶贫资金中哪一项的效果更为明显？在扶贫开发的不同阶段，各类扶贫资金的绩效是否存在差别？是什么因素导致这几类扶贫资金的绩效产生差别？对这些问题的解答，将有利于从提高资金绩效角度，对政府扶贫资金改革提出合理的政策建议。本章将采用成本—效益评估方法，建立回归分析模型（OLS）对政府扶贫投入资金的绩效进行较为精确的量化分析。

一　评估指标选择与模型建立

（一）指标选择依据

贫困程度降低的原因有很多，既与扶贫资金的投入有关，也与经济体制改革、贫困农民自身的努力、地区经济的发展等因素有关，因此有必要把扶贫资金对贫困减少的绩效从其他影响中分离出来，专门评估扶贫资金对减贫的绩效。

财政部和国务院扶贫办《财政扶贫资金绩效考评试行办法（2005）》

规定,财政扶贫资金考评的指标有四个:一是绝对贫困人口减少进度;二是收入贫困人口减少程度;三是资金到位情况(该指标反映财政国库之间的资金拨付情况);四是省(自治区、直辖市)级财政预算安排扶贫资金情况。

《中国农村扶贫开发纲要(2001—2010)》明确指出:"我国2001—2010年扶贫开发总的奋斗目标是:尽快解决极少数贫困人口温饱问题,进一步改善贫困地区的基本生产生活条件,巩固温饱成果,提高贫困人口的生活质量和综合素质,加强贫困乡村的基础设施建设,改善生态环境,逐步改变贫困地区社会、经济、文化的落后状态,为达到小康水平创造条件。"可见,改善贫困地区的基本生产生活条件、提高贫困人口生活质量和综合素质、改善贫困乡村基础设施建设等,都是提高扶贫绩效的重要措施。

实际上,政府财政扶贫资金对减贫的影响主要通过两个渠道:一是扶贫资金的直接减贫效果,二是扶贫资金的间接减贫效果。在直接效果方面,扶贫资金中的扶贫贷款可以向贫困人口提供金融服务,不断满足其融资需求,通过提高其生产能力和预期收入的方式来直接减少贫困;以工代赈项目通过利用劳动力资源修建基础设施来增加贫困人口的就业,也可以直接减少贫困;财政发展资金则通过科技推广、培训、学校和教育等途径提高了贫困人口的人力资本和技术水准,从而直接减少贫困。扶贫资金的直接效果体现在对贫困人口的减少、生产能力的提高、基础设施的改善等方面。在扶贫资金的间接减贫效果方面,即使在扶贫资金发生瞄准失误的情况下,扶贫资金也可以对农村经济增长起到极大的推动作用,而经济增长的好处可以使财富自发地从富裕人口流向贫困人口,即所谓的"涓流效应"(trickle-downeffect),从而贫困人口也可以间接地从扶贫项目中受益。但是,从第二个渠道看,贫困人口是否从经济增长中得到好处以及得到多大的好处还在很大程度上受到收入分配公平性的制约,只有当收入分配没有发生比较严重的不平等时,经济增长才能使贫困人口获利。[1]

由于数据的可获得性及评估的可行性,本文从扶贫资金的直接效果和间接效果方面对政府扶贫资金的绩效进行评价,其中直接效果是直接导致贫困人口的减少,间接效果是导致贫困人口教育水平的提高以及农村经济

---

[1] 张全红:《中国农村扶贫资金投入与贫困减少的经验分析》,《经济评论》2010年第2期,第42—50页。

增长（反映为人均收入水平提高），而这些间接效果又直接影响贫困人口脱贫的速度。

（二）指标选择

1. 解释变量

本部分主要内容是为了分析政府扶贫资金的投入对扶贫绩效的影响，因此所选择的主要解释变量是财政扶贫资金，包括总财政扶贫资金（invest），以及财政扶贫资金的主要形式：贴息贷款(loan)、财政发展资金(develop)和以工代赈资金(work)。

同时，由于影响扶贫绩效的因素众多，包括经济发展、公共投资、民间投资及其他政策因素，因此，本研究在分析政府扶贫资金绩效的同时，试图加入其他变量，以分析其他因素对扶贫绩效的影响。已有研究也指出，扶贫资金只是我国扶贫成功一个影响因素，经济的发展对扶贫成效的影响更大，同时，在扶贫过程中出台的一系列管理政策及惠农政策也是影响扶贫成效的重要因素。鉴于此，本研究加入反映经济发展的两个变量：人均GDP（pergdp）和经济增长速度（growth），以分析经济发展对扶贫绩效的影响。

同时，根据扶贫发展的不同阶段，加入时间阶段变量，以分析各个阶段扶贫成效的异同。时间阶段变量也能够在一定程度上解释不同时期的扶贫制度政策对扶贫成效的影响。其中，用time1表示1985年以前（包括1985年）我国还没有进行大规模有组织的扶贫开发时期；time2表示1986—1993年（包括1993年）我国进行大规模开发式扶贫起步阶段；time3表示1994—2000年（包括2000年）实施《国家八七扶贫攻坚计划》，即扶贫攻坚阶段；time4表示2000年以后，实施《中国农村扶贫开发纲要》阶段。

2. 被解释变量

反映我国扶贫绩效的指标很多，包括贫困发生率、贫困人口数量、贫困人口收入水平、贫困人口消费水平、贫困人口教育水平、贫困人口医疗卫生等指标。由于这些指标在第七章进行了系统评估，在本部分主要分析政府扶贫资金的绩效情况，考虑资料的可得性及分析的可行性等因素，本研究选择的被解释变量主要包括贫困人口数量指标（poorpop）、贫困人口教育水平（edu）和贫困人口收入水平（income）三个指标。其中，贫困人口数量指标用国家监测到的实际贫困人口数量表示；教育水平用"1-小学升学率"表示，采用这一指标的主要原因在于以下的假设：不能进一步学习的大部分人群主要集中于贫困人群；贫困人口收入水平由于缺少连续的统计资料，用农村人均收入水平代替。

（三）模型建立与数据来源

由于本研究主要采用的是时间序列模型，根据所选择的解释变量和被解释变量，建立以下三个基本模型：

$$lpoorpop_t = a_0 + a_1 invest_t + lpergdp_t + growth_t + time_t + u_t \quad \text{（式8-1）}$$

$$edu_t = a_0 + a_1 invest_t + lincome_t + time_t + u_t \quad \text{（式8-2）}$$

$$lincome_t = a_0 + a_1 invest_t + lpergdp_t + time_t + u_t \quad \text{（式8-3）}$$

其中，$invest$ 表示中央财政扶贫总资金，包括贴息贷款($loan$)、财政发展资金($develop$)和以工代赈资金（$work$）；$pergdp$ 表示我国人均GDP，$growth$ 表示我国经济增长速度，$lincome$ 表示贫困人口人均收入水平，$time$ 表示扶贫阶段，其中下标 i 分析表示1、2、3和4分别对应了四个扶贫开发阶段；其中，Time1为1985年以前（包括1985年）我国还没有进行有组织的扶贫阶段，在这一时期取值为1，其他时期取值为0；time2为1986—1993年开发式扶贫起步阶段，在这一时期取值为1，其他时期取值为0；time3为1994—2000年扶贫攻坚阶段，在这一时期取值为1，其他时期取值为0；time4为2000年以后，扶贫开发纲要实施阶段。

需要说明的是，Time3和Time4所处的时间段实行的也是开发式扶贫，只是本研究根据扶贫政策的显著变化，把扶贫过程划分为不同的阶段，以分析不同时期的扶贫绩效是否有区别。被解释变量 $poorpop$ 表示贫困人口数量，edu 表示教育水平，用贫困人口接受小学及以下文化教育所占贫困人口的比例表示，该部分所占比例越小，说明教育水平越高；$lincome$ 表示贫困人口的收入水平；u 表示模型的回归干扰项，即不能用解释变量所解释的部分；下标 t 表示相应的年份，由于资料的可得性，本研究选取1984—2007年24年的数据资料。

在三个基本模型中，除了百分比数据和时间阶段变量不采用对数外，其他数据均采用对数形式，回归系数分别为半弹性和弹性系数。

资料来源及说明：

（1）扶贫资金资料来源：①1984—2002年资料来自姜永华、高鸿斌主编《中央财政扶贫》（中国财政出版社1998年版）一书中整理的资料；并用李秉龙等在《中国农村：贫困、公共财政与公共物品》中整理的国务院扶贫办的数据进行了校正；②2002—2007年的资料来自世界银行、东亚及太平洋地区扶贫与经济管理局在《从贫困地区到贫困人群：中国扶贫议程的演进——中国贫困和不平等问题评估》报告中整理的国务院扶贫开发领导小组和财政部的资料。

（2）贫困人口资料来自各年度的《中国农村扶贫监测报告》。

（3）人均GDP、经济增长速度和小学升学率数据来自中国统计局出版的《中国统计年鉴》（2009）。

二　结果分析

（一）财政扶贫投入对贫困人口数量绩效的影响

我国扶贫的一个重要目的就是使更多的贫困人口脱离贫困，因此财政投入的一个主要目的也在于减少贫困人口。财政投入与贫困人口减少之间存在什么样的相关关系、相关程度有多大，即是本部分研究的主要问题。

1. 财政扶贫资金总投入对贫困人口下降绩效的影响

表8-1是以贫困人口数量为被解释变量，以中央财政扶贫总投入为主要解释变量的系列回归模型分析结果。

表8-1　　　　　中央财政总投资对贫困人口数量影响的分析

	模型1	模型2	模型3	模型4	模型5	模型6	模型7
c	10.17 (33.07)***	11.69 (16.31)***	10.18 (22.80)***	10.01 (24.87)***	10.01 (20.74)***	10.05 (33.94)***	10.82 (27.33)***
linvest	−0.26 (−3.69)***	0.31 (1.41)	−0.26 (−3.56)***	−0.23 (−2.79)**	−0.23 (−2.47)**	−0.21 (−3.39)***	−0.43 (−4.69)***
lpergdp		−0.51 (−2.49)**					
growth				−0.001 (−0.04)			
time1				0.20 (0.78)			

续表8-1

	模型1	模型2	模型3	模型4	模型5	模型6	模型7
time2					0.08 (0.50)		
time3						−0.34 (−3.38)***	
time4							0.42 (2.53)**
a-d R^2	0.35	0.50	0.34	0.33	0.40	0.51	0.48
F	18.60	12.34	6.98	6.69	9.01	13.19	11.69
DW	0.73	1.12	0.82	0.76	0.73	1.22	1.14

注：表中各变量系数下面的括号内为t统计量，***表示在1%的水平上显著，**表示在5%的水平上显著，*表示在10%的水平上显著。

从模型1可以看出：

第一，中央财政扶贫投入（invest）每增加一个百分点，贫困人口（poorpop）下降0.26个百分点，并且在1%的水平上显著，这表明中央财政扶贫投入对减少贫困人口具有显著的作用。

第二，考虑到影响我国扶贫绩效的因素比较多，除国家财政扶贫投入外，经济增长、人均GDP增加、农村基础设施的改善、教育水平的提高等都对贫困人口下降具有积极的作用。在这些因素中，经济发展可能对消除贫困的影响最大。为此本研究在表8-1中模型1的基础上分别加入人均GDP和经济增长率两个变量，以检验经济发展对扶贫绩效的影响，分析结果如模型2和模型3所示。模型2表明，加入人均GDP变量后，财政扶贫投入变量改变了符号，这与invest和pergdp之间的相关程度较高有关（相关系数高达0.98）。但加入该变量后，模型的拟合度R^2显著提高（从0.35增加到0.50），增加了模型的解释度，从而说明人均GDP（pergdp）增加对于贫困人口下降的积极作用。

第三，模型3的分析结果表明，我国经济增长率对贫困人口下降的影响不显著，说明我国广大的贫困人口并没有真正享受经济增长带来的利益。这既与我国经济发展城乡之间及各农村之间存在较大的不平衡有关，同时也与我国在财政"蛋糕"切分方面没有充分照顾到农村这些弱势群体有关。

已有研究表明，我国的基尼系数①已由1990年的0.32上升到2005年的0.44，2009年时则达到0.47。②统计显示，总人口中20%的最低收入组人口占总收入的份额仅为4.7%，而总人口中20%的最高收入组人口占总收入的份额高达50%。其中，2006年，城镇居民中20%最高收入组（25410.8元）是20%最低收入组（4567.1元）的5.6倍；农村居民中20%最高收入组（8474.8元）是20%最低收入组（1182.5元）的7.2倍。③

同时，资料分析表明，1990—2004年，我国总人口的平均真实增长率为5.5%，低于人均国民生产总值的增长率；并且在此期间，如果把人群划分为不同的百分位，最低的10%的人口真实收入增长速度在4%以下，处于收入分布底层的家庭收入增长最为缓慢，该结论也印证了我国部分人口没有充分享受到改革开放的成果这一结论。

第四，为进一步分析在我国扶贫进程发展的不同阶段，财政扶贫投入对贫困人口下降的绩效是否有区别，本研究根据我国扶贫的四个不同阶段设立类别变量，分析结果如表8-1中的模型4、模型5、模型6和模型7所示。分析结果表明，在不同的阶段，我国财政扶贫投入的绩效具有显著的差别，在没有组织的扶贫之前以及开发式扶贫起步阶段，财政扶贫投入的绩效与其他阶段没有显著的差别，这说明在这两个阶段，我国的扶贫成效并不主要是由财政扶贫资金的投入引起的。纵观这两个阶段可以发现，这一期间我国经济制度发生了一系列重要变化，一是自1978年年底和1979年年初，在安徽、内蒙古、贵州、四川等省区的贫困地区试行农村家庭联产承包责任制（包产到户），1982年国家肯定了家庭联产承包制的经验，并向全国各地农村进行推广；到1984年年底，原有的人民公社体制已全面解体，实行家庭联产承包责任制的农户已达全国总农户的98%以上，家庭联产承包责任制有力地推动了农村商品经济的发展，并带领大批农民脱离了贫困线。二是这一时期为农村地区乡镇企业的发展创造了有利环境，乡镇企业不断壮大，成功吸收了大量的农村劳动力，增加了他们的收入。

---

① 基尼系数是国际上常用的一种收入差距的测量指标，其数值在0—1之间。数值越高，收入分配的不均等程度越高。按照国际通常标准，基尼系数在0.3以下为最佳的平均状态，在0.3—0.4之间为正常状态，超过0.4为警戒状态，达到0.6则属于危险状态。

② 世界银行、东亚及太平洋地区扶贫与经济管理局：《从贫困地区到贫困人群：中国扶贫议程的演进——中国贫困和不平等问题评估》，2009年3月。

③ 搜狐网转载《瞭望》新闻周刊，http://business.sohu.com/20090518/n264021545.shtml。

因此，可以认为在1993年以前，我国扶贫的成效主要是我国农村经济改革和乡镇企业发展带来农村就业增加的成果，扶贫资金投入只是在一定程度上促进了贫困的递减。实际上，由于管理体制及监管等方面的原因，我国扶贫资金在使用方面存在截留、挤占、挪用、漏出及重短期效应等弊端，也直接影响了扶贫资金绩效的发挥。

从模型6可以看出，在扶贫攻坚这一阶段，time3的系数在1%的水平上显著，扶贫资金的成效明显高于其他年份。回顾我国扶贫历史，可以发现在20世纪90年代中期，由于扶贫任务的加重，国家加强了对扶贫资金的管理。

例如，在1996年的中央扶贫工作会议上，确立了一个新的"扶贫责任制"，强调西部省区领导以及这些省区的地区、县的领导要直接对他们管区的扶贫成效负责，加强了扶贫资金管理的领导责任；并要求援助要直接提供给贫困村和贫困户（扶贫到户），将贴息贷款从支持贫困地区的企业和工业项目转向扶持农户发展种养业和农产品加工业。同时，会议要求加强对扶贫资金的管理，以及扶贫项目和活动的监督检查，具体措施包括机构建设、年度检查和审计，以及制定村级发展规划和资金到村等。1997年，国务院办公厅又出台了《国家扶贫资金管理办法》（厅国办发[1997]24号），正式把扶贫资金纳入制度化管理。因此，在这一时期，扶贫资金绩效明显优于其他阶段。

模型7表明，进入《扶贫开发纲要2001—2010》实施阶段后，与其他阶段相比扶贫资金绩效为负，time4的系数为正且在5%的水平上显著，表明随着财政扶贫资金投入的增加，贫困人口不但没有减少反而有增加趋势。虽然有些学者已指出，我国扶贫资金绩效呈现边际递减效应，但这些分析都是把贫困人口的下降全部看做财政投入的结果，即一单位财政投入减少多少贫困人口，而并没有考虑阶段因素的影响。本研究的分析结果表明，在考虑到阶段因素后，目前财政扶贫资金对贫困人口下降的作用已经很弱，并且有负面的影响，这主要表现在财政资金的使用方面，瞄准机制一直欠缺。在新世纪，贫困人口的分布出现了新的特征，各类扶贫资金的瞄准机制并没有及时得到纠正，致使相当一部分扶贫资金并没有真正用到贫困人口身上，影响了一部分贫困人口及时脱贫。即使用到贫困农户身上的扶贫资金，其边际效应也已出现资金使用效率边际递减的现象，影响了财政扶贫资金绩效。同时，扶贫资金在监管方面存在较多问题，导致扶贫资金漏出严重。

2. 贴息贷款、发展资金和以工代赈资金对贫困人口下降绩效的影响

为进一步比较不同类型的财政扶贫资金对贫困人口的影响，表8-2、表8-3和表8-4分别对贴息贷款、财政发展资金和以工代赈资金对贫困人口数量的影响进行分析。从这三个表的分析结果可以看出：

第一，贴息贷款、财政发展资金和以工代赈资金三类资金的投入都显著地降低了贫困人口的数量（如表8-2、表8-3和表8-4中的模型1所示），但三类扶贫资金的系数和解释度不一样，这说明三类扶贫资金对贫困人口下降的影响程度不一样。首先贴息贷款的系数和R^2值最大，这表明在这三类扶贫资金中，贴息贷款对贫困人口数量降低的影响最为显著；其次是财政发展资金，影响最小的是以工代赈资金。一个可能的解释是在资金使用和监管环境相同的情况下，在三类扶贫资金中，贴息贷款的投入一直较多，其次是财政发展资金，而以工代赈资金的投入最少。

表8-2　　　　　　　　贴息贷款对贫困人口数量影响的分析

	模型1	模型2	模型3	模型4	模型5	模型6	模型7
c	9.93 (31.62)***	11.28 (20.83)***	10.07 (21.67)***	9.76 (25.17)***	9.68 (23.96)***	9.84 (35.01)***	10.22*** (27.91)
lloan	−0.24 (−3.22)***	0.12 (0.85)	−0.25 (−3.13)***	−0.21 (−2.26)**	−0.19 (−2.13)**	−019 (−2.84)***	−0.33*** (−3.44)
lpergdp		−0.34 (−2.89)***					
growth			−0.009 (−0.40)				
time1				0.20 (0.76)			
time2					0.16 (1.03)		
time3						−0.35 (−2.79)**	
time4							0.25 (1.43)
a-d R^2	0.29	0.47	0.26	0.28	0.29	0.46	0.32
F	14.88	11.06	5.05	5.36	5.71	10.62	6.43
DW	0.66	0.96	070	0.76	0.72	1.09	0.83

注：表中各变量系数下面的括号内为t统计量，***表示在1%的水平上显著，**表示在5%的水平上显著，*表示在10%的水平上显著。

第二，与财政扶贫总投入的结果一样，对这三类扶贫资金的分析结果都表明，加入人均GDP变量后（如表8-2、表8-3和表8-4中的模型2所示），都使模型的解释程度显著提高（R^2显著增加）。但加入经济增长变量（growth）后（如表8-2、表8-3和表8-4中的模型3所示），该变量的系数不显著，同时也不能增加模型的解释程度。从而进一步表明，除了财政扶贫资金的投入外，人均GDP的增加对我国贫困人口的下降具有重要的作用，但贫困人口没有显著地从经济增长中获得更大的收益。

表8-3　　　　　　　　　财政发展资金对贫困人口数量影响的分析

	模型1	模型2	模型3	模型4	模型5	模型6	模型7
c	9.59 (39.40)***	12.10 (19.32)***	9.51 (26.37)***	9.52 (39.36)***	9.34 (26.15)***	9.71 (20.71)***	10.35*** (32.03)
ldevelop	−0.20 (−2.74)**	0.29 (2.26)**	−0.20 (−2.66)**	−0.17 (−2.26)**	−0.14 (−1.46)	−0.20 (−3.52)***	−0.52 (−4.32)***
lpergdp		−0.49 (−4.19)***					
growth			0.007 (0.31)				
time1				0.39 (1.63)			
time2					0.17 (0.93)		
time3						−0.44 (−3.90)***	
time4							0.72 (3.08)***
a–d R^2	0.22	0.56	0.19	0.28	0.22	0.53	0.44
F	7.54	15.42	3.65	5.37	4.19	13.80	9.98
DW	0.64	1.12	0.64	0.81	0.67	1.39	1.38

注：表中各变量系数下面的括号内为t统计量，***表示在1%的水平上显著，**表示在5%的水平上显著，*表示在10%的水平上显著。

第三，加入时间阶段变量后，发现贴息贷款、财政发展资金和以工代赈资金这三类资金在相同的扶贫阶段，其减少贫困人口的绩效表现并不完全一致。

对贴息贷款资金而言（如表8-2中的模型4至模型7所示），与财政扶贫总投入的结果相似，在扶贫攻坚阶段绩效显著高于其他时期，贴息贷款每增加一个百分点，致使贫困人口减少0.35个百分点，略高于该时期财政扶贫总投入的绩效（0.34），但在新世纪扶贫开发纲要实施阶段，贴息贷款并没有像财政扶贫总投入显示的那样，其投入绩效与其他阶段没有显著的差别。[①]

对财政发展资金而言（如表8-3中的模型4至模型7所示），其分析结果与财政扶贫总投入的结果一样，在大规模有组织的扶贫开发以前以及扶贫开发起步阶段，与其他阶段相比，其投入绩效并不显著；在扶贫攻坚阶段，其扶贫绩效明显，投入每增加一个百分点，将导致贫困人口下降0.44个百分点，高于财政扶贫总投入绩效，同时也高于贴息贷款和以工代赈资金绩效；在扶贫纲要阶段，财政发展资金的投入却使贫困人口数量增加，绩效显示为负，time4的系数较大，为0.72，明显高于财政扶贫总投入的系数（0.42），这表明在扶贫纲要实施阶段，贴息贷款对贫困人口的瞄准率可能更低，进一步降低了其扶贫绩效。

表8-4　　　　　　　　　　以工代赈资金对贫困人口数量影响的分析

	模型1	模型2	模型3	模型4	模型5	模型6
c	9.36 (31.44)***	10.83 (14.40)***	9.32 (33.41)***	8.93 (21.23)***	9.46 (39.35)***	9.53 (37.91)***
lwork	−0.14 (−2.70)**	−0.01 (−0.13)	−0.14 (−2.58)**	−0.02 (−0.22)	−0.11 (−2.04)**	−0.17 (−2.78)**
lpergdp		−0.22 (−2.01)**				
growth			0.005 (0.20)			
time2				0.40 (1.91)*		

[①] 实际上，本研究也试着把扶贫阶段按每个五年计划进行划分，在用五年计划进行分析时发现，虽然为了提高扶贫开发资金的使用效益，保证项目的顺利进行，从1991年开始（"八五"计划开始之年），对十亿元专项贴息贷款实行差额分配，80%由省、区直接分配到县，20%由省、区掌握调剂，按项目的效益、进度分配，也可以用于针对特殊问题而设立的跨地区、跨县的专门项目。但在"八五"期间，贴息贷款没有呈现明显的绩效，这可能是这个措施所起的作用有限，也可能是资金的其他非效益影响更为突出。

续表8-4

	模型1	模型2	模型3	模型4	模型5	模型6
time3					−0.29 (−2.20)**	
time4						0.14 (0.88)
a-d R^2	0.23	0.33	0.19	0.32	0.36	0.22
F	7.34	6.24	3.51	5.99	6.79	4.02
DW	0.93	0.91	0.91	1.01	1.20	1.03

注：表中各变量系数下面的括号内为t统计量，***表示在1%的水平上显著，**表示在5%的水平上显著，*表示在10%的水平上显著。

由于以工代赈实施较晚，在大规模的扶贫开发以前并没有该数据，因此表8-4中没有time1的分析结果（如表8-4中的模型4至模型6所示）。从表8-4可以看出，在扶贫攻坚阶段和扶贫开发纲要实施阶段，以工代赈资金的扶贫绩效并不显著，但在以工代赈刚实施的扶贫开发起步阶段，time2的系数为正，且在10%的水平上显著，表明其资金收入使贫困人口增加，绩效为负，这可能是由于以工代赈资金具有明显的实物救济形式，对于摆脱贫困并没有起到显著的作用。在扶贫攻坚阶段，绩效比较显著（如表8-4中的模型5所示）。但到了扶贫纲要实施阶段，没有显示出明显的绩效。

总之，(1)无论是财政扶贫总投入，还是对贴息贷款、财政发展资金和以工代赈资金对贫困人口影响的分析都表明，财政投入对贫困人口下降具有明显的绩效，但是从基本模型的R^2可以看出，财政投入对贫困人口下降的解释程度有限。(2)为进一步解释影响贫困人口下降的原因，在加入人均GDP和经济增长变量之后，随着人均GDP的增加，贫困人口具有下降趋势，并且加入该变量之后，明显地增加了各个模型的解释程度，从而说明经济发展是导致贫困下降的又一主要原因。但在加入经济增长变量后，却发现该变量对贫困人口下降并没有显著的影响，进一步印证了我国广大的贫困人口并没有分享到经济增长的普遍成果这一结论。(3)同时，在对大规模有组织的扶贫开发以前、扶贫开发起步阶段、扶贫攻坚阶段和扶贫纲要实施这四个阶段的扶贫投入对贫困人口的影响分析时发现，在大规模有组织的扶贫开发以前和扶贫开发阶段，扶贫资金的绩效与其他阶段相比并没有明显的区别，只是在扶贫攻坚阶段时，由于出台了相应的扶贫资金管理措施，扶贫资金的绩效才比较突出，但在进入扶贫开发纲要实施阶段，扶贫资金的绩效效应再次表现出与其他阶段没有明显区别的现象，这表明，目前需要进一步加强扶贫资金的管理，使扶贫资金的瞄准性更强、效率更高。

（二）财政扶贫投入对教育绩效的影响

已有研究表明，教育水平对贫困具有重要的影响。世界银行等认为，就贫困的概念而言，除收入和消费以外，获取可负担得起的教育和医疗服务也应被视为扶贫战略的一部分，这是因为有限的人力资本往往使许多家庭无法抓住经济增长提供的机会来摆脱贫困。[1]缪尔达尔认为贫困的根源更多地涉及这些国家的政治建构、宗教文化传统、人口及种族、教育等问题。[2]舒尔茨也认为贫民之所以贫困，主要原因是缺乏知识和高质量的投入。[3]1990年以"贫困问题"为主题的《世界发展报告》对贫困的定义为"缺少达到最低生活水平的能力"，而影响这种能力的因素包括健康、教育和营养等。联合国开发计划署在《1997年人类发展报告》中提出的人文贫困，其影响因素除人均国民收入水平外，还包括人均寿命、卫生、教育和医疗条件等。Sheng gen Fan,Peter Hazell & Sukhadeo Thorat用印度国家1970—1993年的资料分析了不同类型的政府支出对农村贫困和生产力增长的影响，结果表明，为了减少贫困，教育投资也是政府需要重点投资的领域。[4]联合国认为，经济增长并不会自动地使穷人受益，因此需要建立一定的机制和制度来保证穷人能够受益，尤其是使穷人获得健康和受教育的权利。George Botchie[5]和William Ahadzie[6]认为，如何提高贫困人口的技能是减贫的关

---

[1] 世界银行、东亚及太平洋地区扶贫与经济管理局：《从贫困地区到贫困人群：中国扶贫议程的演进——中国贫困和不平等问题评估》，2009年3月。

[2] [瑞典]冈纳·缪尔达尔：《世界贫困的挑战——世界反贫困大纲》，北京经济学院出版社1991年版。

[3] 同上。

[4] Fan, Sheng gen & Hazell, Peter & Thorat, Sukhadeo, "Government Spending, Growth and Poverty in Rural India", *American Journal of Agricultural Economics, American Agricultural Economics Association,* Vol. 82,No.4, 2000,pp. 1038-51.

[5] Botchie, George (1997), "PovertyReduction in Ghana", GoG Position Paper Presented at 1997 Consultative Group (CG) Meeting in Paris.

[6] Ahadzie William (2003), *Non-formal Training: A Study of the Traditional Apprenticeship System in Ghana.* Unpublished Ph. D Dissertation.

键，为此政府除了增加培训资金外，还需要关注培训体系的管理、计划、筹资和技能运用等。

实践也表明，加大教育投入是让剩余贫困人口脱贫的关键，因此教育水平的提高也是评估扶贫成效的一个重要指标。考虑到教育程度对贫困人口的影响具有重要的作用，本研究以贫困人口的教育水平为被解释变量，以扶贫投入为主要解释变量，评估扶贫投入对贫困人口教育水平的绩效。由于我国缺少专门的针对贫困人口教育水平的统计资料，本文用"1-小学升学率"来表示，如图8-1所示，我国未能继续接受初中教育的人口比例自1984年以来呈现下降趋势，目前只占总人口的0.3%，但这部分人口也对减贫起到至关重要的作用，即减贫的对象。世界银行等也指出，如果一个家庭的成年劳动力受过高中教育，这个家庭几乎不会陷入贫困；即使只是受过初中教育，家庭陷入贫困的可能也微乎其微。[①]因此，该指标也可以指使贫困人口易陷入贫困的教育指标。如果扶贫资金的教育绩效比较显著的话，那么扶贫资金的投入将使该指标降低，反之，使该指标升高或者没有影响。

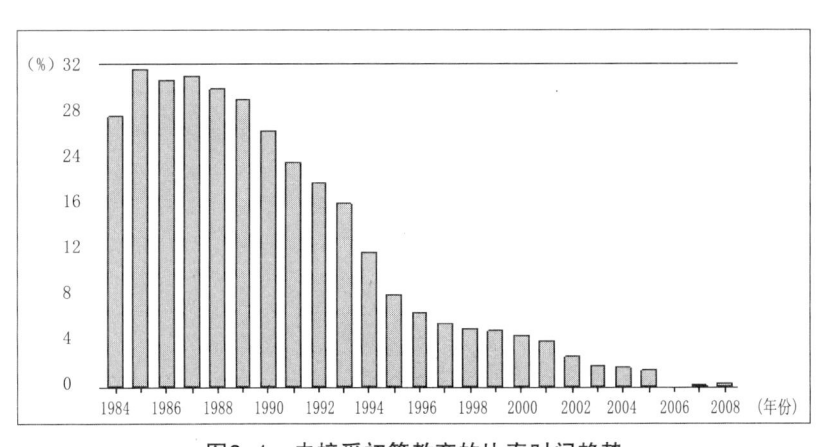

图8-1 未接受初等教育的比率时间趋势

1. 财政扶贫资金总投入对教育绩效的影响

导致教育水平提高的原因很多，除扶贫资金外，更多的可能是收入水平的提高以及国家相关教育政策的实施，表8-5为扶贫资金及收入水平对教

[①] 世界银行、东亚及太平洋地区扶贫与经济管理局：《从贫困地区到贫困人群：中国扶贫议程的演进——中国贫困和不平等问题评估》，2009年3月。

育绩效影响的分析结果。

第一，从表8-5中的模型1可知，财政扶贫投入（invest）每增加一个百分点，不能接受初等教育的比例下降12.94个百分点，这表明财政扶贫投入显著地增加了贫困人口的教育水平。模型1使用的是一元回归模型，但实际上贫困人口教育水平的提高并不完全是财政扶贫投入的贡献，多种证据表明，人均收入水平的提高有利于贫困人口接受更多的教育。为证明该结论是否成立，在模型1的基础上加入了贫困人口人均收入（income）变量，如表8-5中的模型2所示。加入该变量后，R^2显著提高，由0.91增加到0.97，但是财政扶贫投入的系数却变得不显著了，这可能是其与贫困人口人均收入之间具有较高的相关性的缘故（相关系数为0.96）。

为进一步检验lincome对贫困人口教育绩效的影响，模型3单独对lincome与贫困人口教育水平之间的关系进行检验，结果发现lincome系数的绝对值高于模型1中linvest系数的绝对值，模型3的解释度R^2高达0.96，高于模型1的R^2（0.91），这也表明贫困人口教育绩效的改善主要是由收入水平决定的，财政扶贫投入的贡献有限。

表8-5　　　　　　　扶贫资金总量对贫困人口教育绩效的影响分析

	模型1	模型2	模型3	模型4	模型5	模型6	模型7
c	74.37 (18.33))***	113.82 (17.91)***	115.40 (28.26)***	77.29 (16.32)***	63.68 (13.37)***	73.36 (18.99)***	75.49 (13.96)***
linvest	−12.94 (−15.18)***	−1.55 (−0.87)		−13.51 (−13.88)***	−11.04 (−11.89)***	−12.54 (−15.10)***	−13.23 (−10.66)***
lincome		−12.93 (−6.68)	−14.14 (−25.18)***				
time1				−3.47 (−1.17)			
time2					5.33 (3.21)***		
time3						−2.97 (−1.93)*	
time4							0.74 (0.32)
a-d R^2	0.91	0.97	0.96	0.91	0.94	0.92	0.91
F	230	366	634.	118	169	131	111
DW	0.69	0.75	0.59	0.76	0.95	0.78	0.71

注：表中各变量系数下面的括号内为t统计量，***表示在1%的水平上显著，**表示在5%的水平上显著，*表示在10%的水平上显著。

第二，为了进一步检验在不同的扶贫时期，扶贫资金投入对贫困人口的教育绩效是否存在差异，表8-5中的模型4至模型7检验了四个扶贫阶段的差别。可以看出，在没有大规模、有组织的扶贫阶段和扶贫纲要实施阶段，财政扶贫投入的教育绩效与其他阶段相比并没有明显的差别。在扶贫攻坚阶段，财政扶贫投入使未接受初等教育的贫困人口所占比例显著下降，但在扶贫开发起步阶段，却使未接受初等教育的贫困人口所占比例显著提高。可能原因是在扶贫攻坚阶段，加强了对扶贫资金的管理，使得更多的扶贫资金用到了贫困人口身上，但在扶贫开发纲要实施阶段，由于贫困人口更加分散，原来的县级瞄准已经不适合，但在村级瞄准实施过程中又往往没能使真正的贫困人口受益，贫困资金的使用绩效进一步降低。这与扶贫资金对减少贫困人口数量的绩效下降结论一致。

2. 贴息贷款、发展资金和以工代赈资金对贫困人口教育绩效的影响

表8-6、表8-7和表8-8分别分析了贴息贷款、发展资金和以工代赈资金三类财政扶贫资金对贫困人口教育绩效的影响，并与总体财政扶贫资金的绩效进行对比分析，发现：

表8-6　　　　　　贴息贷款对贫困人口教育绩效的影响分析

	模型1	模型2	模型3	模型4	模型5	模型6
c	63.29 (11.27)***	116.87 (23.08)***	66.71 (9.66)***	49.22 (8.86)***	61.37 (11.19)***	58.53 (8.89)***
linvest	−12.21 (−9.00)***	−0.48 (−0.43)	12.97 (7.99)***	−9.47 (−7.59)***	−11.75 (−8.51)***	−10.73 (−6.18)***
lincome		−14.10 (−11.63)***				
time1			−4.19 (−0.86)			
time2				8.82 (4.02)***		
time3					−3.29 (−1.31)***	
time4						−4.20 (−1.32)
a-d R^2	0.78	0.97	0.77	0.87	0.78	0.78
F	81.06	355	40.42	76.60	42.68	42.82
DW	0.54	0.71	0.56	0.75	0.55	0.53

注：表中各变量系数下面的括号内为t统计量，***表示在1%的水平上显著，**表示在5%的水平上显著，*表示在10%的水平上显著。

第一，贴息贷款的系数绝对值最大（12.21），以工代赈系数的绝对值最小（7.68），贴息贷款、发展资金和以工代赈资金系数的绝对值都小于财政扶贫总体资金系数的绝对值（12.94）。

第二，为了避免一元回归方程分析的缺陷，在表8-6、表8-7和表8-8中模型1的基础上，分别加入了贫困人口人均收入水平变量（如表8-6、表8-7和表8-8中的模型2所示），发现与财政扶贫总资金一样，贴息贷款和财政发展资金的系数都不再显著，这既与它们与收入水平的相关系数较高有关（都在0.89以上），也与收入水平对教育的影响更为直接有关。加入该变量后，R^2相对于模型1显著上升，这说明加入贫困人口收入变量后增加了模型的解释程度，主要原因在于收入的增加直接影响教育支出的水平，进而影响教育的结果。

以工代赈的系数比较显著，原因主要是相对于贴息贷款和财政发展资金，以工代赈资金主要以劳动报酬的形式直接发到了贫困人口手中，因此这类资金直接惠及贫困人口，使他们可以直接增加教育支出。

第三，加入时间阶段变量后，发现贴息贷款、财政发展资金和以工代赈资金这三类资金在相同的扶贫阶段，其贫困人口教育绩效的表现并不完全一致。

表8-7　　　　　　　　发展资金对贫困人口教育绩效的影响分析

	模型1	模型2	模型3	模型4	模型5	模型6
c	49.21 (11.50)***	120.59 (19.82)***	46.63 (10.64)***	39.16 (6.86)***	51.78 (17.09)***	56.77 (8.67)***
linvest	−11.29 (−8.61)***	−0.55 (−0.51)	−10.65 (−8.12)***	−8.84 (−5.65)***	−11.26 (−12.34)***	−14.34 (−5.95)***
lincome		−15.14 (−12.13)***				
time1			7.14 (1.69)*			
time2				7.09 (2.40)**		
time3					−8.79 (−4.92)***	
time4						7.04 (1.49)
a-d R^2	0.76	0.97	0.78	0.80	0.88	0.77
F	72.21	357.15	41.69	48.04	88.29	42.820.30
DW	0.22	0.74	0.30	0.33	0.74	0.39

注：表中各变量系数下面的括号内为t统计量，***表示在1%的水平上显著，**表示在5%的水平上显著，*表示在10%的水平上显著。

对贴息贷款而言（表8-6中的模型3至模型6），在扶贫开发起步阶段，其对教育绩效的影响明显低于其他阶段，其系数为正，且在1%的水平上显著；在扶贫攻坚阶段，其对教育绩效的影响明显高于其他阶段，其系数为负，且在10%的水平上显著。但在扶贫开发前和扶贫纲要实施阶段，其对教育绩效影响与其他阶段相比，并没有显著的差别。

与贴息贷款相似（表8-7中的模型3至模型6），发展资金在扶贫开发前和扶贫开发起步阶段，对教育绩效的影响都明显低于其他阶段，系数分别在10%和5%的水平上显著；在扶贫攻坚阶段，对教育绩效的影响明显高于其他阶段，系数在1%的水平上显著。只是在新世纪扶贫开发阶段，其对教育绩效的影响与其他阶段相比没有显著的差别。

对于以工代赈资金（表8-8中的模型3至模型6），只在扶贫开发起步阶段，其对教育绩效的影响明显低于其他阶段，系数在5%的水平上显著，可能在这一阶段，农村普遍贫困，以报酬形式发放到农民手中的以工代赈资金大都用于基本生活消费方面，而没有用到教育投入方面；而在扶贫攻坚阶段和扶贫纲要实施阶段，其对教育绩效的影响都明显高于其他阶段，并且扶贫纲要实施阶段系数的绝对值（7.30）明显高于扶贫攻坚阶段系数的绝对值（0.37），可能的解释有两个：一是随着贫困人口的减少，贫困人口的基本生活水平也比以前显著提高，直接发放到手中的以工代赈资金有机会更多地用于子女教育方面；二是随着对教育功能的认识改变，更多的贫困家庭愿意更多投资于子女教育，以改变家庭的贫困状况。

表8-8　　　　　　　　以工代赈资金对贫困人口教育绩效的影响分析

	模型1	模型2	模型3	模型4	模型5
c	36.83 (10.61)***	112.14 (37.28)***	16.15 (3.84)***	36.79 (10.31)***	34.82 (11.27)***
linvest	−7.68 (−7.55)***	−1.64 (−5.57)***	−2.92 (−2.79)**	−7.63 (−6.89)***	−6.32 (−6.27)***
lnincome		−12.58 (−25.55)***			
time2			15.13 (5.73)**		
time3				−0.37 (−1.31)***	
time4					−7.30 (−2.77)**

续表8-8

	模型1	模型2	模型3	模型4	模型5
a-d R^2	0.73	0.99	0.89	0.71	.0.79
F	57.03	1284.22	90.29	27.12	41.91
DW	0.81	1.35	0.93	0.79	0.92

注：表中各变量系数下面的括号内为t统计量，***表示在1%的水平上显著，**表示在5%的水平上显著，*表示在10%的水平上显著。

总之，（1）无论是财政扶贫总资金还是贴息贷款、发展资金和以工代赈都对贫困人口教育绩效的改善具有明显的作用。（2）考虑到教育的投入更多地受制于可支配收入的影响，加入贫困人口人均收入变量后，无论是以财政扶贫总投入，还是以贴息贷款、发展资金和以工代赈为主要解释变量的各个模型的R^2都显著增加，从0.8以下上升到0.97以上，这说明除扶贫资金外，其他因素可能是影响教育绩效改善的最主要原因。（3）对比发现，财政扶贫总投入与贴息贷款、发展资金和以工代赈这三类资金在不同的扶贫阶段对贫困人口教育绩效的影响存在明显差别，主要表现在扶贫开发起步阶段。与财政扶贫投入一样，贴息贷款和发展基金在扶贫开发起步阶段对贫困人口教育绩效的影响明显低于其他阶段，而在扶贫攻坚阶段高于其他时期，但在扶贫开发前和扶贫纲要实施阶段的教育绩效都不明显。以工代赈资金却不同，除在扶贫开发起步阶段教育绩效明显低于其他阶段外，在扶贫攻坚和扶贫纲要实施阶段教育绩效都比较明显。不同类别资金在不同时期绩效出现差异的原因既与不同资金的用途不同有关，也与贫困人口生活水平与过去相比有所提高及对教育的认识有所改变有关。

（三）财政扶贫投入对收入绩效的影响

决定贫困人口生活质量的一个重要因素就是其收入水平，收入水平越高，则其可支配收入越高，相应的福利水平也越高。收入水平也是我国测量贫困的一个标准。财政扶贫投入的目的是让贫困人口摆脱贫困，但其对贫困收入水平的贡献有多大，这将是本部分要评估的主要内容。由于缺少贫困人口收入水平资料，本研究利用农村人口收入水平作为贫困人口收入水平的代理变量。

1. 扶贫资金对贫困人口收入绩效的影响

由表8-9中的模型1可以看出，财政扶贫投入每增加1个百分点，将导致农村人口收入增加0.88个百分点。同样，考虑到在一元回归方程中财政扶贫投入的系数反映的可能并不完全是其贡献，因此，在模型2中加入人均GDP变量后，发现财政扶贫投入的系数变得不再显著，可能是存在多重共线性问题的原因；但R^2显著上升，这可以解释为人均GDP的增长是导致贫困人口收入水平增加的一个重要原因。

表8-9　　　　　　扶贫资金对贫困人口收入绩效的影响分析

	模型1	模型2	模型3	模型4	模型5	模型6
c	3.05 (11.79)***	0.86 (5.33)***	3.08 (9.89)***	3.40 (9.60)***	3.09 (11.91)***	3.09 (8.54)***
linvest	0.88 (26.19)***	0.04 (0.71)	0.87 (13.67)***	0.82 (11.84)***	0.86 (15.49)***	0.87 (10.98)***
lpergdp		0.74 (15.46)***				
time1			−0.04 (−0.19)			
time2				−0.17 (−1.41)		
time3					0.12 (1.13)	
time4						0.02 (0.16)
a-d R^2	0.92	0.99	0.92	0.92	0.92	0.92
F	262.39	1670.72	125.47	138.10	133.51	125.39
DW	0.56	0.50	0.56	0.53	0.56	0.55

注：表中各变量系数下面的括号内为t统计量，***表示在1%的水平上显著，**表示在5%的水平上显著，*表示在10%的水平上显著。

表8-9中的模型3至模型6分析了扶贫的不同阶段，扶贫资金对农村人口收入水平的影响。分析发现，只有在扶贫攻坚阶段（模型5），财政扶贫资金的收入绩效比较显著，并且模型的解释力（R^2）也显著增加。但在其他阶段，扶贫资金的收入绩效都不显著。

2. 贴息贷款、发展资金和以工代赈资金对贫困人口收入绩效的影响

为进一步分析贴息贷款、发展资金和以工代赈三类财政扶贫资金对贫困人口收入绩效的影响，表8-10、表8-11和表8-12分别分析了贴息贷款、发展资金和以工代赈三类扶贫资金对贫困人口收入绩效的影响。

表8–10　　　　　　　贴息贷款对贫困人口收入绩效的影响分析

	模型1	模型2	模型3	模型4	模型5	模型6
c	3.79 (10.26)***	0.85 (6.55)***	3.80 (8.21)***	4.50 (10.64)***	3.84 (10.19)***	4.19 (9.88)***
lloan	0.83 (9.29)***	0.03 (1.12)	0.83 (7.62)***	0.69 (7.33)***	0.81 (8.71)***	0.71 (6.35)***
lpergdp		0.74 (26.17)***				
time1			−0.006 (−0.02)			
time2				−0.44 (−2.63)**		
time3					0.10 (0.71)	
time4						0.35 (1.69)**
a–d R^2	0.79	0.99	0.78	0.83	0.78	0.80
F	86.41	1728	41.24	58.34	42.86	48.34
DW	0.54	0.52	0.53	0.53	0.53	0.54

注：表中各变量系数下面的括号内为t统计量，***表示在1%的水平上显著，**表示在5%的水平上显著，*表示在10%的水平上显著。

第一，通过对比分析，发现贴息贷款的收入绩效最高，其系数为0.83，以工代赈的收入绩效最低，其系数为0.43。加入人均GDP变量后，各类扶贫资金的绩效都不再显著，再一次证明，拉动我国贫困人口收入增长的主要因素可能并不是扶贫资金，而是经济发展。

第二，各类扶贫资金在不同扶贫阶段的绩效存在显著差异，由表8–10中的模型3至模型6的分析结果可知，在扶贫开发起步阶段，其系数比较显著，但是为负，这可能是在该阶段贴息贷款的使用很不规范，其资金使用不但没有增加贫困人口收入，反而使其收入降低了。而在新世纪扶贫纲要实施阶段，扶贫资金的绩效明显高于其他时期。在其他阶段，系数都不显著。

表8-11　　　　　　　　发展资金对贫困人口收入绩效的影响分析

	模型1	模型2	模型3	模型4	模型5	模型6
c	4.72 (17.83)***	0.74 (4.51)***	4.97 (20.56)***	5.08 (13.26)***	4.56 (23.19)***	4.25 (10.50)***
lfinance	0.78 (9.66)***	−0.02 (−0.44)	0.72 (9.96)***	0.69 (6.59)***	0.78 (13.17)***	0.97 (6.51)***
lpergdp		0.78 (24.72)***				
time1			−0.69 (−2.99)***			
time2				−0.26 (−1.30)		
time3					0.52 (4.46)***	
time4						−0.43 (−1.48)
a–d R^2	0.80	0.99	0.85	0.81	0.89	0.81
F	93.31	1646	68.09	48.98	96.73	50.34
DW	0.21	0.46	0.47	0.22	0.65	0.39

注：表中各变量系数下面的括号内为t统计量，***表示在1%的水平上显著，**表示在5%的水平上显著，*表示在10%的水平上显著。

由以发展资金为被解释变量的表8-11可知，政府扶贫开发前和扶贫攻坚阶段的系数比较显著（表8-11中的模型3和模型5），但扶贫开发前的系数为负，说明在该阶段发展资金对收入的绩效明显低于其他阶段。但在扶贫攻坚阶段，扶贫资金的绩效明显高于其他阶段。而在扶贫开发和扶贫纲要实施阶段，财政发展资金的收入绩效与其他阶段相比并没有明显的差别。

以以工代赈为主要解释变量的表8-12分析也表明，在扶贫开发起步阶段和扶贫纲要实施阶段，系数比较显著，但在扶贫开发起步阶段，以工代赈资金的绩效明显低于其他阶段；在扶贫纲要实施阶段，以工代赈资金的绩效明显高于其他阶段；而在扶贫攻坚阶段，以工代赈的收入绩效并不显著。

总之，（1）财政扶贫资金对贫困收入增长具有一定的影响，但这些影响在贴息贷款、发展资金和以工代赈间存在差别，表现为贴息贷款的收入绩效最高，以工代赈的收入绩效最低。（2）在扶贫资金为主要解释变量的模型中分别加入人均GDP变量后发现，模型的解释程度增加到99%，这也说明贫困人口收入增长的主要原因可能并不是扶贫资金投入的结果，而是经济发展所带来的效应。（3）对各类扶贫资金在不同扶贫阶段的绩效进行对比分析发现，无论是财政扶贫总资金还是贴息贷款、发展资金和以工代赈资金，在扶贫开发阶段的收入绩效都为负，这与扶贫资金的使用效率有很大关系。除发展资金外，其他类资金在扶贫纲要实施阶段对贫困人口收入的绩效都比较显著，但发展资金在扶贫攻坚阶段对贫困人口收入绩效的改善比较显著。这可能是不同时期扶贫资金的使用和管理不同，直接导致对收入绩效的影响不同。

表8-12　　　　　　以工代赈资金对贫困人口收入绩效的影响分析

	模型1	模型2	模型3	模型4	模型5
c	5.80 (22.01)***	0.76 (4.28)***	7.30 (21.31)***	5.79 (21.40)***	5.96 (26.55)***
lwork	0.47 (6.03)***	0.009 (0.45)	0.12 (1.40)	0.47 (5.59)***	0.35 (4.80)***
lpergdp		0.76 (28.83)***			
time2			−1.09 (−5.10)***		
time3				−0.03 (−0.18)	
time4					0.61 (3.18)***
a–d R^2	0.63	0.99	0.83	0.60	0.74
F	36.31	1196	53.90	17.29	31.45
DW	0.63	0.45	0.69	0.65	0.76

注：表中各变量系数下面的括号内为t统计量，***表示在1%的水平上显著，**表示在5%的水平上显著，*表示在10%的水平上显著。

三 主要结论

通过对政府扶贫开发资金在贫困群体的直接效应上与间接效应进行分析评估，表明资金的投入对贫困人口规模的减少和贫困人群收入增加方面的绩效都较为显著，但不同类型的财政扶贫资金投入绩效存在差别，同一类型的扶贫资金在不同扶贫阶段的绩效也存在差别。

第一，政府扶贫开发资金的投入无论是对贫困人口数量的下降，还是对贫困人口教育水平的提高和收入的增长都具有显著的正面影响，但如果考虑到其他影响因素（如加入人均GDP指标、人均收入水平指标等变量），政府扶贫开发资金的使用绩效水平却变得不再显著。实际上，除去我们所使用的变量之间的高度相关关系外，很难将扶贫开发资金对扶贫绩效的贡献与其他因素对扶贫绩效的贡献完全分开，也进一步说明政府扶贫开发的最终使用绩效可能是多种因素相互影响的结果。

第二，在对政府扶贫开发资金中的贴息贷款、发展资金及以工代赈资金三种资金使用绩效对比分析后发现，在这三类资金中，无论是对贫困人口数量的下降，还是对贫困人口教育水平的提高与收入水平的增长，贴息贷款资金的使用绩效都最为显著，其次是发展资金，而以工代赈资金的使用绩效排在最后。一种可能的解释是，相对于发展资金和以工代赈资金，贴息贷款资金能够更为有效地起到激励和约束机制，调动贫困地区和贫困人口利用资金促进发展的积极性，因为相对于另外两类资金，贴息贷款资金是有利率成本约束的，这样就强化了扶贫开发资金使用方的责任意识。

第三，与财政扶贫资金一样，贴息贷款和发展资金在扶贫开发阶段对贫困人口教育绩效的影响明显低于其他阶段，而在扶贫攻坚阶段高于其他时期，但在农村改革和新世纪扶贫开发阶段其绩效都不明显。但以工代赈资金却不同，除在扶贫开发阶段绩效明显低于其他阶段外，在扶贫开发和新世纪扶贫攻坚阶段都明显高于其他时期。不同类别资金在不同时期绩效出现差异的原因既与不同资金的用途不同有关，也与贫困人口生活水平与过去相比有所提高及对教育的认识有所改变有关。另外，分析数据还显示，各类扶贫开发资金的绩效水平也不是直接与其相应的功能相对应，而是与其投入的多少相对应，这又进一步说明，各类扶贫开发资金的管理存在一定问题，同时其绩效水平都没有得到有效的发挥。

第四，最后在对贴息贷款资金、发展资金、以工代赈资金和财政扶贫总资金在不同扶贫时期的使用绩效分析也表明，政府扶贫开发资金的使用绩效水平直接与各个扶贫时期相应的扶贫政策、相应的惠农政策及农村发展政策相关联，也就是说，我国政府扶贫开发资金使用绩效的发挥除去相应的扶贫资金量的支持外，更重要的是，相应配套的扶贫政策影响到扶贫资金功效的发挥和贫困人群各项福利水平的改善。分析结果同时也表明，在新世纪扶贫开发阶段，大多扶贫资金的绩效与其他时期相比都不显著。该结果提醒我们，政府扶贫开发资金绩效水平的发挥目前遇到瓶颈问题，需要相应的政策制度保障政府扶贫开发资金的绩效水平，同时也需要在新阶段新形式下研究扶贫任务的新特点，以制定相应的政府扶贫开发资金使用办法，这或许需要改变政府扶贫开发资金的使用方向，或者完善政府扶贫开发资金的管理。

第九章 政府扶贫开发的经验与对策

对我国扶贫绩效评估本身的最重要意义在于：通过科学的评估，在总结扶贫工作经验的同时，找出扶贫工作中存在的问题，为下一步的扶贫工作指出方向。从本研究的评估结果来看，我国扶贫工作确实取得了巨大的成绩，政府在扶贫工作中积累了一大批值得推广的经验。但我们也注意到，尽管扶贫工作成绩显著，但目前我国的贫困问题依然严峻，在政府扶贫工作中也存在一些问题，阻碍扶贫工作的开展，也降低了政府扶贫绩效。因此，在对政府扶贫制度政策、路径方式进行梳理，对政府扶贫绩效进行评估的基础上，总结扶贫工作经验，有利于这些经验的推广和扶贫工作的深入开展；而对扶贫问题的剖析则有利于从发现问题和解决问题的角度，为以后的扶贫工作提供思路、指出方向。

一 政府扶贫开发的主要经验

（一）形成了政府主导、社会参与的扶贫组织体系

本书的第二章研究发现，政府的扶贫组织在我国农村的反贫困中发挥了至关重要的作用，在我国整个的扶贫体系中占据着主导性地位。从扶贫渠道来看，我国政府已经形成了多渠道的扶贫组织体系。比如，扶贫办系统具体负责整个扶贫活动日常工作，财政部门具体负责财政扶贫资金的

拨付与管理，发改委系统通过以工代赈的形式实施扶贫活动，农业银行通过扶贫贷款实施扶贫活动，农建部门具体负责"三西"专项扶贫活动，民委系统具体通过少数民族发展资金开展扶贫活动。除此之外，中央国家机关还结合各自的优势，分门别类地开展扶贫活动，比如教育部门的教育扶贫、科技部门的科技扶贫、卫生部门的卫生扶贫、林业部门的林业扶贫等。从扶贫的层次来看，我国政府已经形成了自上而下的、多层次的科层组织体系，既有中央层面的组织体系，也有省级层面的组织系统，还有市、县级的扶贫组织部门。就定点扶贫而言，不仅中央国家机关开展了定点的对口帮扶，省、市、县各级党政机关也都开展了相应的定点扶贫。同时，省级之间还有"东西"（东部省份—西部省份）之间的省级对口帮扶。

同时，第二章通过对政府扶贫组织体系变迁的研究和评估发现，政府的扶贫组织体系并不是僵化的，在贫困环境发生变化的背景下，政府扶贫的组织体系也在不断地发展演变。在不同的时期，面临不同的农村环境，政府的扶贫组织体系不断进行改革与调整。比如，1982年成立的"三西"地区农业建设领导小组演变为后来的贫困地区经济开发领导小组，贫困地区经济开发领导小组后来又更名为国务院扶贫开发领导小组，2002年国务院扶贫开发领导小组办公室又从农业部分离，成为独立的政府部门，并且升格为副部级单位。从扶贫办的组织演变可以看出，伴随着农村扶贫活动的开展以及农村贫困人口的减少，政府不是在弱化扶贫工作，而是在不断地强化农村的扶贫。

同时，通过在第二章、第三章、第四章对政府扶贫的组织系统、瞄准系统和资金管理机制的研究发现，政府主导、社会参与是我国扶贫开发的最大特色。1982年"三西地区"农业建设领导机构的成立，是政府主导的工作格局形成的标志，从1986年国务院贫困地区经济开发领导小组成立到《国家八七扶贫攻坚计划》的制订，再到《中国农村扶贫开发纲要（2001—2010）》颁布，政府主导的扶贫开发工作不断加强。在政府的主导下，一系列扶贫战略部署先后出台，指导我国农村的反贫困事业：1994年制订了《国家八七扶贫攻坚计划》，2001年又颁布了《中国农村扶贫开发纲要（2001—2010）》，目前国务院扶贫办正在会同有关部门编制2011—2020年扶贫开发纲要。当然，相关政府部门也根据我国农村的贫困状况在不同时期制定出台了一系列的政策法规指导农村的反贫困事业。同时，政府部门也采取一系列措施从多种渠道筹集扶贫资金，并且投入的资金在整个扶贫资金总量中占据着绝对主导的地位。可以说，政府部门的主导以及政府的财政投入，是我国农村反贫困取得成功的关键要素。

（二）实现了扶贫方式的多重转变

本书的第五章对政府扶贫的方式进行了评估，总体来看，政府扶贫开发的方式随着贫困环境的变化也发生了变化。1978—1985年为第一阶段，主要是通过体制改革推动扶贫，在体制改革推动下政府扶贫的主要方式是救济式扶贫；1986—2000年为第二阶段，主要的方式是开发式扶贫；2001年之后为第三阶段，主要的扶贫方式是大扶贫。

第一，扶贫方式在不同时期根据不同的农村环境进行了不断改革与调整，实现了从救济式扶贫到开发式扶贫再到大扶贫方式的转变。救济式扶贫模式下的政府直接通过各基层政府把生活所需的粮食衣物等物资或现金分配给贫困人口，帮助贫困人口渡过生存难关。这种输血式的模式是通过政府的财政转移支付实现的，主要用于生活救济。救济式扶贫的主要形式是物质扶贫，即扶贫主体运用一定的物质资料（主要是各种生产和生活资料），帮助支持扶贫客体开展生产和经济活动，以摆脱贫困的一种方式，因而这主要是针对全国农村普遍贫困状况而展开的救济式扶贫活动。从总体上看，它符合当时贫困人口广、贫困程度深的状况，有效地满足了贫困人口的实际需要，缓解了他们的生存危机，对那部分特困户和特困人口尤为重要。

开发式扶贫鼓励贫困地区广大干部、群众发扬自力更生、艰苦奋斗的精神，在国家的扶持下，以市场需求为导向，依靠科技进步，开发利用当地资源，发展商品生产，解决温饱进而脱贫致富。扶贫开发的基本途径包括：重点发展投资少、见效快、覆盖广、效益高，有助于直接解决群众温饱问题的种植业、养殖业和相关的加工业、运输业；积极发展能够充分发挥贫困地区资源优势，又能大量安排贫困地区劳动力就业的资源开发型和劳动密集型的乡镇企业；通过土地有偿租用、转让使用权等方式，加快荒地、荒山、荒坡、荒滩、荒水的开发利用；有计划有组织地发展劳务输出，积极引导贫困地区劳动力合理、有序地转移；对极少数生存和发展条件特别困难的村庄和农户，实行开发式移民。扶贫开发的主要形式包括：依托资源优势，按照市场需求，开发有竞争力的名特稀优产品。实行统一规划，组织千家万户连片发展，专业化生产，逐步形成一定规模的商品生产基地或区域性的支柱产业；坚持兴办贸工农一体化、产加销一条龙的扶贫经济实体，承包开发项目，外联市场，内联农户，为农民提供产前、产中、产后的系列化服务，带动群众脱贫致富；引导尚不具备办企业条件的贫困乡村，自愿互利，到投资环境较好的城镇和工业小区进行异地开发试点，兴办第二、第三产业；扩大贫困地区与发达地区的干部交流和经济技术合作；在优先解决群众温饱问题的同时，帮助贫困县兴办骨干企业，改变县级财政的困难状况，增强自我发展能力；在发展公有制经济的同时，放手发展个体经济、私营经济和股份合作制经济；对贫困残疾人开展康复扶贫。

大扶贫模式在坚持开发式扶贫的基础上，更加注重农村社会政策的积极作用，尤其是惠农政策在促进农村发展、提高农民收入方面的重要作用。大扶贫是一种全方位的扶贫，不仅参与的政府部门是多部门的，而且扶贫的内容、扶贫的途径也是全方位的。大扶贫的方式不仅仅着眼于农村的经济发展，而且还非常注重农村社会事业的进步，多个政府部门通过一系列政策保障农民的社会权益。大扶贫不仅注重农村地区的扶贫开发，而且还注重农村绝对贫困人口的社会救助，通过农村的低保制度，保障贫困人群的基本生存权利。

第二，坚持扶贫开发与贫困人口的人力资本建设相结合。贫困人口最大的问题不是缺乏劳动能力，而是缺乏人力资本，而人力资本开发的关键是教育培训，它包含两个内容。第一是把扶贫开发与教育相结合。从"九五"开始实施的"国家贫困地区义务教育工程"，是新中国成立以来中央专项资金投入最多、规模最大的农村地区教育工程。第一期"国家贫困地区义务教育工程"中央政府投入39亿元，地方各级财政按与中央专款比例配套拨款，资金总计超过100亿元。"十五"期间，国家开始实施第二期"国家贫困地区义务教育工程"，工程项目覆盖2000年前未通过省级"普九"验收的经济薄弱县，重点是经济薄弱的山区、牧区、边境地区和少数民族地区，特别针对人口在10万以下的少数民族。中央专项拨款50亿元，并规定了地方配套资金与中央专款的比例中部省份为1∶1、西部为

0.5∶1。2006年3月推出免费义务教育，通过取消所有学生的学杂费和书本费，并为贫困住校生提供生活补助（所谓的"两免一补"政策）来普及小学和初中教育。教育培训的另一个内容是把扶贫开发与劳动力培训相结合。2004年，国务院扶贫办发出《关于加强贫困地区劳动力转移培训工作的通知》，对劳动力培训工作进行专门部署，明确提出了"三优先"原则：优先安排年人均收入低于贫困线的贫困农民；优先安排需要异地搬迁的农民；优先安排有一定文化程度的农民。2006年10月24日全面启动"雨露计划"[1]，旨在通过就业技能培训，帮助贫困地区青壮年农民解决在就业、创业中遇到的实际困难，提高贫困地区农村劳动力的就业能力和创业能力，最终实现发展生产、增加收入，促进贫困地区经济发展的目的。这一系列的教育培训计划，大大降低了农村贫困人口的文盲率，接受小学以上教育的人数增加，使外出务工人员提高了基本技能，这对提高贫困人口市场适应能力、增加其收入具有重要的意义。

第三，坚持扶贫开发与区域互助相结合。由于我国地域发展不平衡，贫困人口大都集中于中西部，特别是西部地区，本着先富起来的地区有义务帮助后富起来地区的精神，政府开创了一条有中国特色的扶贫道路，即把扶贫开发与对口扶贫和东西协作扶贫相结合。自1996年开始东西合作的10年间，东部15个省市和西部11个省区市相继建立对口帮扶关系，东部向西部无偿捐资44.4亿元，援建学校2462所，安排劳务输出150万人，人才培训34万人次；西部获得劳务收入82.7亿元，引进科技实用技术1351项，这对被帮扶地区的发展起到重要的作用。目前，"东西扶贫协作"的财政援助已经成为西部地区扶贫资金的重要来源之一。而发挥了政府、企业和社会力量的"东西扶贫协作"制度作为整个扶贫政策的重要部分，对增强西部贫困地区发展能力、提高脱贫速度发挥了积极的作用。

（三）建立了科学的监测系统与瞄准机制

扶贫活动的开展需要一套科学的瞄准机制，而瞄准机制的确立又依赖于科学的贫困监测，因此扶贫监测对于扶贫活动的开展至关重要。本书第

---

[1] "雨露计划"的对象主要有三类：一是扶贫工作建档立卡的青壮年农民（16—45岁）；二是贫困户中的复员退伍士兵（含技术军士，下同）；三是扶贫开发工作重点村的村干部和能帮助带动贫困户脱贫的致富骨干。

三章对我国农村扶贫监测与瞄准机制进行了评估。总体来看，贫困监测体系不断完善，扶贫的瞄准机制不断调整，瞄准单位逐步实现了由最初的区域瞄准到县级瞄准再到村级瞄准的演变。

首先，我国的扶贫开发已经形成了相对较为完善的监测体系。20世纪80年代，我国政府刚刚开始专项扶贫活动时，政府就开始了贫困监测的探索工作。1986年，国家统计局就利用全国农村住户抽样调查数据，推算和研究贫困标准以及与贫困相关的一些问题。1994年，在世界银行贷款项目的西南贫困地区，逐步建立贫困监测和评估体系。1997年，国家统计局开始在贫困县中实施抽样调查，逐步完善全国农村的贫困监测系统。2000年，国家统计局开始系统出版《中国农村贫困监测报告》。《农村扶贫监测报告》的系统出版意味着我国农村扶贫的监测体系逐步完善。

其次，扶贫开发的监测对象与监测内容正在逐步完善。贫困监测系统不仅收集贫困人口的个体特征，而且还系统收集贫困户、贫困村、贫困县的系统信息；不仅监测贫困人群的家庭经济社会生活，而且还监测贫困地区的经济发展、基础设施、社会事业等内容。监测的对象不仅包括全国农村的贫困状况，而且还监测国家扶贫工作重点县以及扶贫工作重点村的贫困状况，并且逐步增加了特定人群和特定区域的贫困监测，比如逐步增加了少数民族地区、人口较少民族居住地区、边境地区贫困县的监测。

再次，瞄准机制越来越精细，瞄准度越来越高。在贫困监测体系不断完善的情况下，我国政府也在根据农村贫困的变化，不断调整扶贫的瞄准机制。瞄准单位逐步由最初的区域瞄准调整为县级瞄准，再到村级瞄准。瞄准单位的变化意味着农村扶贫活动的针对性越来越强、扶贫活动的效率越来越高。

（四）坚持了扶贫政策的连续性

本书的第七章对政府扶贫工作目标进行了评估，长时段地追踪了1986年以来的扶贫政策。第七章的研究发现，保持扶贫政策的连续性，是我国扶贫成功的一条重要经验。

长期以来，我国一直坚持扶贫政策的连续性，"八五"期间，国家继续执行在"七五"期间制定和实施的各项优惠政策，对"七五"期间确定的重点贫困县继续扶持，原有扶贫资金投入规模不减，"三西"农业建设专项资金在规定期限内保持不变。同时，针对"七五"期间扶贫开发工作进行的一系列重大改革和调整，"八五"期间继续坚持，并在此基础上不断深化改革、完善办法、提高效益。"九五"、"十五"和"十一五"的扶贫政策之间也都保持了政策的连续性。

在保证政策连续性的同时，针对不同时期的社会环境和贫困特点，政府制定了相应的扶贫政策。我国开始有组织的大规模扶贫以来，在保持政策连续性的同时，加强了不同时期扶贫政策的针对性。如从最初的对温饱尚未解决的贫困户继续给予减免农业税、减国家粮食定购任务、对国家确定的301个重点贫困县继续减免国家能源交通重点建设基金、免征贫困地区新办的开发性企业所得税、减免少数民族贫困地区贫困户购买国库券等，以及针对不同时期制订的五年计划里的扶贫部分，还有专门的扶贫政策《八七扶贫攻坚计划》和《中国农村扶贫开发纲要（2001—2010）》等，到最近的各项扶贫政策，还有相应的经济发展和社会保障政策，如20世纪70年代末80年代初的农村家庭联产承包责任制，"七五"时期的乡镇企业发展政策、"八五"时期的经济开放政策、"九五"时期的经济发展与改革政策，"十五"和"十一五"时期的义务教育普及政策和农村医疗保险政策等，都对减贫起到了重要的作用。

（五）贫困群体的生存和发展能力并重

本书的第八章从扶贫对象受益状况的角度对政府扶贫开发的绩效进行了评估。总体来看，我国的贫困程度大幅度下降，同时兼顾了贫困群体的生存能力和发展能力。

统计指标显示，自扶贫开发以来，无论是贫困人口规模还是贫困发生率都大幅度降低，我国政府扶贫绩效显著。在收入方面，改革开放以来，我国农村居民收入不断增长，增强了农民的自身经济实力，加强了贫困地区农民脱贫和防止返贫的能力。对生活质量指标的评估发现，我国农村和贫困地区居民的居住条件逐步改善，主要日用消费品拥有量的普及率逐年提高，信息化步伐加快，在食品消费上对热量、蛋白质和脂肪的消费也在不断增加。在医疗卫生方面，由于国家对农村医疗卫生工作的高度重视，农村医疗卫生政策逐步完善，医疗卫生经费投入比重也在不断提高，贫困地区的医疗卫生条件整体上有了比较大的改善。在贫困群体的社会保障评估中，本书从社会保障政策、资金规模、社会保障覆盖面以及保障水平四个维度进行了评估，评估发现：（1）国家出台了一系列的政策，使贫困人口社会保障体系逐步完善；（2）资金投入规模逐年增加，提高了保障能力；（3）社会保障覆盖面和保障水平逐年提高。总体而言，经过20多年的艰苦努力，我国扶贫式开发工作取得了显著的成效，贫困人口的生产生活保障水平得到了很大的提高。但是，目前我国大多数农村社会保障项目的救助水平过低，还有一些项目的覆盖面比较有限，保障收益水平只及同类城市保障项目水平的一小部分。以上这些数据和指标反映出贫困群体的生存能力有了很大提高。

与此同时，本书对基础设施、教育程度以及贫困群体的市场参与程度进行了评估。评估发现，在基础设施方面，目前贫困地区的基本设施建设已取得显著的成绩，通公路、通电、通电话和能接收电视节目的自然村的比重比十年前有明显的提高。在教育和培训方面，全国贫困农户受教育的程度有了较大的改善，平均受教育年限增加，文盲率和半文盲率显著下降，初中及以上教育水平所占的比重明显上升，各年龄阶段的儿童在校率上升，这表明近年来我国贫困农户的教育绩效明显。在市场参与程度方面，总体而言，贫困农户的市场参与不断扩大。在具体指标方面：（1）劳动力外出务工比例呈增加趋势，但这种增长趋势是不平滑的，即由于所从事的工作技术含量低，更易受经济形势、产业波动和宏观政策的影响。（2）由于经济的发展和国家政策的支持，贫困人口工资性收入逐年增加，占人均纯收入的比重在总体上也呈现上升趋势，但是其知识技能水平较低导致这种增加非常缓慢。（3）在现金收入占总收入比重方面，虽然有些年份有所波动，但总体上呈现出上升趋势。（4）在主要农产品商品化率方面，由于政府一系列惠农政策的执行、市场监管的完善以及农村居民市场意识的提升，近年来农村居民多数主要农产品商品化率一直呈上升态势，但是贫困农户主要农产品的商品化率低于全国农户平均水平。基础设施、教育程度以及贫困群体的市场参与程度反映了贫困群体的发展能力，总体而言，贫困群体的发展能力也得到了很大的改善，这是我国政府扶贫开发取得成功的一条重要经验。

二 政府扶贫开发存在的问题

(一) 扶贫开发机制不完善

我国政府扶贫开发机制不完善问题主要表现在以下三个方面。

第一，扶贫开发组织缺乏有效整合。本书第二章研究表明，扶贫开发是一项系统工程，涉及多个部门的有效合作，依靠单个组织、单个部门难以完成扶贫的艰巨使命。目前，我国政府扶贫已经形成了多渠道、多层次的扶贫组织体系，不同的政府部门分工协作、各司其职，共同实施扶贫活动。有些涉农资金由多个部门管理，比如低保由民政部门管理、公路由交通部门管理、土地整理由国土部门管理，等等，各部门"各吹各的号，各唱各的调"，单打独斗，缺乏必要的衔接和配合；扶贫资金难以一致地进村入户，造成有限的资金不能形成合力；扶贫人员把大量的时间浪费在了跑项目、找资金、协调关系上，势必降低扶贫开发的效益。

第二，扶贫资金监管机制不健全。由于缺乏有效的扶贫资金监管机制，致使某些扶贫资金的流向发生偏离。有些部门随意改变扶贫资金用途，甚至层层截留、挪用，造成"跑、冒、滴、漏"现象比较严重，扶贫资金俨然成了一块"唐僧肉"，人人见了都想吃一口。这既造成了扶贫资金的大量浪费，又败坏了党风政风，损害了党在群众心目中的形象。

第三，扶贫开发长效机制有待建立。在扶贫开发中，"重建设、轻管理"的思想造成扶贫部门在时农民脱了贫、扶贫部门一撤走农民又返贫的现象，陷入了通过扶持贫困农民走上了富裕、但由于缺乏长效机制农民又返贫的恶性循环怪圈中。

(二) 扶贫开发瞄准率有待提高

本书第四章研究表明，在贫困监测体系不断完善的情况下，我国政府也在不断调整扶贫的瞄准机制。瞄准单位逐步由最初的区域瞄准调整为县级瞄准，最后再到村级瞄准。瞄准单位的变化意味着农村扶贫活动的针对性越来越强，扶贫活动的效率越来越高。但是政府扶贫开发过程中，贫困人口、扶贫资金与扶贫政策瞄准率偏低问题不容忽视。

在扶贫资金与重点瞄准贫困县时，Park 等就指出："随着时间的推移，瞄准的有效性已弱化，漏出已在增加。"[1]这是因为以县为基础的瞄准机制带来以下后果：（1）扶贫资金只用于居住在国定贫困县的贫困人口，而这部分贫困人口只占我国剩余贫困人口的一半。（2）居住在国定贫困县以外的另一半贫困人口则基本上得不到政府扶持资金的扶持。中央政府扶贫资金大多数分配给国定贫困县，但并未被特别指定用于这些县内的贫困户或贫困乡；贫困县内的贫困乡和非贫困乡都得到了分配资金（实地调查显示，非贫困乡和靠近公路的富裕乡镇事实上获得超过平均份额的扶贫资金），因此，扶贫资金一直以来是被平均地分配给592个国定贫困县的2亿农村人口的。既然只有约一半贫困人口居住在贫困县，那就说明对最贫困人口的扶持由于漏出给非贫困人口而被弱化了差不多10倍。这说明1998年中央政府的20亿美元扶贫资金中，只有1/10，即2亿美元资金分配给了这2100万贫困人口。

考虑到以前以贫困县为扶贫单位的制度没能使我国的许多贫困人口直接受惠，2001年9月我国政府开始把"整村推进"作为重要理念和重要模式引入扶贫开发，强调做好村级扶贫发展规划，实行扶贫资源到村到户。这预示着中央扶贫资金的分配开始由县级瞄准向村级瞄准转移，到2002年全国共有14.8万个村被列为扶贫开发的"整村推进"范围，占我国总村庄数的20.9%。世界银行等认为，如果做到最理想的村级瞄准，那将能覆盖将近80%的贫困人口，而按照官方贫困线生活在指定贫困村的贫困人口占全体贫困人口的比例2001年为59.5%，2004年进一步下降到50.8%；而非贫困人口占贫困村人口的比例从2001年的84.5%上升到2004年的89.75%。[2]这说明我国贫困人口更加分散，目前的贫困人口生活在贫困村的比例也只是在50%左右，还有50%左右的贫困人口生活在贫困村之外，而生活在贫困村以外的贫困人口很少能够从政府扶贫中受益。同时，在整村推进计划实施过程中，也没有有效瞄准贫困家庭。

除贫困人口的瞄准率低之外，扶贫资金与政策的瞄准率也不理想。从一项对宁夏、江西、广西和云南的调查来看，除沼气池—猪圈—改厕三位

---

[1] Park, Albert and Changqing Ren (2001), "Microfinance with Chinese Characteristics", *World Development* Vol. 29, No. 1, January 2001, pp. 3-62.

[2] 世界银行、东亚及太平洋地区扶贫与经济管理局：《从贫困地区到贫困人群：中国扶贫议程的演进——中国贫困和不平等问题评估》，2009年3月，第75页。

一体项目对贫困人口的覆盖率超过50%以外，其他开发扶贫项目对村庄内部贫困人口的覆盖率都比较低。[①]这说明，在以村庄为开发扶贫目标瞄准过程中，仍然存在着开发扶贫资源没有真正用到贫困农户身上的情况，开发扶贫资源目标瞄准与扶贫目标之间偏离较大。而且，扶贫投入没有充分考虑贫困农户的需求，对宁夏、江西、广西和云南4省37个村的实地调查发现，人畜饮水是贫困村庄的第一需求，而县里2002年只投入了51.68%的扶贫资金，排在所有扶贫项目的第6位，2003年人畜饮水几乎没有任何投入。这种投入与需求的偏离更进一步弱化了"整村推进"瞄准效果，增加了扶贫资金的漏出量，降低了扶贫资金的使用效果。

（三）扶贫开发资金使用效率不高

扶贫资金必须根据扶贫开发计划所确定的目标、任务、对象和范围，重点用于改善和提高贫困镇、贫困村和贫困人口的基本生产生活条件和发展环境改造，贫困地区干部素质培训和贫困农户职能技术培训，不得用于非扶贫性质项目。

本书第九章研究发现，目前我国扶贫资金在使用过程存在着几个比较严重的问题，一是部分扶贫资金没瞄准贫困人口和扶贫项目；二是扶贫资金的违规使用现象突出，资金流转过程中损耗严重；三是扶贫资金投入项目的目标偏离导致资金使用的低效率。同时由于财政扶贫资金瞄准机制的欠缺，扶贫资金的使用绩效水平没有得到有效的发挥。在新世纪，贫困人口的分布出现了新的特征，各类扶贫资金的瞄准机制并没有及时得到纠正，致使相当一部分扶贫资金并没有真正用到贫困人口身上，影响了一部分贫困人口及时脱贫。即使用到贫困农户身上的扶贫资金，其边际效应也已出现资金使用效率边际递减的现象，影响了财政扶贫资金绩效。加之缺乏有效的扶贫资金监管机制，致使某些扶贫资金的流向发生偏离。虽然中央在不断探索和推进资金整合措施，如开展"整村推进"的扶贫工作，但只是将资金集中投入限定的区域中，各部门安排的扶贫项目资金使用仍然显得很分散，没有形成项目建设的合力，致使扶贫项目建设的标准低、管护难、成效差。此外，扶贫资金在申报过程也存在弄虚作假的行为。

有效的扶贫资金审计可以发现使用过程中出现的问题，并能针对问题

---

① 李小云等：《参与式村级扶贫规划系统的开发与运用》，《林业经济》2007年第1期。

提出有效的整改意见。但是我国目前还没有形成规范化、制度化、科学化的扶贫资金审计制度，检查监督的针对性不强，主要以财务和资金的审查为主，而对项目的检查和扶贫效果的评估很少，绩效审计严重缺位。另外，缺乏后续审计机制，对检查结果的责任追究不够严厉，使检查的督促作用大大降低。

（四）扶贫开发社会参与不足

本书第六章研究内容指出，在大扶贫理念下，我国政府扶贫方式是在坚持开发式扶贫的基础上，注重农村社会政策的积极作用，注重农村社会事业的进步，全面建立农村最低生活保障制度，通过一系列政策措施保障农民的社会权益。但是，由于我国政府没有充分发挥市场主体在扶贫中的作用，而且贫困群体在扶贫决策与过程中参与不足，致使我国政府扶贫开发方式有效性不足。

1. 没有充分发挥市场主体在扶贫中的作用

经过长期的探索，我国逐步形成了国家惠农政策扶贫、政府专项扶贫、行业扶贫和社会力量扶贫多种形式、多元主体相结合的大扶贫格局，各类市场主体在扶贫中的作用越来越大。如"希望工程"、"幸福工程"、"光彩事业"、"文化扶贫"、"春蕾计划"、"青年志愿者支教扶贫接力计划"、"贫困农户自立工程"等扶贫活动都取得了很大成效。其中以资助贫困失学儿童入学为目的的"希望工程"，自1989年开展以来，到2000年累计接受海内外捐款近19亿元，资助建设希望小学8355所，资助失学儿童近230万。[1]以民营企业的资本技术带动贫困地区致富的"光彩事业"，从1994年启动以来，到2003年共吸引海内外1.1万名非公有制企业家到西部投资7300多个扶贫项目，累计到位资金300多亿元，解决了150万人的培训和130万人的就业问题，帮助350万人脱贫。[2]同时，国内国际NGO都对我国扶贫事业作出了各级的贡献。

但一直以来，除各类政府主体之外，其他组织参与的扶贫范围和投入有限。据统计，在所有扶贫投入中，一直以来各级政府投入都在80%以上。

---

[1] 中华人民共和国国务院新闻办公室：《中国的农村扶贫开发》，《新华月报》2001年第11期。

[2] 钟蓝：《"消除贫困"在中国》，《新华月报》2003年第8期。

在我国贫困分布更加分散,政府扶贫出现边际效益递减,管理工作中出现市场失灵的情况下,应以市场化为方向实现农村扶贫制度创新,让市场主体更多地参与扶贫工作,帮助贫困农民提升市场环境下生存与发展的能力。

2. 贫困群体在扶贫决策与过程中的参与不足

长期以来,贫困人口不能参与更多的扶贫决策、扶贫项目和资金的管理,既有观念上的问题,也有体制和利益上的矛盾。在计划经济体制下,项目的计划和管理总是政府部门的事情,政府部门既怀疑农户特别是贫困户参与项目管理的能力,更担心贫困农户过多参与会削弱管理部门的权力。这就导致从扶贫决策到扶贫政策执行的整个操作过程是在行政机构封闭状态下进行的,有没有项目以及有什么样的项目,贫困人口没有多少发言权。即使在"整村推进"工作中,贫困群体也不能充分参与各项扶贫环节中,这是因为不是村民而是地方精英控制着村庄的决策权。[1]陈前恒认为由于参与不足,贫困村中穷人获得发展性扶贫项目的可能性较小,[2]而徐孝勇等认为我国发展性扶贫陷入了制度性陷阱。[3]在扶贫部门的大力推动下,参与式村级规划的顺利实施为贫困农户参与扶贫项目的计划和管理提供了一条新的有效途径。但到目前为止,用于参与式扶贫规划的项目资金主要是财政发展资金和部分以工代赈资金,规划的项目很难按计划完成。

贫困群体在扶贫工作过程中的缺位,直接产生以下几个问题:(1)使穷人没有或者降低了表达自身利益诉求的机会,这不利于定位目标人群,制定针对性的政策安排,也阻碍了贫困人口更多地分享发展成果。(2)由于缺少利益表达机会,无法监管扶贫资金的瞄准性问题,而决策者的"经济人"本性使得扶贫资金不是用于贫困群体而是用于与"经济人"利益相关的项目或工作方面,冷落了贫困地区的基础设施建设与人力资本开发。(3)降低了贫困群体对政府扶贫的信任与参与积极性,也难以培养贫困群体自身的独立能力。这些问题最终导致部分贫困群体不能得到及时的帮

---

[1] Galasso, Emanuela & Ravallion, "Martin. Decentralized Targetingof an Antipoverty Program", *Journal of Public Economics* Vol.2, 2005, pp.705—727.

[2] 陈前恒:《农户动员与贫困村内部发展性扶贫项目分配——来自西北地区H村的实证研究》,《中国农村经济》2008年3月,第49页。

[3] 徐孝勇、赖景生、寸家菊:《我国农村扶贫的制度性陷阱与制度创新》,《农业现代化研究》2009年3月,第184—188页。

助,从而致使在快速发展的经济大潮中,"相对贫困"问题更为严重。

(五)社会保障滞后,脱贫效果不稳定

已有研究表明,我国贫困家庭特别是农村贫困家庭面对贫困的冲击非常脆弱,他们处于自然灾害、疾病、农业产出的波动和价格变动等各种风险之下,一些贫困人口虽然在经济指标上实现了脱贫,但任何风险的发生都有可能把他们重新拉回贫困群体的行列。据统计,每年的贫困人口中约有2/3在下一年会脱贫,同样,下一年的贫困人口约有2/3是新返贫的人口,即一部分人脱贫的同时,另一部分却加入了贫困的行列,这也使我国的扶贫人口下降很不稳定。统计数据显示,2001—2003年,贫困人口下降的人数分别为293万、484万和128万,2006—2008年则是734万、1378万和313万,减少速度呈现倒U形,在这8年里最低的为3.1%,最高的为24.2%,脱贫效果很不稳定。在对短期与长期贫困的比较中,发现我国的短期贫困比重较高,例如在2001—2004年,农村有1.5%的人口连续4年贫困,2.6%在其中的3年贫困,4.9%2年贫困,11.1%1年贫困。在2005—2008年中,农村有0.5%的人口是连续4年贫困,0.9%3年贫困,1.9%2年贫困,5.2%1年贫困,在贫困人口中,长期贫困与短期贫困分别占38%和62%。[①]而在短期贫困群体中,相当一部分又是某种突然的风险所致。

健全的社会保障制度有助于帮贫困人口克服这种风险。我国的城市社会保障制度在20世纪90年代中期就已建立起来,但是农村社会保障制度只是在新世纪之后才成为政策关注的重点。虽然我国农村基本社会保障体系已经成形,但要达到能够有效地帮助贫困人口面对各种风险的要求,还面临严峻的挑战。目前,我国农村的社会保障体系主要由农村低保、农村医疗保险、医疗救助和灾害救助几部分组成。其中,(1)农村低保的覆盖率相当农村贫困人口的2/3,但是在瞄准与功能定位方面仍存在问题,低保资格也需要调整;(2)农村医疗保险的覆盖率2007年就已达到86%,很好地解决了覆盖率的问题,但是在报销比例及报销项目方面还需要进一步合理化,以使农民不再因病致病因病返贫;(3)目前,医疗救助只占农村贫困人口的一半左右,还达不到作为农村医疗保险安全网的水平;(4)在灾害

[①] 王萍萍、闫芳:《农村贫困的影响面、持续性和返贫情况》,《调研世界》2010年第3期。

救助方面，与损害的规模相比，灾害救助的覆盖面和救助水平很低，还需要更多的政府资源投入。

三 对策建议

（一）动员和支持各类社会主体参与扶贫，构建多元互动的政府扶贫开发组织体系

在目前政府扶贫已经出现边际效应递减、扶贫资金使用中出现众多问题的情况下，可以更多支持和引入各类市场主体（包括民间组织及国际组织）参与扶贫，政府更多地从政策支持及收入分配改革方面支持贫困地区，并对贫困人口进行扶持。政府从某些具体扶贫项目上退出，并不意味着政府可以对扶贫工作放手，这仅是政府为提高扶贫绩效、更快更好地解决贫困问题所做的正确选择。目前，在继续做好东部沿海发达地区对口帮扶西部贫困地区的东西扶贫协作工作，进一步扩大协作规模、增强帮扶力度的同时，应注意以下几个方面。

一是改善法律环境，给民间机构参与更多的扶贫工作的机会和灵活性。这就需要做到以下几点：第一，明确民间组织在扶贫中的地位、作用、组织原则和监督方式。第二，加强政府与民间组织之间的密切合作。为了提高政府扶贫资金的使用效率，应着手探索资源使用方式，使更多的民间组织成为由政府资助的扶贫项目的操作者。扶贫部门则根据其业绩和信誉，把资源交给最有效率的竞争者，并依据公开和透明的原则加以监管。第三，发挥民间金融机构在小额信贷扶贫方面的积极作用。民间的小额贷款机构能够深入商业金融机构不愿意运营的地方和领域。民间金融机构除贷款外，还可以为贷款客户提供培训、技术支持和销售、社区发展等方面的专业服务，提高小额信贷的扶贫效果。

二是创造良好的政策环境和投资环境，吸引多种所有制经济组织参与贫困地区的经济发展。对于适应市场需要、能够提高产业层次、带动千家万户增加收入的农产品加工企业，能够发挥贫困地区资源优势并改善生态环境的资源开发型企业，能够安排贫困地区剩余劳动力就业的劳动密集型企业，能够帮助贫困群众解决市场流通问题的企业，国家都给予必要的支持。

三是积极推动扶贫开发领域的国际交流与合作，继续争取国际组织和

发达国家向中国提供援助性扶贫项目。为保证这类项目的顺利执行，国家将适当增加相应配套资金比例，对地方财政确有困难的可以全额配套。根据贫困地区的特点，采取有针对性的措施，加强对国外援助性扶贫项目的管理。努力提高国外援助贷款项目的经济效益，增强还贷能力。加强与国际组织在扶贫开发领域里的交流，借鉴国际社会在扶贫开发方面创造的成功经验和行之有效的方式、方法，进一步提高我国扶贫开发的工作水平和整体效益。

（二）增强瞄准的针对性，提高政府扶贫开发的效率

为了提高扶贫开发的效率，将扶贫资源真正用到贫困农户身上，必须根据新时期贫困人口新的特征调整扶贫瞄准机制。

首先，要建立村庄瞄准与农户瞄准相结合的瞄准机制。目前我国以村为单位的瞄准机制仍然不能很好地瞄准贫困农户，因此改革的关键在于在贫困村庄内如何选择和识别贫困农户，让贫困家庭真正成为扶贫资金和扶贫政策的最大受益人。为此，一方面需要完善贫困监测系统，成立独立的扶贫监测机构，做好贫困统计信息，使贫困监测机构独立于扶贫部门和民政部门，贫困监测机构的人事和财务也应独立于地方政府；另一方面需要重视修订贫困识别标准，更多从消费方面界定贫困人口，因为收入不能完全反映贫困人口的福利水平，而消费则更能全面地反映贫困人口实际的生活状态和福利水平。同时，采取以消费为基准的贫困标准，也更符合我国建设和谐社会的内涵。

其次，增加扶贫项目的瞄准精度。针对目前部分扶贫项目资金没有用于更有助于提高贫困人口收入的项目，而是更多地用于非贫困人口或者有助于增加地方财政收入项目的问题，需要完善扶贫项目的瞄准机制与管理。一是各地要建立扶贫项目筛选机制，在确定扶贫项目时，首先应广泛征求村民意见，然后再请经济、管理、技术等方面的专家进行咨询，对村民提出的项目进行筛选，经过专家筛选的项目全部进入项目库，立项实施时从扶贫项目库择优选择；二是对扶贫项目资金投向、金额实行公示、公告制，增强扶贫项目资金实施的透明度，接受社会和群众的监督。[1]

---

[1] 吴黎明、刘玉琴：《现行扶贫目标（对象）瞄准机制的利弊和建议》，《农村财政与财务》2004年第10期，第19—21页。

（三）加强扶贫资金管理和监督，提高政府扶贫开发的综合效益

随着我国扶贫开发工作的推进，扶贫资金运行成本递增，边际效益下降，在分配、传递、使用过程中的目标置换等，财政扶贫资金"漏出量"增加，有限的资源无法最大限度地用到真正的贫困人口身上，造成扶贫资源的极大浪费。改善这种状况需要做到以下三点。

一是加强扶贫资金拨付的监管。针对目前地方政府（主要是省级以下）在扶贫资金拨付过程出现的延期拨付、目标置换、挪作他用等问题，应加强对扶贫资金的监督和管理，使扶贫资金能够按时足量到达扶贫项目和贫困人口。

二是加强扶贫项目管理。第一，推行招标制。对于所有扶贫项目都要进行公开招标，以达到降低成本、节约资金、提高质量的目的。第二，推行合同制。对所有建设项目，严格执行项目建设合同签约，按照合同法的规定管项目、建项目、验项目。第三，推行公示制。把与扶贫有关的工作，即包括资金拨付、使用地方、使用对象等，都在便于公众看到的地方进行公示，广泛接受公众监督。第四，加强行扶贫资金管理的部门协调。针对原来财政扶贫资金存在部门条块分割、各自为政、职责不清的问题，建议地方扶贫专项资金、以工代赈资金等，按照各投其资、各计其功的原则，在县扶贫开发工作领导小组的统一部署下，实行统筹安排、综合调度、捆绑使用、集中投放，最大限度地覆盖贫困农户。

三是提高扶贫资金审计力度。第一，使扶贫资金审计制度化和经常化。自1987年第一次组织扶贫资金审计以来，至2004年审计署共统一组织了8次全国性扶贫资金审计。但是地方审计部门对扶贫资金的审计却没有规律，为此应使扶贫资金审计制度化，定期进行审计。第二，加强扶贫资金审计的责任追究机制。对于审计中发现的问题，应及时进行整改，对相关责任人进行追究，并加强后续审计。第三，加强对审计人员进行培训，提高审计人员素质，采用先进技术方法，提高审计质量。

（四）推进参与式扶贫，增强贫困群体自主扶贫的积极性和主动性

摆脱贫困，需要国家投入和社会各界的帮助，更需要调动贫困地区干部群众的积极性和创造性。贫困人口对扶贫决策及扶贫过程参与机会较

少，既影响贫困农户参与的积极性，也影响扶贫效果，为此应为贫困群体更多地参与扶贫提供机会。

一是增加扶贫决策的民主程度，让贫困群体能够顺利地表达其利益诉求。虽然每个家庭的贫困原因和状况不同，但是迅速脱贫是他们的共同愿望。扶贫是针对贫困群体的，如果在贫困人口集中分布在某个地区的时期，可以完全由政府主导的话，那么在现在贫困人口分布更加分散、贫困人口教育水平较大提高、参与意识日益增强的情况下，如果在决策过程中没有贫困群体的参与，则可能影响扶贫决策的准确性和执行过程中贫困群体参与的积极性。我国目前一些地方推行的参与式扶贫开发模式在扶贫开发项目的选择和贫困户认定上实现了群众充分参与，有些地方还将资金控制权、决策权直接下放，项目资金直接拨付到自然村，农民自己管理扶贫资金，这种民主决策机制应该加以推广。

二是增加扶贫过程的透明程度，让贫困群体能够最大限度地监督扶贫工作进展。目前，对于大部分扶贫资金是怎么用的、用在哪里，贫困群体根本不知道，不是他们不想知道，而是由于扶贫过程不公开透明，他们无法知道。为此，对每个扶贫项目，从开始到结束的整个过程，包括项目进展、资金使用、管理决策等都应公开。这样既能保证扶贫项目按正确的方向发展，也能保障扶贫资金专款专用。

三是通过教育培训提高贫困人口参与的能力。贫困群体参与能力不足也是政府一直不敢放权的原因之一。提高贫困人口的参与能力，应该通过两个渠道。第一，通过基础教育提高贫困人口的教育水平。目前，虽然我国实现九年制义务教育，但是很多贫困家庭的劳动力仍然不能完成九年制义务教育，而且高中及以上学历者所占比例很低，因此应该在贫困家庭的子女教育方面给予更多的照顾。第二，通过职业教育和培训，增强贫困群体的参与意识与参与能力。

（五）提高贫困线标准，贫困群体共享改革开放成果

贫困标准即给贫困人口的范围画了一个圈，同时又决定了贫困人口在整个社会经济中的相对地位，标准越低他们在社会政治经济中的地位越不利。贫困标准应该随着经济发展水平不同而有所不同，用来测量贫困规模的贫困线也应该随着社会经济的进步而适当提高。我国的贫困标准应既要

考虑我国的经济发展水平和财政实力，同时也要考虑贫困人口在社会经济中的相对地位。本研究已经指出，按照我国目前的贫困标准，贫困人口在社会经济中的地位越来越不利，这不仅是一个贫困问题，更重要的是一个社会问题。应该注意以下三个问题。

一是提高食品消费的最低标准。目前，我国所要建立的生存贫困标准应该让贫困人口能够更加有尊严地生存。如果按照我国目前的贫困线，即使把所有收入都用于购买食品，也难以满足人类最基本的生存需要——2100大卡的热量营养需要。因此，在目前建设和谐社会、提高人口素质的今天，应该提高贫困人口食品消费的标准，让贫困人口能够满足基本的营养需要，这样既能提高其劳动能力，也能减少因健康而使贫困加重的问题。

二是把一些生活必需品纳入贫困标准测算范围。目前，我国的贫困线主要考虑的是食品消费，而对一些生活必需品的消费没有考虑在内。因此，在新的贫困标准中，应把除食品之外的一些生活必需品纳入制定贫困线测算之列。

三是更多考虑贫困人口的发展需求。由于我国要根本解决的是长期贫困，因此提高贫困人口自身的发展能力至关重要。为此，在新的贫困标准中，应对与贫困人口发展相关的支出予以合理的考虑，如基本的医疗、子女教育等费用。

（六）加强社会保障体系建设，建立政府扶贫开发的长效机制

已有研究表明，我国贫困家庭特别是农村贫困家庭面对贫困的冲击非常脆弱，他们处于自然灾害、疾病、农业产出的波动和价格变动等各种风险之下，在任何一年中，易陷入贫困的人口都可能是已有贫困人口的两倍，健全的社会保障制度有助于贫困人口克服这种风险。我国的城市社会保障制度在20世纪90年代中期就已建立起来，但是农村社会保障制度只是在新世纪之后才成为政策关注的重点，虽然基本社会保障体系已经形成，但是如果要达到能够有效地帮助贫困人口面对各种风险，还面临严峻的挑战。

为帮助贫困人口有效应对各种风险，巩固脱贫效果，应建立和完善一系列社会保障体系，既可以使贫困群体不至于因为风险更穷，也可以保障已脱贫人口不再因为偶然的风险而再次陷入贫困之中。

一是农村低保要解决贫困人口的认定和低保金的管理问题。准确认定

低保户，避免有限扶贫资金的浪费。在指标的分配和低保标准方面，应考虑到地区收入水平的差异，可以采用生活费用指数进行调整，对高收入地区适度提高保障标准，而对生活费用低的地区适当降低受益标准，使低保覆盖面不至于过高、过低和出现地区间过大的不平等。

二是提高农村医疗保险的给付水平与报销比例。虽然我国农村医疗保险在覆盖率方面已经取得了很大的进展，但目前最大的问题就是财政拨款不足、报销比例太低，还不能解决农村人口特别是贫困人口和刚脱贫人口抗击风险的能力。面对这个问题，应提高财政转移力度，提高报销比例，同时也应解决异省看病本省报销的问题。

三是把农民工纳入基本社会保障体系。目前，针对无论是城镇还是农村都没有解决农民工社会保障的问题，应把农民工纳入基本社会保障体系。一方面，应让参加新农合的农民工能够在所在务工当地享受市民同等的报销水平；另一方面，加大对企业给农民工交工伤等基本保险的监管力度。

四是完善农村养老保障制度。目前农村养老保障制度的覆盖范围非常有限，广大农村老年人口还不能实现老有所养，由于劳动能力限制，很容易陷入贫困。可以考虑建立农村养老年金制度，使个人交费、集体补助、政府补贴相结合，共同解决老年人贫困问题。同时也要增强医疗救助的功能，加强灾害保障体系建设。

参考文献

一 中央文件和调查报告

[1]《中国农村扶贫开发纲要(2001—2010)》，2000年版。

[2]《建国以来毛泽东文稿》（第一册），中央文献出版社1987年版。

[3]江泽民：《全党全社会进一步动员起来夺取八七扶贫攻坚决战阶段的胜利——在中央扶贫开发工作会议上的讲话》，1999年9月6日《人民日报》。

[4]胡锦涛：《中央民族工作会议暨国务院第四次全国民族团结进步表彰大会上的讲话》，《人民日报》2005年5月28日。

[5]国务院扶贫办：《中国农村扶贫大事辑要》（内部资料），2001年。

[6]中华人民共和国国务院新闻办公室：《中国的农村扶贫开发》白皮书，2001-2008各年份。

[7]《国务院办公厅转发国务院贫困地区经济开发领导小组关于"八五"期间扶贫开发工作部署报告的通知》（国办发〔1991〕24号）。

[8]中国农业年鉴编委会：《中国农业年鉴》，中国农业出版社，1980—2008年各年份。

[9]国家统计局农村社会经济调查总队：《中国农村贫困监测报告》（2000），中国统计出版社2000年版。

[10]国家统计局农村社会经济调查总队：《中国农村贫困监测报告》（2001），中国统计出版社2001年版。

[11]国家统计局农村社会经济调查总队：《中国农村贫困监测报告》（2002），中国统计出版社2002年版。

[12]国家统计局农村社会经济调查总队：《中国农村贫困监测报告》（2003），中国统计出版社2003年版。

[13]国家统计局农村社会经济调查总队:《中国农村贫困监测报告》(2004),中国统计出版社2004年版。

[14]国家统计局农村社会经济调查总队:《中国农村贫困监测报告》(2005),中国统计出版社2005年版。

[15]国家统计局农村社会经济调查总队:《中国农村贫困监测报告》(2006),中国统计出版社2006年版。

[16]国家统计局农村社会经济调查总队:《中国农村贫困监测报告》(2007),中国统计出版社2007年版。

[17]国家统计局农村社会经济调查总队:《中国农村贫困监测报告》(2008),中国统计出版社2008年版。

[18]国家统计局农村社会经济调查总队:《中国农村贫困监测报告》(2009),中国统计出版社2009年版。

二 中文著作类

[1]《马克思恩格斯全集》第1、2、12、16、26、42、46、47卷,人民出版社1972年版。

[2]《马克思恩格斯选集》1—4卷,人民出版社1995年版。

[3]《列宁选集》1—4卷,人民出版社1995年版。

[4]《毛泽东选集》1—5卷,人民出版社1991年版。

[5]《邓小平文选》1—3卷,人民出版社1993年版。

[6]《江泽民文选》1—3卷,人民出版社2006年版。

[7]胡锦涛:《高举中国特色社会主义伟大旗帜,为夺取全面建设小康社会新胜利而奋斗》,人民出版社2007年版。

[8]王惠岩:《政治学原理》,高等教育出版社1999年版。

[9]王惠岩:《当代政治学基本理论》,高等教育出版社2001年版。

[10]王惠岩:《王惠岩文集》第1—4卷,中国大百科全书出版社党建读物出版社2007年版。

[11]世界银行:《从贫困地区到贫困人群:中国扶贫议程的演进》,年鉴出版社2009年版。

[12]A.伊曼纽尔:《不平等交换》,中国对外经济贸易出版社1988

年版。

[13]W. W. 罗斯托：《经济增长的阶段》，商务印书馆1962年版。

[14]阿马蒂亚·森：《贫困与饥荒》，商务印书馆2001年版。

[15]阿马蒂亚·森：《以自由看待发展》，中国人民大学出版社2002年版。

[16]阿瑟·刘易斯：《二元经济论》，北京经济学院出版社1989年版。

[17]艾伯特·赫尔希曼：《经济增长战略》，经济科学出版社1991年版。

[18]安德烈·弗兰克：《依附性积累与不发达》，译林出版社1999年版。

[19]安树伟：《中国农村贫困问题研究》，中国环境科学出版社1999年版。

[20]财政部统计评价司：《企业效绩评价问答》，经济科学出版社1999年版。

[21]蔡昉：《转轨中的城市贫困问题》，社会科学文献出版社2003年版。

[22]陈端计：《贫困经济学导论》，新疆大学出版社1997年版。

[23]程丹峰：《中国反贫困——经济分析与机制设计》，经济科学出版社2000年版。

[24]程漱兰：《世界银行发展报告20年回顾》，中国经济出版社1999版。

[25]道格拉斯·C.诺斯：《经济史上的结构与变迁》，上海人民出版社1994年版。

[26]迪帕·纳拉扬：《谁倾听我们的声音》，中国人民大学出版社2001年版。

[27]多斯·桑托斯：《帝国主义与依附》，社会科学文献出版社1999年版。

[28]樊怀玉：《贫困论——贫困与反贫困的理论与实践》，民族出版社2002年版。

[29]范柏乃：《政府绩效评估理论与实务》，人民出版社2005年版。

[30]方振邦：《绩效管理》，中国人民大学出版社2003年版。

[31]费景汉、古斯塔夫·拉尼斯：《增长和发展》，商务印书馆2004

年版。

[32]弗朗索瓦·佩鲁:《新发展观》,华夏出版社1987年版。

[33]付亚和、许玉林:《绩效考核与绩效管理》,电子工业出版社2003年版。

[34]冈纳·缪尔达尔:《世界贫困的挑战——世界反贫困大纲》,北京经济学院出版社1991年版。

[35]冈纳·缪尔达尔:《亚洲的戏剧——对一些国家贫困问题的研究》,北京经济学院出版社1992年版。

[36]关信平:《中国城市贫困问题研究》,湖南人民出版社1999年版。

[37]郭济:《绩效政府——理论与实践创新》,清华大学出版社2005年版。

[38]国家统计局农村社会经济调查总队:《中国农村贫困监测报告》,中国统计出版社2000年版。

[39]国务院扶贫办外资项目管理中心、亚洲开发银行:《中国农村扶贫方式研究》,中国农业出版社2002年版。

[40]洪大用:《转型时期中国社会救助》,辽宁教育出版社2004年版。

[41]胡鞍钢、胡光宇:《援助与发展》,清华大学出版社2005年版。

[42]黄承伟:《中国反贫困:理论、方法、战略》,中国财政经济出版社2002年版。

[43]黄承伟:《中国农村反贫困的实践与思考》,中国财政经济出版社2004年版。

[44]姜爱华:《政府开发式扶贫资金绩效研究》,中国财政经济出版社2008年版。

[45]焦国栋:《农村贫困问题研究》,中国经济出版社2004年版。

[46]康晓光:《中国贫困与反贫困理论》,广西人民出版社1995年版。

[47]李小云等:《中国财政扶贫资金的瞄准与偏离》,社会科学文献出版社2006年版。

[48]李兴江:《中国农村扶贫开发的伟大实践与创新》,中国社会科学出版社2005年版。

[49]李周:《社会扶贫中的政府行为比较研究》,中国经济出版社2001年版。

[50]林岗、张宇：《马克思主义与制度分析》，经济科学出版社2001年版。

[51]林尚立：《当代中国政治形态研究》，天津人民出版社2000年版。

[52]林毅夫、蔡昉、李周：《中国的奇迹：发展战略与经济改革》（增订版），上海人民出版社1999年版。

[53]林毅夫：《制度、技术与中国农业发展》，上海人民出版社2005年版。

[54]刘坚：《新阶段扶贫开发的探索与实践》，中国财政经济出版社2005年版。

[55]刘坚主编：《新阶段扶贫开发的成就与挑战——中国农村扶贫开发要（2001—2010）中期评估报告》，中国财政经济出版社2006年版。

[56]刘旭涛：《政府绩效管理：制度、战略与方法》，机械工业出版社2003年版。

[57]罗宾斯、库尔特：《管理学（第七版）》，中国人民大学出版社2004年版。

[58]罗刚：《中国财政扶贫问题研究》，中国财政经济出版社2000年版。

[59]迈克尔·P.托达罗：《经济发展与第三世界》，中国经济出版社1992年版。

[60]米尔顿·弗里德曼：《自由选择：个人声明》，商务印书馆1982年版。

[61]莫泰基：《香港贫穷与社会保障》，中华书局1993年版。

[62]默雷诺·道森：《全球规模的减贫行动：来自上海全球扶贫大会的启示》，中国财政经济出版社2006年版。

[63]彭国甫：《地方政府公共事业管理绩效评价研究》，湖南人民出版社2004年版。

[64]让·德雷兹、阿马蒂亚·森：《饥饿与公共行为》，社会科学文献出版社2006年版。

[65]任福耀、王洪瑞：《中国反贫困理论与实践》，人民出版社2003年版。

[66]萨米尔·阿明：《不平等的发展——论外国资本主义的社会形态》，商务印书馆1990年版。

[67]石友金等：《反贫困行为研究——湘赣老区开发式扶贫的理性思考》，江西人民出版社1999年版。

[68]世界银行：《从贫困地区到贫困人群：中国扶贫议程的演进》，年鉴出版社2009年版。

[69]世界银行：《世界银行发展报告》，中国财政经济出版社1990年版。

[70]世界银行：《中国战胜农村贫困：世界银行国别报告》，中国财政经济出版社2001年版。

[71]斯泰恩·汉森：《发展中国家的环境与贫困危机》，商务印书馆1994年版。

[72]宋洪远主编：《中国农村改革三十年》，中国农业出版社2008年版。

[73]孙立平：《失衡：断裂社会的运作逻辑》，社会科学文献出版社2004年版。

[74]特奥托尼奥·多斯桑托斯：《帝国主义与依附》，杨衍永等译，社会科学文献出版社1999年版。

[75]汪三贵、李文：《中国农村贫困问题研究》，中国财政经济出版社2005年版。

[76]汪三贵：《贫困问题与经济发展政策》，农村读物出版社1994年版。

[77]王朝明、申晓梅：《中国21世纪城市反贫困战略研究》，中国经济出版社2005年版。

[78]王大超：《转型期中国城乡反贫困问题研究》，人民出版社2004年版。

[79]王国良主编：《中国扶贫政策——趋势与挑战》，社会科学文献出版社2005年版。

[80]王沪宁：《政治的逻辑：马克思主义政治学原理》，上海人民出版社2004年版。

[81]王廉：《世界的扶贫实践及政策方向》，暨南大学出版社1996年版。

[82]王雨林：《中国农村贫困与反贫困问题研究》，浙江大学出版社2008年版。

[83]吴碧英：《城镇贫困:成因、现状与救助》，中国劳动社会保障出版社2004年版。

[84]西奥多·W.舒尔茨：《改造传统农业》，商务印书馆1978年版。

[85]西奥多·W.舒尔茨：《人力资本投资——教育和研究的作用》，

商务印书馆1990年版。

[86]西奥多·W.舒尔茨：《人力资本投资》，北京经济学院出版社1992年版。

[87]夏英：《贫困与发展》，人民出版社1996年版。

[88]谢庆奎：《政府学概论》，中国社会科学出版社2005年版。

[89]徐大同：《西方政治思想史》，天津教育出版社2005年版。

[90]闫天池：《中国贫困地区县域经济发展研究》，东北财经大学出版社2004年版。

[91]杨光斌：《制度的形式与国家的兴衰——比较政治发展的理论与经验研究》，北京大学出版社2005年版。

[92]叶普万：《贫困经济学研究》，中国社会科学出版社2004年版。

[93]尹世洪：《当前中国城市贫困问题》，江西人民出版社1998年版。

[94]张磊、黄承伟、李小云：《中国扶贫开发政策演变（1949—2005）》，中国财政经济出版社2007年版。

[95]张磊主编《中国扶贫开发政策演变：1949—2005》，中国财政经济出版社2007年版。

[96]张岩松：《发展与中国农村反贫困》，中国财政经济出版社2004年版。

[97]赵俊超：《扶贫开发理论与实践》，中国财政经济出版社2005年版。

[98]赵俊臣：《中国扶贫攻坚的理论与实践》，云南科技出版社1997年版。

[99]郑功成：《中国社会保障30年》，人民出版社2008年版。

[100]中共陕西省委农村政策研究室：《向贫困挑战》，陕西人民出版社1998年版。

[101]中国(海南)改革发展研究院"反贫困研究"课题组：《中国反贫困治理结构》，中国经济出版社1998年版。

[102]中国地方政府绩效评估体系研究课题组：《中国政府绩效评估报告》，中共中央党校出版社2009年版。

[103]周彬彬：《向贫困挑战：国外缓解贫困的理论与实践》，人民出版社1991年版。

[104]朱光磊：《中国的贫富差距与政府控制》，上海三联书店2001年版。

[105]邹德秀：《地区贫困与贫困地区开发》，科学出版社2000年版。

三 中文期刊类

[1]蔡立辉：《政府绩效评估的方法与理念分析》，《中国人民大学学报》2002年第5期。

[2]曹阳、王春超：《中国小农市场化:理论与计量研究》，《华中师范大学学报(人文社会科学版)》2009年第6期。

[3]陈端计、詹向阳：《贫困理论研究的历史轨迹与展望》，《财经政法资讯》2005年第6期。

[4]陈凌建：《中国农村反贫困模式：历史沿革与创新》，《财务与金融》2009年第6期。

[5]陈前恒：《农户动员与贫困村内部发展性扶贫项目分配——来自西北地区H村的实证研究》，《中国农村经济》2008年第4期。

[6]陈小伍、王绪朗：《农村贫困问题的制度性分析》，《乡镇经济》2007年第6期。

[7]杜胜利:《制度扶贫——农村扶贫新思路》，《前沿》2003年第11期。

[8]范小建:《60年：扶贫开发的攻坚战》，《求是》2009年第8期。

[9]龚冰：《中国新阶段农村扶贫开发的主要策略与效果评价》，《学术论坛》2007年第11期。

[10]龚亮保：《关于构建"大扶贫"格局的几点思考》，《老区建设》2008年第17期。

[11]郭鹏、余小方、程飞：《中国当前农村贫困的特征及反贫困对策》，《西北农林科技大学学报》(社会科学版)2006年第1期。

[12]国家统计局农村司：《中国贫困监测体系现状与问题》，《农村工作通讯》2008年第7期。

[13]胡鞍钢、胡琳琳、常志霄：《中国经济增长与减少贫困（1978—2004）》，《清华大学学报（哲学社会科学版）》2006年第5期。

[14]胡敏华：《我国农村扶贫的制度性陷阱:一个基于组织的分析框架》，《财贸研究》2005年第6期。

[15]华正学：《新中国60年反贫困战略的演进及创新选择》，《农业经济》2010年第10期。

[16]霍炜、汪彤、宋文玉：《论马克思主义的制度分析方法》，《中共中央党校学报》2006年第5期。

[17]姜爱华：《我国政府开发式扶贫资金使用绩效的评估与思考》，《宏观经济研究》2007年第6期。

[18]李含琳：《中国扶贫资金来源结构及使用方式研究》，《农业经济问题》1998年第4期。

[19]李丽辉：《热点解读：审计发现问题 六部门逐项整改》，《人民日报》2004年11月3日第5版。

[20]李兴江等：《贫困地区培育新型农民的有效机制——基于甘肃省徽县麻安村的调查》，《兰州大学学报》2008年第6期。

[21]李学江：《中国减贫具有世界意义（高层访谈）——访世界银行新行长沃尔福威茨》，《人民日报》2005年10月14日第3版。

[22]廖赤眉等：《贫困与反贫困若干问题的探讨》，《广西师院学院学报》2002年第2期。

[23]刘纯彬：《我国贫困人口标准再探讨》，《人口研究》2006年第11期。

[24]刘娟：《我国农村扶贫开发的回顾、成效与创新》，《探索》2009年第4期。

[25]刘维佳：《中国农民工问题调查》，《数据》2006年第2期。

[26]陆培法：《中国扶贫模式引起世界瞩目》，《人民日报（海外版）》2009年12月31日第1版。

[27]罗静、李伯华：《外出务工农户回流意愿及其影响因素分析——以武汉市新洲区为例》，《华中农业大学学报》(社会科学版)2000年第6期。

[28]孟昭环、任素雅：《我国农村贫困现状及反贫困对策分析》，《现代商业》2009年第1期。

[29]庞守林、陈宝峰：《农业扶贫资金使用效率分析》，《农业技术经济》2000年第2期。

[30]陕立勤：《对我国政府主导型扶贫模式效率的思考》，《开发研究》2009年第2期。

[31]沈红：《中国贫困研究的社会学评述》，《社会学研究》2000年第2期。

[32]石树鹏、殷兵：《财政扶贫资金投向及使用效益问题探讨》，《农村

财政与财务》2006年第11期。

[33]孙立平：《再谈农村医疗》，《经济观察报》2003年第7期。

[34]汪三贵、Albert Park、Shubham Chaudhuri、Aura Daft：《中国新时期农村扶贫与村级贫困瞄准》，《管理世界》2007年第1期。

[35]汪三贵：《扶贫投资效率的提高需要制度创新》，《农业经济问题》1997年第10期。

[36]汪三贵：《中国扶贫资金的管理体制和政策评价》，《理论视点》2008年第3期。

[37]王春华、王日旭：《农村扶贫资金目标瞄准存在的问题及建议》，《农村经济》2006年第3期。

[38]王金艳：《当代中国农村扶贫开发模式论析》，《内蒙古民族大学学报》2008年第7期。

[39]王萍萍、闫芳：《农村贫困的影响面、持续性和返贫情况》，《调研世界》2010年第3期。

[40]王振耀：《农村社会政策的调整》，《中国社会科学院院报》2004年5月25日。

[41]吴国宝：《扶贫贴息贷款政策讨论》，《中国农村观察》1997年第7期。

[42]吴国宝等：《小额信贷对中国扶贫与发展的贡献》，《金融与经济》2003年第11期。

[43]吴黎明、刘玉琴：《现行扶贫目标(对象)瞄准机制的利弊和建议》，《农村财政与财务》2004年第10期。

[44]夏振坤：《贫困问题研究视角转换的理论综述》，《华中科技大学学报》2004年第4期。

[45]向继芳：《中国农村信贷市场的问题和发展方向》，《经济金融观察》2009年第5期。

[46]肖云、李亮：《农村最低生活保障制度筹资研究》，《合作经济与科技》2009年第8期。

[47]徐孝勇、赖景生、寸家菊：《我国农村扶贫的制度性陷阱与制度创新》，《农业现代化研究》2009年第3期。

[48]徐勇：《现代国家建构与农业财政的终结》，《华南师范大学学报》2006年第2期。

[49]许陵:《关于我国农村扶贫问题的综述》,《经济研究参考》2006年第2期。

[50]燕纯纯:《中国扶贫开发成为世界典范》,《人民日报(海外版)》2007年11月21日第1版。

[51]于敏:《财政扶贫资金绩效考评方法及其优化》,《重庆社会科学》2010年第2期。

[52]翟彬、杨向飞:《基于灰色关联的我国农村扶贫资金投向分析——以2002—2006年农村扶贫资金为例》,《贵州社会科学》2010年第8期。

[53]张全红:《中国农村扶贫资金投入与贫困减少的经验分析》,《经济评论》2010年第2期。

[54]章元等:《参与市场与农村贫困:一个微观分析的视角》,《世界经济》2009年第9期

[55]赵曦等:《中国农村扶贫资金管理问题研究》,《农村经济》2009年第1期。

[56]郑志龙:《制度绩效评估标准及我国政府扶贫开发制度绩效评估分析》,《郑州大学学报》(哲学社会科学版)2009年第3期。

[57]钟蓝:《消除贫困》,《新华月报》2003年第8期。

[58]周彬彬:《我国扶贫政策中几个值得探讨的问题》,《农业经济问题》1991年第10期。

[59]周飞舟:《从汲取型政权到悬浮型政权》,《社会学研究》2006年第3期。

[60]周惠仙:《改革政府职能,提高扶贫资金使用效率》,《经济问题探索》2005年第7期。

[61]朱俊生:《论建立多层次农村医疗保障体系》,《人口与经济》2002年第2期。

[62]朱乾宇:《政府扶贫资金投入方式与扶贫绩效的多元回归分析》,《中央财经大学学报》2004年第7期。

[63]庄天慧、杨宇:《民族地区扶贫资金投入对反贫困的影响评价——以四川省民族国家扶贫重点县为例》,《西南民族大学学报》2010年第8期。

[64]曹洪民:《我国扶贫工作的形势与政策》,国务院扶贫办会议材料,2005年版。

四 英文文献

[1] Townsend, P., Measures and Explanations of Poverty in High Income and Low Income Countries: The problems of Operatinalizing the Concepts of Development, Class and Poverty, in Townsend, P. (ed.) : *The Concept of Poverty,* London: Heinemann, 1971.

[2]Elizabeth Dowler and Paul Mosley(ed.),*Poverty and Exclusion in North and South: Essays on Social Policy and Global Poverty eduction* , Taylor&Francis Ltd,2003.

[3]Thomas R.DeGregori and Harrell R.Rodgers,*Poverty Policy in Developing Nations*, Elsevier Science & Technology,1995.

[4]Terry Mckinley, *Macroeconomic Policy,Growth and Poverty Reduction* , Palgrave Macmillan,2001.

[5]German Advisory Council on Global Change(WBCU),*World in Transition: Fighting Poverty Through Environmental Policy*, James & James(Science Publishers)Ltd,2005.

[6]Ravallion, M. and S. Chen (2004), China's (Uneven) Progress Against Poverty, The World Bank, *Policy Research Working Paper* No. 3408.

[7]Dr. Amarendra, *Poverty, Rural Development and Public Policy*, Deep & Deep Publications,India：1999.

[8]Piazza Alan and Echo H. Liang, "The State of Poverty in China: Its Casuese and Remediesb Paper presented at a conference on Unintended Social Consequences of Economic Reform in China", Fairbanks Center, Harvard University, 1997.

[9]Park, Albert, Sangui Wang and Guobao Wu, "Regional Poverty Targeting in China", *Journal of Public Economics*,2002.

[10]Harrell R.Rodgers and Gregory Weiher, *Rural Poverty: Special Causes and Policy Reforms*, Greenwood Press,1989.

[11]Jyotsna Jalan and Martin Ravallion, "Is transient poverty different? Evidence for rural China", *Journal of Development Studies*,1998.

[12]Sarah Cook and Gordon White, *The Changing Pattern of Poverty in China: Issues for Rsearch and Policy*, Institute of Development Studies,1998.

[13]Deepak Bhattasali, Shantong Li and Will Martin, *China and the WTO: Accession,Policy Reform,and Poverty Reduction Strategies*, World Bank Publications,2004.

[14]Fan Shenggen and Hazell, Peter and Thorat, Sukhadeo, "Government Spending, Growth and Poverty in Rural India. American Journal of Agricultural Economics", *American Agricultural Economics Association*, 2000.

[15]Xin Meng, Robert Gregory and Guanghua Wan, "China Urban Poverty and Its Contributing Factors,1986-2000",World Institute for Development Economics Research,United Nations University,Research Paper No.2006.

[16]Botchie George, "Poverty Reduction in Ghana", GoG Position Paper Presented at 1997 Consultative Group (CG) Meeting in Paris,1997.

[17]Bjorn Gustafsson and Wei Zhong, "How and Why Has Poverty in China Changed? A Study Based on Microdata for 1988 and 1995", *The China Quarterly*, No.164,Dec.2000.

[18]Ahadzie William, "Non-formal Training: A Study of the Traditional Apprenticeship System in Ghana", Unpublished, 2003.

[19]Athar Hussain, "Urban Poverty in China: Measurement, Patterns and Policies", the International Labor Office,Geneva,Switzerland,2003.

[20]Ph. D Dissertation Park, Albert and Changqing Ren, "Microfinance with Chinese Characteristics", *World Development*, 2001.

[21]Asian Development Bank, *Poverty Profile of the People's Republic of China*,2004.

[22]Galasso, Emanuela & Ravallion, Martin, "Decentralized Targeting of an Antipoverty Program", *Journal of Public Economics*, 2005.

[23]Unger, J, *The Transformation of Rural China*, London: M. E. Sharpe,2002.

五 网络文献

[1]新华网：《中国扶贫工作进入关键时期正研究制定新战略、体系》，http://news.xinhuanet.com/politics/2009-04/15/content_11188898.htm。

[2]新华网：《英官员在复旦大学演讲高度评价中国扶贫成就》，http://news.xinhuanet.com/newscenter/2004-05/25/content_1490280.htm。

[3]新华网：《联合国官员：相信中国将如期实现联合国千年发展目标》，http://news.xinhuanet.com/2010-09/21/c_12595894.htm。

[4]中国新闻网：《中国30年农村贫困人口减少逾2亿》，http://www.chinanews.com.cn/gn/2010/07-17/2408437.shtml。

[5]新华网：《中国贫困线与国际差距悬殊贫困人口排世界第二》，http://forum.home.news.cn/thread/72581850/1.html。

[6]郑新：《国家任务》，中国青年出版社2008年版，资料来源于西北

文学网：http://www.gszj.net/Item/Show.asp?m=111&d=561。

[7]国务院扶贫办网站：《定点扶贫覆盖440个贫困县》，http://www.cpad.gov.cn/data/2010/0709/article_342865.htm。

[8]张宝文：《农业部定点扶贫暨扶贫工作20周年回顾座谈会上的讲话》，http://www.xxz.gov.cn/topic/info489.html。

[9]中国网：《中国正进入福利时代让国民享受经济增长的实惠》，http://www.china.com.cn/news/txt/2007-10/08/content_9008921.htm。

[10]审计署：《财政扶贫资金被挤占挪用问题较突出》，http://news.sina.com.cn/c/2004-06-24/15072898002s.shtml。

[11]人民网：《未来十年我国扶贫开发重点将进一步向最特困地区集中》，http://henan.people.com.cn/news/2010/09/17/505180.html。

[12]温家宝：《坚定信心加大力度确保如期实现扶贫攻坚目标——在中央扶贫开发工作会议上的讲话》1999年6月8日，http://www.cpad.gov.cn/data/2006/0303/article_230.htm。

[13]国务院扶贫办：我国目前正逐步形成"大扶贫"格局，http://www.gov.cn/jrzg/2008-09/04/content_1087242.htm，2008年9月4日。

[14]新华网：《雨露计划将在5年内拟促成500万贫困农民实现就业》，http://www.gov.cn/jrzg/2006-10/24/content_422210.htm。

[15]民政部：《2010年10月份全国县以上农村低保情况》，http://files2.mca.gov.cn/cws/201011/20101119151047280.htm。

[16]国务院办公厅：《国家西部地区"两基"攻坚计划（2003—2007年）》。

[17]卫生部：《2009年我国卫生事业发展统计公报》，http://61.49.18.65/~publicfiles/business/htmlfiles/zwgkzt/pgb/201006/47783.htm。

[18]国务院：《国务院批转国务院贫困地区经济开发领导小组关于九十年代进一步加强扶贫开发工作请示的通知》（1990年2月23日），http://www.lawy-ee.net/act/act_display.asp?rid=79419。

[19]中国网：《温家宝在中央扶贫开发工作会议上的讲话》，http://www.china.com.cn/chinese/OP-c/60340.htm。

[20]《国务院批转国务院贫困地区经济开发领导小组关于九十年代进一步加强扶贫开发工作请示的通知》（1990年2月23日），http://www.lawyee.net/act/act_display.asp?rid=79419。